ALBERTO
GIACOMETTI
e DIEGO a história oculta

COLEÇÃO PERSPECTIVAS
dirigida por J. Guinsburg

SUPERVISÃO EDITORIAL: J. Guinsburg
TRADUÇÃO: Aimée Amaro de Lolio
PREPARAÇÃO: Marcio Honorio de Godoy
REVISÃO: Maura Cristina Pereira Loria
CAPA E PROJETO GRÁFICO: Sergio Kon
PRODUÇÃO: Ricardo W. Neves, Sergio Kon e Raquel Fernandes Abranches

Claude Delay

ALBERTO
e **GIACOMETTI**
DIEGO

A HISTÓRIA OCULTA

PERSPECTIVA

Título do original em franeês
Giacometti Alberto et Diego – L'histoire cachée
© Librairie Arthème Fayard, 2007

CIP-Brasil. Catalogação-na-Fonte
Sindicato Nacional dos Editores de Livros, RJ

D38G

Delay, Claude, 1934
Giacometti, Alberto e Diego: a história oculta / Claude Delay; [tradução: Aimée Amaro de Lolio].– São Paulo : Perspectiva, 2010. – (Perspectivas)

Tradução de: Giacometti, Alberto et Diego: l'histoire cachée
Inclui bibliografia
ISBN 978-85-273-0889-2

1. Giacometti, Alberto, 1901-1966. 2 Giacometti, Diego. 3.Escultores - França - Biografia. 4. Arte moderna – França. I. Título. II. Série.

10-1920.	CDD: 927.30944	
	CDU: 929:73.034.7(44)	
30.04.10	11.05.10	018913

Direitos reservados em língua portuguesa à
EDITORA PERSPECTIVA S.A.
Av. Brigadeiro Luís Antônio, 3025
01401-000 São Paulo SP Brasil
Telefax: (11) 3885-8388
www.editoraperspectiva.com.br
2010

Tudo está por um fio. Sempre se está em perigo.

ALBERTO GIACOMETTI

Sumário

[13]   A Travessia [15]; As Peras Minúsculas, as Mordaças [25]; Veneza [27]; As Três Jovens Moças de Pádua [28]; A Nuvem [30]; Os Pés de Bianca [31]; A Morte de Van Meurs [33]; Gênese, Juventude [34]; O Saara [36]; O Crânio [37]; A Clareira [39]; As Prostitutas [41]; Diego [44]; Os Estreantes [48]; O Retorno da *Melencolia...* [62]; O Verão Chuvoso, Sem Nenhum Limite... [64]; O Cubo, Seu Totem e Tabu [66]; A Protetora do Vazio: O Objeto Invisível [70]; As Cenas. "Tudo o Que Eu Fiz Até Aqui Não Era Senão Masturbação" [74].

A Travessia do Deserto: 1935-1945

[83]   A Cena da Filiação [83]; Autorretrato [84]; A Cabeça Desconhecida [85]; Inibição, Sintomas e Angústia [89]; Os Outros [90]; O Animal Noturno [96]; A Voragem do Minúsculo [98]; *Nostos*, ou o Retorno: O Verão de 1937 [99]; "Eu Perco Pé" [102]; O Prometeu da Fragilidade [106]; A Separação [109]; Édipo com o Pé Ferido, o Romance Íntimo de Alberto [111]; Annette [113]; E Diego? [115]; Isabel [118]

1945-1956: A Ereção

[123] A Iluminação [124]; O Alongamento [125]; A Chegada de Annette [126]; A Morte no Rosto dos Vivos [129]; Os Sonhos de Alberto ou os Frutos do Inconsciente [130]; O Desconhecido Maravilhoso ou a Revalorização [136]; Terça-feira, 19 de julho de 1949: Alberto se Casa [140]; Os Exorcismos [141]; A Monção [146]; Diego [149]; Outra Vez, Ainda [153]; A Glória [156]; O Retrato de Jean Genet [158]; Mulheres de Veneza [164]; Último Amor [167]; O Recém-chegado, Yanaihara [167]; A Outra Aventura [170]; A Recém-chegada: Caroline [172]; Cada Vez Mais [178]; O Prazo [181]; Paris Sem Fim [185]; O Retrato de James Lord [189]; Destino [191]; A Derradeira Cena [197]; A Longa Caminhada [201]

Diego ou o Salvador Preservado

[205] Irmão do Precedente [205]; Dupla Cena [208]; Primavera [210]; Adeus ao Ateliê [216]

Palavra de Homem

[219] Lembranças de Alberto [219]; Lembranças de Diego [224]

Bibliografia

[229]

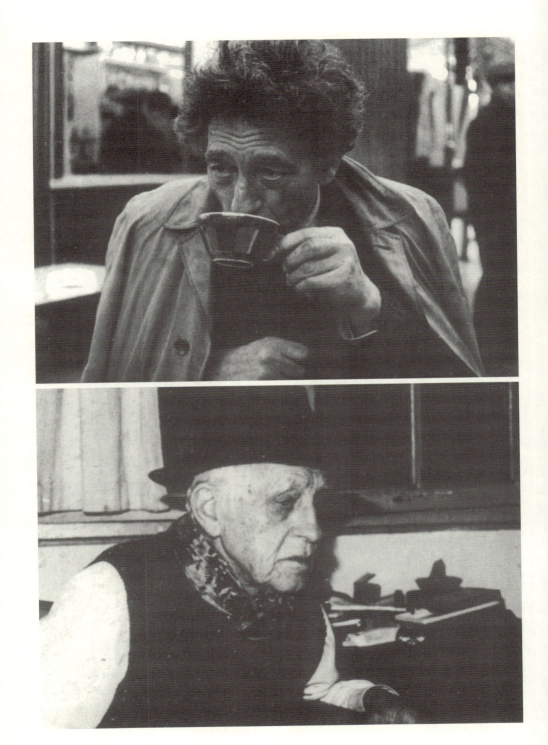

△ Alberto no café. © Jean-Régis Roustan / Roger-Violet
△ Diego, sozinho. Col. Part.

△ A excursão com os pais: Alberto, o olhar mergulhado nos olhos de sua mãe, Diego, infeliz, tenta ocultar sua mão ferida. Ottilia segura o joelho de seu pai, que carrega Bruno, seu filho mais novo, de gola marinheiro. Foto © Andréa Garbald, 1909/Fundação Suíça para a Fotografia, Zurique.
△ Os quatro filhos: Diego, Ottilia, Bruno, Alberto, 1911. – © Gertrud Dübi--Müller/Fundação Suíça para a Fotografia, Zurique.

ada no mundo me agrada tanto quanto essas mulheres moídas de pancadas e feridas, e tão singularmente intactas, de Alberto Giacometti. Elas se erguem no espaço, deusas e, apesar disso, tão próximas de nós, ou nos seus retratos cinzentos, na rede de linhas desmanchando o labirinto. Annette, Caroline, misteriosamente reconhecíveis.

Suas mulheres não caminham, exceto uma, entre duas prisões: *Femmes entre deux maisons* (Mulheres entre Duas Casas). Atadas ao solo por enormes pedestais ou por monstruosos pés, suas esculturas vivem. Os homens, esses caminham no abismo, encharcam-se com essas chuvas das quais Alberto, o homem menos protegido, abriga-se, erguendo seu impermeável sobre sua cabeça cabeluda. Seus cabelos desalinhados mantiveram os caracóis da infância, o oposto de Diego, seu irmão inseparável, que perdera seus cabelos e falava pouco, ou melhor, murmurava. Ele escrevia tão bem, eu o descobri através de missivas inesperadas, cujo estilo aristocrático me cativava. Estranho Diego. Ele sabia bem mais do que pretendia dizer.

Alberto falava com facilidade. Regozijava-se com a palavra, sua voz áspera atacando enigmas. Raymond Mason compreendeu-o como "artista existencialista desgrenhado, perseguindo numa eterna busca, para surpreender o homem em sua plena nudez. Tantos fotógrafos, igualmente amigos seus, fixaram sua pessoa em lugares tão despojados como o ateliê, a rua deserta, o café tarde da noite". Um rosto "antidiluviano", dizia Sartre. Nada mais justo, tanto se situava ele no começo do mundo. Ninguém chegaria ao limite de sua visão, a única que contou para ele, no seu trabalho de gigante desenraizado pela angústia. Porém as acácias da rua d'Alésia, das quais ele tanto amava as folhagens, transfiguravam a fragilidade. Começar, recomeçar sem cessar, na série ininterrupta de "merda", "eu jamais conseguirei", "vai mal", "não é possível", "tudo vem abaixo", "é necessário acabar com tudo". Murmúrios, berros imploravam, partiam de seu peito consumido de rebelião e de voracidade.

Bem jovem, encontrei Diego, já idoso, ainda tão belo, na casa do produtor e diretor Raoul Lévy, um companheiro inesquecível para Diego. Eles iam juntos ao bar da estação de Lyon e no domingo Diego almoçava na casa de Raoul, na grande mesa de amigos da casa de Orsay, recoberta com uma toalha xadrez vermelho. Sua perspicácia e sua intuição tinham-no esclarecido sobre o talento único do escultor: Diego tinha sido recrutado para tudo. Maçanetas de portas, escada, rampa, abajures, poltronas. *Trois chambres à Manhattan* (Três Quartos em Manhattan), de Simenon, de quem Lévy tinha comprado os direitos para Jeanne Moreau, foi o início da maré negra. Sua ruptura lançou-o num projeto magnífico sobre Marco Polo, que o arruinou. Diego se atormentava. Ele amava seus amigos.

Eu me encontrei muitas vezes no ateliê miserável onde Diego trabalhava ao lado de seu célebre irmão. Nunca ele deixaria sua rua Hippolyte-Maindron. Rua predestinada, se isso é possível: os pais de Rodin tinham pedido [opinião] a Étienne Hippolyte-Maindron, escultor acadêmico do século xix, [para saber] se seu filho tinha talento suficiente para abraçar uma carreira artística… O bom homem assegurara que sim! Bem ao lado, na rua do Moulin-Vert, Diego tinha sua casa. Aí se encontrava no início do século, por uma estranha coincidência, o ateliê de Lebonné, o ampliador e redutor das obras de Rodin.

Diego tinha frequentemente Alberto nos lábios, seus trabalhos estavam ligado há tão longo tempo. Curiosamente, eu não pronunciaria jamais o prenome de Alberto até o dia de sua morte. O inconsciente tem seus mistérios.

No dito dia, eu percebia Diego perturbado e fui ter com ele no ateliê. Ele, habitualmente tão calmo, pareceu-me desarticulado. Foi uma única vez em sua vida que ele me falou de dinheiro. "Alberto morreu sem se importar com papéis, é Annette quem tem tudo". Annette, a esposa. "Mesmo a velha fazenda da mãe..." Stampa ou Maloja, a casa de verão? Eu não insisti. Seu trabalho cotidiano, ano após ano, lhe tinha sido arrancado. Eu o levei ao cinema, que ele adorava – a sala de projeção no domingo na casa de Raoul Lévy preenchia-o. Eu me pus a ouvir com alívio que ele roncava. Infelizmente, nós atrapalhávamos e foi necessário sair.

No dia 11 de janeiro de 1966, a neve caía sobre o hospital de Coire quando Alberto aí morreu de uma parada cardíaca. Ele tinha dito a Pierre Matisse, o amigo de sempre e seu *marchand*: "Eu não quero que Annette toque em coisa alguma". Porém Pierre Matisse chegou tarde demais. Ele não encontraria senão um cadáver.

No ateliê gelado, Diego voltou sozinho. Os trapos em volta do derradeiro busto de Lotar, o amigo fotógrafo de Alberto, tinham congelado. Muito suavemente, ele acendeu o aquecedor para retirá-los. A argila não tinha arrebentado: ele o salvara.

A Travessia

Os irmãos Giacometti modelavam de tal modo com seus dedos um diante do outro, um para o outro, que esta troca ininterrupta desde as bolas de neve da infância fez deles um par até o fim. A urdidura do destino é inevitável.

Para Diego, as armações, as moldagens, a pátina, o corte da pedra aprendido com o escultor de pedras tumulares de Chiasso; para Alberto, a dinâmica corrosiva das cabeças, os golpes dados com o polegar e com o canivete a suas esculturas. Para ambos, a nostalgia de sua infância feliz, a consagração da mãe que distribuía a felicidade, o bolo de nozes da Engandine. Mãe-montanha: o infinito da montanha reflete-se uma na outra.

"O talento é uma infância que se descobre à vontade", escreveu Baudelaire. Alberto mergulha no seu mistério, onde ele tem necessidade de tornar a mergulhar. Ele volta sempre a Stampa, junto de Annetta, sua mãe, sua única viagem, incansavelmente repetida até o extremo fim de sua vida. Com mais de sessenta anos, quando ele chega, com sua camisa negra do Soldat Laboureur, a grande loja de Montparnasse, sua mãe lhe dá um banho e o fricciona. Ele lança gritinhos de prazer. Quando ela se for e com ela seu mote "Alberto, venha comer! Alberto, venha comer", ele mal lhe sobreviverá. Seu sorriso de doce canibal dos Grisões não iluminará mais seu semblante marcado de sulcos. Não haverá nunca mais um banquete maternal. A mais bela das visões da infância, ser alimentado, desapareceu com a neve. Nas centelhas das forjas, nos seus farrapos, ele sofreu o esforço persistente da perda e o infinito da montanha.

As camadas geológicas da montanha Sainte-Victoire permanecem inseparáveis de Cézanne, de quem Kandísnki dizia: "Ele promoveu a natureza morta à posição de objeto exteriormente morto e interiormente vivo". Cézanne, tão admirado por Alberto, proclamava: "A natureza está no interior". Somente a fidelidade à percepção, no recôndito da sensação, permite o surgimento do oculto.

Eu me recordo das grandes mãos de Diego, dos calos sobre cada falange. Tardiamente eu me dei conta de que ele era mutilado na mão direita. Dir-se-ia que ele a exorcizava, ocultava-a, tão hábil tornou-se ao reunir os filamentos mais frágeis do gesso ou o fio da estopa.

Diego é o mais novo e o *alter ego* de Alberto. Annetta concebeu-os um após o outro: Alberto em 1901 e Diego em 1902. Eles se sucedem no ventre da mãe, eles se sucederão em uma vida que se tornará comum: o mesmo ateliê, o inseparável trabalho. Diego, o desenvolto, o dândi, vai transformar-se no homem que faz tudo para Alberto.

Sua aura benéfica salvará literalmente Alberto de seus demônios e da destruição incessante que ele inflige à sua obra. "Basta, Alberto", dizia-lhe, com sua voz mal-humorada, após o enésimo recomeço para o mundo de sua escultura, "eu a levo à fundição".

Diego era belo. Agradava às mulheres, de quem ele desconfiava, mas de quem amava a graça. Sua facilidade libertava Alberto, que frequentemente falhava e por isso deliberadamente elegera as prostitutas como parceiras. Mas tanto um como outro só juravam pela mãe. Indômita Annetta... A rainha da cepa original, diz-se entre as abelhas. Annetta assim permanecerá. Diego não se casará jamais. Alberto, em uma ambiguidade profunda, passará diante do juiz com Annette, a jovem genebresa que veio juntar-se a ele em Paris, que carrega quase o mesmo prenome maternal. "A mãe", repetia frequentemente Diego. Nada jamais os separaria dela. Seu reinado continuou bem depois da infância feliz do vale Bregaglia.

O áspero vale Bregaglia dos Alpes suíços era povoado por protestantes severos nos seus cantões calvinistas, entre a Alta-Engandine e a fronteira italiana. Um bisavô de Alberto e de Diego teria ido até a Polônia em carro de bois. O vale Bregaglia, na fronteira dos Grisões, começa no lago de Sils, amado por Nietzsche, antes da vista italiana sobre Chiavenna, o burgo de Solio celebrado por Rilke e Pierre Jean Jouve. Fé protestante em cantão católico e gosto austero pela liberdade afirmam-se no meio montanhês.

Daqueles topos, os homens tornam-se invisíveis, reduzidos a cabeças de alfinete. Os cumes contêm a infância de Alberto e Diego e o arrebatamento de sua montanha também lhes permanece inseparável.

Na família Giacometti, os homens são bons e as mulheres têm bens. A avó, Ottilia Santi, trouxe ao seu esposo Alberto Giacometti, cuja família originária da Itália central se instalara no vale, a estalagem de Stampa, o Piz Duan. Este pico de mais de 3 000 metros dominando o flanco do vale tinha lhe dado seu nome.

A muralha do Alpe, as pegadas dos animais da floresta na neve branca, entre a aldeia e a profundidade dos bosques, o verde das pradarias e das estações, a sombra que invade o vale durante os meses de inverno quando a frente das montanhas não deixa passar o sol, envolvem o cenário da infância.

Giovanni Giacometti, terceiro dos oito filhos do estalajadeiro de Stampa, desenvolveu um dom para o desenho e experimentou uma vocação de artista. Encorajado e assistido por seu pai, ele estudou em Paris antes de residir não longe de Pompeia. A morte de seu pai, no início de 1900, abalou todo o seu ser. Era-lhe necessário refazer descendência.

No mesmo ano, no dia 4 de outubro de 1900, o pintor figurativo de barba ruiva Giovanni Giacometti casava-se na igreja de San Giorgio em Borgonovo, a nova aldeia a um quilômetro de Stampa, com Annetta, nascida Stampa. No dia 10 de outubro de 1901 nasceu Giovanni Alberto, imediatamente chamado Alberto sem mais nada. A adoração de Annetta por seu primogênito não poderia impedi-la, de novo grávida, de desmamá-lo com seis meses. A admiração do pai por Velásquez inspiraria a escolha do prenome do filho seguinte: Diego nasceu no dia 15 de novembro de 1902.

O primogênito brincava no ateliê do pai e lambuzou uma tela concluída com a tinta e seus próprios excrementos. Diego não tinha um ano quando a mãe ficou de novo grávida de Ottilia, a irmã. A volta dos prenomes, já acentua as vidas. Diante do Piz Duan, o ancestral, nasceria uma casa rosa, cujo estábulo será transformado em ateliê. A família Giacometti não o deixará mais.

No dia da mudança para Stampa, Diego saiu sozinho na rua cheia de carneiros espalhados por ocasião de uma transumância. Ele ainda não tinha dois anos. Perdido, confuso, Diego berrou de medo. Annetta, força e amor, no entanto, ria na janela. Uma jovem entregou a criança em lágrimas. O terror de seus dois anos se misturaria não obstante à estranha doçura da lã dos pelos dos animais e ao riso de sua mãe.

Uma estreita fenda no fundo de uma gruta tornou-se o refúgio de Alberto. Encolhido na sua caverna, ele aí escondeu um pedaço de pão roubado da cozinha materna. Diego apaixonou-se pelos animais furtivos das veredas da montanha, pássaros, esquilos. Um quarto filho, Bruno, nasceu no verão de 1907.

Naquele verão, em plena ceifa do feno, fascinado pela engrenagem das rodas do cortador da máquina agrícola onde caía o feno há pouco cortado para se misturar à aveia, Diego estendeu a mão direita sob a manivela, detida com muita dificuldade pelos rapazes do vale horrorizados: um dos dedos apenas se mantinha, o dedo médio perdera sua extremidade. A lâmina tinha apanhado a metade do segundo dedo, esmagando a extremidade do terceiro e deslocado o polegar. Quase anestesiada, a criança de cinco anos permanecia confusa. Os dedos supliciados de Diego confessariam, décadas mais tarde... Ele se mutilara voluntariamente. Um inconsciente maior que lhe decidira sua provação. Não teria ele desejado apoderar-se do olhar de Annetta, tão absorvida pelo amor de seu primogênito e aos sucessivos nascimentos? Experimentar sua coragem em um desafio infantil? É de propósito que ele tinha exposto sua mão. Deixemos a ele seu mistério.

Sob o lustre, os filhos se reuniam à noite em volta da mesa comum, cada um sentado sobre a cadeira de nogueira cuja imagem esculpida representava-o. O retrato, onipresente, da mãe, começa. Jamais Alberto se desprenderá de seu modelo venerado.

Assim que saía da escola, Alberto corria ao ateliê do pai e, com seu lápis, deleitava-se. Seu primeiro desenho, Branca de Neve no seu caixão de cristal, velada pelos sete anões em lágrimas, revelava-a branca como neve, lábios vermelhos cor de sangue, cabelos negros de ébano – os de Annetta. Tudo irrompia. "Sente-se e olhe", dizia o pai. "Eu vou pintar".

A obstinação cósmica de escultor e de pintor de Alberto enraíza-se nos seus Grisões: a obra rude, íngreme, as linhas de aresta e os agudos de seus bronzes atormentados. Ele atesta: quando apalpa a argila, redescobre os atalhos de sua aldeia, a lama sobre suas botas ao voltar da escola, as montanhas e as torrentes congeladas, os barrancos, o voo das aves de rapina acima do vale... Doçura das pradarias. Ele se revê "o garoto que, todo vestido com roupas novas, atravessava um prado num espaço em que o tempo esquecia a hora".

Seu pai conduziu-os à pedra dourada, este megálito cuja entrada entreabre uma passagem. As crianças agacham-se, refugiam-se. Alberto gosta tanto de desaparecer na pequena caverna onde ele mal pode manter-se, esconder-se, reencontrar a cavidade uterina. Mas ele encontra muito cedo o maléfico e nô-lo confia em *Hier, sables mouvantes* (Ontem, Areias Movediças). Estranho título para esta infância ao pé das montanhas, onde o solo congelado pela neve pode tornar-se tão duro. Uma pedra negra, enorme nas moitas, ergue-se "como um ser vivo, hostil, ameaçador". Ela perturba seu inconsciente, ele nada diz às outras crianças. Ele encontrou seu carrasco, o terror.

Os blocos de gneisse, rochas metamórficas de feldspato e de quartzo, renascerão nos grumos de sua escultura, e as cavidades abertas, as pedras de cúpulas portadoras de enigmas. E se Medeia espreitasse, numa fenda?

A neve antes da argila. Alberto espera-a, sonha em adaptar um buraco às suas medidas, ele estenderia sua bolsa no fundo, para aí passar o inverno. Desde as primeiras lições de geografia, ele imagina seu "isbá" na Sibéria, bem no calor atrás da janelinha a olhar a planície e a negra floresta dos abetos, sua paisagem de todos os dias. Mas seus abrigos não resistem diante de sua fantasia. Seus irmãos caçoam em vão diante da ordem que ele impõe, antes de deitar-se, na arrumação de suas meias e de seus calçados. Ele fica furibundo se alguém movê-los um milímetro. Seu ritual secreto para adormecer fá-lo atravessar uma imensa floresta e encontrar um castelo cinzento. Aí ele mata dois homens, violenta duas mulheres, uma toda em negro e sua filha em véus brancos, cujos gemidos ressoam. Ele mata-as lentamente, em seguida, inexorável, queima o castelo. Fazendo isto, ele desaparece, salva seu sono contra a insônia. Como ele salvará sua criação contra a impotência.

O cenário primitivo sempre fascinou os meninos. "De Eros e da luta contra Eros", escreve Freud. Como não sonhar com Annetta, vestida de negro, e com seus trinta e dois anos, a idade da mulher do sonho? A outra evoca uma noiva. Desta vez Alberto atravessou o caixão de cristal de Branca de Neve, que a tornava inacessível. De quem se vinga ele?

No dia 5 de agosto de 1911, Annetta vai completar quarenta anos e uma fotografia nos reproduz a excursão a Castasegna, cidade-fronteira vizinha. O amor aí está, "com seu séquito de claridades que é feito de todos os olhos de adivinhos". Ele nos atinge, com as palavras de Breton, no *Amour fou* (Amor Louco), tanto a comunicação entre Annetta e seu filho mais velho ilumina-os. O fervor do olhar de adoração que ele lhe crava, este comando íntimo de Annetta

△ O pai, Giovanni Giacometti, pintor. *Autorretrato*, 1909. Col. Part.
◁ A mãe, Annetta Giacometti, nascida Stampa, o nome da aldeia. *Auf der Laube* (No Alpendre), 1910, de Giovanni Giacometti – Foto © Andréa Garbald, 1909.

a Alberto se correspondem e sua semelhança salta aos olhos. Um par amoroso, inalterável, surgiu, deixando os outros recuados, inclusive o pai.

Nesta mesma fotografia, Diego parece infeliz. Ele oculta sua mão direita mutilada do cavalete do fotógrafo, o rosto marcado pelo desgosto. Ottilia segura o joelho de seu pai, gola de renda sob seus laços, enquanto os meninos usam uma gravata larga, exceto Bruno, ainda muito pequeno, com gola de marinheiro. Eles estão sentados na grama e os pés calçados do pai aparecem na frente, repousando entre as botinas infantis.

O ateliê, com seus odores de terebentina e de pintura, as poses diante de Giovanni, que pisca o olho para ver melhor, modelam o inconsciente das crianças. Giovanni Giacometti será um pintor pós-impressionista reputado. Seu amigo Cuno Amiet, estudante, com Giovanni, na academia Julian, partilha sua paixão por Gauguin e Van Gogh, e eles rivalizam em paisagens de luz, deslumbrantes em cores. Amiet, o padrinho de Alberto, o grande pintor Ferdinand Hodler, o de Bruno. O tio Augusto Giacometti, o irmão mais novo de Giovanni, enamorado de Puvis de Chavannes e do *Quattrocento*[1], aquarelista, gravador e desenhista, realizaria os vitrais para a igreja de Stampa e uma *Ascension du Piz Duan* (Ascenção do Piz Duan) multicolor. Giovanni tinha gostado muito de Segantini, o célebre pintor que foi viver na extremidade do lago de Sils, e sentiu de modo atroz sua morte. Neste mesmo ano, Giovanni, o sensível, perdera também seu pai, e se casou com Annetta. Dona de casa por excelência, esposa amorosa e mãe idolatrada, Annetta constrói a base da vida que se erige. Essas bases com as quais Alberto povoará sua obra.

Terra natal, ateliê natal. Os dois impregnam a infância. Alberto explode em soluços, por ocasião de uma ausência de Giovanni. "Eu não posso me lembrar do rosto de meu pai!" Diego responde plácido: "É um homenzinho de barba ruiva".

Uma relação pesada liga Alberto a seu pai. Os olhos azuis do pai são os primeiros a pousar nos desenhos de Alberto. Desde então ele copia

1 Termo italiano referente ao século xv (N. da T.).

com ardor as reproduções que o acolhem na biblioteca, passa vários dias a realizar sua primeira gravura de Dürer, *Le Chevalier, la mort et le diable* (O Cavaleiro, a Morte e o Diabo), seus companheiros noturnos ... O pai e o filho trabalham lado a lado. Eles se amam.

Alberto desenha tudo: "Nada podia me resistir. Meu lápis era minha arma". O pai compra-lhe plastilina, e ele esculpe: Diego, já dócil, posa para seu primeiro busto. A força da semelhança se impõe, após as fantasias de seus desenhos, pressagiados por Branca de Neve velada no seu caixão pelos sete anões: pela primeira vez, Alberto dá forma a um ser de carne e osso, seu irmão Diego. Ele vai fazê-lo posar para sempre. Alberto tem treze anos, a idade de Dürer, o filho do ourives alemão, quando este assina seu primeiro autorretrato sem estar certo do pagamento: "Feito pela minha mão sobre a base de minha imagem em um espelho, em 1484, enquanto eu ainda era uma criança". Diego serve de espelho... Alberto dedica-se a recopiar a assinatura de Dürer, Albrecht, o mesmo prenome que o seu.

Sua efervescência brilha na escola secundária evangélica de Schiers, onde ele entra como interno e encanta mestres e condiscípulos. Ele vai até obter uma modesta mansarda para seu trabalho de pintor e de retratista. A fraternidade dos antigos o adota e o chama de "gatinho". Suas primeiras férias de Natal permanecerão memoráveis.

O escolar de quatorze anos viajava sozinho de Schiers a Coire, antes de passar a noite em uma pensão de Saint-Moritz, a fim de tomar, de manhã, o trenó postal em direção a Stampa. Porém em Coire, ele foi à livraria, onde não pôde resistir ao volume das reproduções de Rodin, o maior escultor vivo. Todo o seu pecúlio se foi. Ele tinha na verdade seu bilhete de trem para Saint-Moritz no bolso, mas, quando chegou, não lhe restava mais nada para a pensão... Sobrecarregado com seu grosso livro e sua trouxa, Alberto se pôs a caminho na noite gelada dos Alpes, escorregou, caiu, perdeu seu precioso fardo na neve, tornou a recolhê-lo até chegar, enfim, intrépido e meio congelado, às cinco horas da manhã, em Stampa, segurando seu Rodin apertado contra ele.

Logo, ele modelará pela primeira vez o busto de sua mãe. Ele devora os livros, Hölderlin, Hoffmann e seu *Homme au sable* (Homem de

Areia), que arranca os olhos das crianças, e o teatro de Shakespeare. Seu pai revelou-lhe a pedra-caverna dourada, sua protetora, seu lápis-cetro de criança diante da fulgurante natureza, o cultivo das cores e sua intensidade fulva na procura da semelhança. Giovanni deixa-o dispor de sua paleta, de sua biblioteca, "abre-te Sésamo" das alquimias misteriosas de pai para filho.

Que fogo fátuo atiça Alberto quando, por ocasião de uma ausência de seu pai, ele se põe a pintar o busto de gipso branco, representando Giovanni, presente de Rodo, um colega pintor falecido? Ele lhe restitui seus olhos azul céu de geleira, bigode e barba rubra e seus lábios rosa, convencido de ter feito o verdadeiro trabalho, já que não era semelhante. Na sua volta, Giovanni não emitiu nenhuma crítica.

A noite chega, o efêmero ameaça, a violência dos contos e de suas flores malditas inquieta: a gota de sangue da Bela Adormecida picada pelo fuso mancha a nata do leite, segundo a lenda suíça. O nariz se alonga, estranho apêndice e se recobre de pássaros desenhados pelo pai no seu livro de Grimm. A página introdutória traz o nome dos quatro filhos.

Seu gosto pela origem conduz Alberto à arte das cavernas, sacrificial e extática. As gravuras parietais, as incisões sobre os grafitos sexuais fascinam-no. Sexualidade e reprodução vão ser definitivamente dissociadas. Separadas pelo cenário que se representa no seu corpo.

Aos dezessete anos, uma tardia doença de criança o atinge, a caxumba. Ela vai se complicar: uma orquite, inflamação dolorosa dos testículos, torna-o estéril. Esta perda para sempre, tão penosa para a sexualidade de um rapaz, atinge-o pungentemente e ressoa como um dobre de finados, entre os dobres dos sinos tão amados no infinito das montanhas. Toda a sua energia sexual será afetada. Sua aventura será outra, a genealogia da produção, a obra ainda não nascida usará seu esperma e seu sangue. O que está mais escondido destina-o à metamorfose. Sua visão traduzirá o próximo e o longínquo, sua comparação sairá dele. De seu chão de autenticidade, a flor irromperá.

Ele ainda repele-a, mas a brusca revelação aprofundou um sulco escaldante. Esta ameaça torna sua vida em Schiers intolerável. Ele consegue então que o diretor lhe conceda uma autorização permitindo-lhe consagrar-se à pintura e à escultura. Diego encontrou-se

24

com ele dois anos mais cedo e não se dá muito bem nos estudos. Ele não tem os dons onipotentes de seu irmão mais velho e se arrasta. Os dois fazem as malas.

É a primavera em Stampa, a dedaleira, a margarida desfolhada com os "eu te amo", os cólquicos arroxeados e de cor lilás cantados por Apollinaire, e a maçã eterna na compoteira da família. Os meninos mastigam raiz de genciana, Diego escala, a montanha encanta-o e os picos atraem-no. Ele nasceu para ser o que conduz a caravana... Alberto tem a vertigem e precipita-se no ateliê paterno.

As Peras Minúsculas, as Mordaças

Pai e filho vão conhecer sua primeira discordância pictórica, sintoma de uma angustiante divagação a vir que nenhum dos dois pode pressentir. Alberto quer desenhar as peras colocadas diante dele. O significante agarra-o: ele não pode transpô-lo. Suas peras tornam-se cada vez menores. Desde então, após a reprimenda de Giovanni, tão rara na sua relação, ele apagou e recomeçou incansavelmente: as peras se reduziram de tal modo sob seu lápis que seu pai irrita-se e, conhecendo seus dons, suplica-lhe pintá-las "com as dimensões reais". Nenhum retoque ele consegue levar a cabo. As tentativas de Alberto são vãs e ele restaura as peras, perto do milímetro, à dimensão inicial.

Inseparável das palavras, Alberto frequentemente repetiu esta cena que marca o fim da sua infância: as areias movediças sucedem à pureza da infância. As forças vigorosas das quais ele se apoderou no ateliê natal se revolvem. As peras da ingratidão abrem um abismo dentro do qual elas deverão amadurecer a sós com a angústia de Alberto. O paraíso da visão compartilhada esconde-se e atinge a profanação. Seu pai e ele fazem um. A bondade de Giovanni a seu respeito, seu orgulho em tê-lo por filho, por discípulo, a longa intimidade do ateliê atrás e na frente do cavalete pressagiando o massacre. Que obscuro objeto do desejo pode separá-los?

É mais forte que ele, Alberto é obrigado a reproduzir o que ele vê, como ele o vê, independentemente do saber. Desde agora ele se confronta, à distância, com sua erínia[2]. Ela vai atormentá-lo. A aventura não faz senão começar: abismos vão se abrir. As peras minúsculas permanecerão premonitórias: a travessia do deserto o espera.

"Eu dominava minha visão, era o paraíso, e isso durou até aproximadamente dezoito, dezenove anos, quando tive a impressão de que não sabia fazer absolutamente nada". O início na visão do pai traz em si a procura de sua própria percepção e de suas vertigens futuras. "Eu devo pintar exatamente como eu vejo".

Os frutos do pincel de seu pai ou aqueles colocados sobre a mesa de cozinha, contudo, não lhe resistem. Como testemunhas disso o *Portrait d'Ottilia* (Retrato de Ottilia), sua irmã costurando, seus óleos de *Bruno à la flûte de noisetier* (Bruno com a Flauta de Nogueira), a *Nature morte aux pommes* (Natureza Morta de Maçãs), assinada com seu único prenome, Alberto. Seu *Autoportrait* (Autorretrato), aureolado de espera, quase hipnótica, ilumina-se. Mas a crise da dimensão começa.

Na casa de verão de Maloja, ele não dança. Com os punhos cerrados, ele fixa os outros e faz dançar seus irmãos com a moça de sua escolha. Ele contempla.

"Desde nossa juventude, nosso pai nos deixava fazer tudo o que queríamos. Ele nos dava um conselho quando nós lhe pedíamos, mas ele se mantinha sempre lá... – Você quer tornar-se pintor? perguntou meu pai. – Pintor ou escultor, respondi".

O vigoroso e doce Giovanni encaminha-o para a escola das belas-artes de Genebra. Alberto não ficará aí por muito tempo. O ensino convencional desagrada-o. A colocação de um nu em toda a academia não é senão rotina. Lulu posa, gorda e balofa. Alberto, apesar da grande irritação do professor, obstina-se e desenha, gigantesco, um dos pés do modelo. Ele não pode, ao mesmo tempo, representar o todo e o detalhe.

---

2 Para os gregos, as erínias (Fúrias para os romanos – Furiæ ou Diræ) eram personificações da vingança, encarregadas de castigar os crimes, especialmente os delitos de sangue. Enquanto a deusa Nêmesis punia os deuses, as Erínias puniam os mortais. Chamavam-se Tisífone (Castigo), Megera (Rancor) e Alecto (Interminável). Viviam nas profundezas do tártaro, onde torturavam as almas pecadoras julgadas por Hades e Perséfone (N. da E.).

Aquilo que se repete tem sempre sentido. Entra-se nos recônditos que vão separar Alberto da medida. As peras, o pé de Lulu revelam a exigência alucinada de sua visão, apesar das estratégias do saber. Ele, tão dotado, não as reconhece. Uma coragem provocante nele vive: em aula de escultura na pedra, bate sobre seu cavalete o pesado martelo de ferro que lhe cai sobre o pé. Ele recolhe-o e, com o rosto crispando de dor, recomeça o trabalho. A intolerância de Alberto em relação a si mesmo irá até o que há de mais vil e contradiz a indulgência plenária de seu pai. Benevolente, tolerante, Giovanni torna a orientar o rebelde sobre a escola de artes e ofícios. Ele se sente melhor.

Giovanni, pintor reconhecido e respeitado, é enviado à Bienal de Veneza em maio de 1920 pela comissão federal para as belas-artes. Jamais ele viu Veneza. Seu mais urgente desejo é o de levar Alberto. Pai e filho viajam juntos. O doador da pedra dourada revelou-lhe a entrada do monólito, o iniciador do ateliê natal, o desenho, vai a partir de agora revelar-lhe Veneza.

Veneza

"Lembro-me ainda da impressão experimentada durante a viagem em uma pequena estação no meio das colinas de Brianza, o sol desaparecia imenso e rubro na bruma bem acima do horizonte, e a surpresa na chegada a Veneza provocada pela cor cinza leve e transparente, pela cúpula verde acinzentada da igreja diante da estação; tudo tinha um ar frágil e vagamente deteriorado". Entre os interiores das colinas, espera-o a descoberta deste cinza que se tornará a própria essência de sua pintura, ele, o filho dos Grisões. Tal como a fragilidade, a degradação celebrará núpcias eternas. Giovanni o conduz à mãe das artes, Itália, na *chiara lingua de la mamma*[3].

---

3 Na clara língua da mamãe (N. da T.).

O pai apressa-se em ver os retratos solenes e sanguíneos de Ticiano. Nem Ticiano nem Veronese atraem Alberto, mas Tintoretto perturba-o; seu arrebatamento e seus turbilhões, suas trevas sulfurosas, suas multidões diluídas na penumbra onde a vida frenética fervilha entre lanças, o anjo atirando em direção ao escravo estendido entre os instrumentos de suplício revelam-lhe seu modelo interior, "o próprio reflexo do mundo real que me cercava. Eu o amava com um amor exclusivo e partidário". Um pincel de fogo coloca-se sobre sua existência, tão exigente quanto este reflexo.

Ele não quer perder uma única de suas telas, em um único canto de igreja, e corre, ainda no último dia, para San Giorgio Maggiore e para a Escola de San Rocco "como para dizer-lhe adeus, adeus ao maior dos amigos".

Ressonante Alberto. No seu absolutismo, ele recebe um soco no peito chegando à capela da Arena, em Pádua. O choque, o deslumbramento diante de Giotto são tais que ele experimenta, por isso, uma traição para com seu bem-amado Tintoretto. "A força de Giotto se me impunha irresistivelmente, eu me sentia esmagado por essas figuras imutáveis, densas como basalto, com seus gestos precisos e justos, pesadas de expressão e frequentemente de infinita ternura". A mão de Maria tocando a face de seu filho morto engrandece-a: a aparição restitui-lhe a mão de sua mãe, sua bem-amada Annetta. "Parecia-me que nenhuma mão jamais poderia fazer um gesto diferente numa circunstância análoga". Mas ele não quer perder o Tintoretto. Seu brilho íntimo coloca-o frente à sua razão de viver.

As Três Jovens Moças de Pádua

Uma visão bem simples vai desagregá-lo, deslocá-lo de sua nova veneração. Três jovens moças de Pádua andam diante dele, na rua. Ligado à sua geração, Alberto não diz "moças" como qualquer pessoa de hoje, ele as chama "as três jovens moças de Pádua". A estatura delas espreita-o, derruba-o.

"Elas me pareceram imensas, além de toda noção de medida, e todo seu ser e seus movimentos eram responsáveis por uma violência assustadora. Eu olhava-as alucinado, invadido por uma sensação de terror".

Seu vazio enlouquece-o. Ele é virgem e destinado pela sua orquite à esterilidade sexual. "Os Tintoretto e os Giotto tornavam-se ao mesmo tempo bem pequenos, fracos, frouxos e sem consistência". Alberto encontrou sua castração. Seu próprio tamanho desaparece. Nada se mantém diante do corpo destas desconhecidas. Os maiores artistas que tanto acabavam de impressioná-lo desabam diante do simples encontro da rua: a imensidão feminina interpela-o, deixa-o tão desarmado quanto um rapazinho, reduzido a um "balbucio ingênuo, tímido e desajeitado".

Três simboliza seu algarismo maldito. Na vegetação mágica dos signos, números que ele juntara às suas obras, o três lhe aparece intransponível. Sua escultura *Femme* (Mulher), alguns anos mais tarde, não fará senão provocar sua inibição: "$1+1=3$, eu não consigo..." É preciso três para fazer um filho e é o pai que o faz na mãe. A terrível Santíssima Trindade. Alberto não mostrará jamais as mulheres grávidas. Um vazio, uma cúpula, indica o ventre e seu doce lugar. Nada o ocupa. A mãe permanece a velha Annetta, grávida só dele.

As três jovens moças de Pádua, primeira cena aniquilante de sua sexualidade, continuarão imensas para ele. Quando ele descobre no mesmo outono, em Florença, um busto egípcio, "a primeira cabeça que me pareceu semelhante", depois se impregna dos Cimabue de Assis, e dos mosaicos de Cosme e Damião, que sente ele? "Todas essas obras apareciam-me um pouco como as duplas reconstituições das Três Jovens Moças de Pádua. É a mesma qualidade que me seduziu desde então em Cézanne".

A emoção fará dele o transeunte ininterrupto, o observador das moças da rua. Como poderia ele pressenti-lo? É ele quem ressuscitará suas reproduções. A partir do enigma e do infinito das mulheres, ele esculpirá *Femmes de Venise* (Mulheres de Veneza), além da medida. O espaço cinzento de silêncio, na tela, na batalha erguida das linhas, salvaguarda o reencontro com seus semelhantes.

Ele se encontra nos bancos do ensino artístico de Genebra, mas não sonha senão em voltar para a Itália. Assim foi. Alberto queria inscrever-se em Florença, porém as instituições anunciavam vagas preenchidas, sob um frio gelado. Seus primos romanos acolheram-no, na casa deles de Monteverde. Um grande jardim e o cedro do Líbano encantaram-no imediatamente e, principalmente, sua prima Bianca, com quinze anos. Ele tem dezenove e, apaixonado, deixa suas roupas puídas, depois de ter escrito a Stampa para respeitar o veto familiar. Ele estreia um elegante terno com redingote, echarpe e luvas, cigarros e bengala, molinetes, e envia um desenho a seus pais representando-o. Os ateliês custam caro, as inscrições estão encerradas, mas ele torna-se membro do Círculo Artístico, e ao longo de duas horas pode desenhar enquanto um modelo posa.

O jovem a quem tudo dá certo se dedica ao busto de Bianca. A pequena selvagem impacienta-se e se mexe o tempo todo. Na verdade, ele se confronta com o impossível: "A realidade me escapava". Ele, que sempre se divertiu com o trabalho, realiza em Roma mesmo e sem a menor dificuldade o busto de Alda, a cunhada da empregada. Risos e sorrisos marcam o ritmo das sessões. Alda, encantada com a semelhança, pede ao escultor para lhe dar seu retrato. Ele concorda com muito gosto. Porém ele fracassa diante daquela por quem se apaixona.

"Pela primeira vez eu não sabia como proceder. Eu me perdia. Tudo me escapava". Alberto nos arrasta no seu labirinto íntimo, do qual só sairá à força de rigor e de obstinação para achar e revelar sua verdade. O busto de Bianca, envolvido em trapos úmidos para impedir a argila de endurecer, é seu universo: ele o colocou sob pequenas faixas. Faixas mortuárias ou panos de um começo?

Ele preenche também seus cadernos de reproduções que ele admira nos museus e igrejas de Roma, colheita ininterrupta como ele o fizera no ateliê paterno. O barroco deslumbra-o. Ele lê sempre apaixonadamente Ésquilo e Sófocles: o sacrifício de Ifigênia, a morte de Cassandra, o incêndio de Troia.

A Nuvem

Bianca exaspera-se ainda mais e o senti
mento de impotência intolerável de Alberto

ressurge: "A cabeça do modelo na minha frente transformava-se em uma nuvem vaga e ilimitada". A nuvem recobre-o com inibição maléfica, infernal.

Ele leva para sua casa uma prostituta para desenhá-la, depois se deita com ela. É a primeira vez. "Uma crise de entusiasmo me fez explodir literalmente. Eu me pus a gritar: é frio, é mecânico". Nada a temer. O esquema se repetirá para sempre em Alberto, que se tornará o amigo inseparável das prostitutas.

Bianca não vencerá a resistência de seu autoritário primo. A insolente, violenta, dá um golpe no gesso, que cai. Alberto, exaltado, quebra-o em pedaços e joga-o no lixo. Primeira destruição premonitória de milhares de outras: quando o trabalho vai mal, lúcido, inflexível, Alberto destrói. Preferivelmente a penúria que o simulacro.

Ele deixa Roma pelo sul, acompanhado de um jovem inglês. Nápoles encanta-o, mas especialmente a visão de Paestum neste início de abril de 1921. Seu templo dórico, entre pinheiros e loendros, revela-lhe o homem gigante: ele se ergue entre as colunas, "a grandeza métrica não está mais em jogo". Sua procura, sua intuição daquilo que se tornará "sua" dimensão esperam-no entre os deuses.

No trem da manhã para Pompeia, os dois companheiros iniciam conversa com um senhor requintado, cabelos brancos, a caminho de Nápoles. "Tudo vem do exterior", predisse Cioran. Há presságio antigo nessa viagem tão curta. Alberto fascina seu interlocutor pela sua linguagem e sua paixão, depois desce em Pompeia com seu companheiro. O solar dos Mistérios encarna para ele os Gauguins tão queridos por seu pai. É em Pompeia que seu pai tivera seu difícil início de carreira de pintor, e Alberto, sem confessá-lo, procura suas marcas.

Os Pés de Bianca

O calor opressivo do verão apoderou-se de Roma. A família confia Bianca a Alberto para levá-la. Ele a acompanhará até Maloja para passar a noite antes de retomar seu trem, em Saint-Moritz, em direção ao internato suíço. Os primos também têm casa em Maloja e se reencontram nas férias. "É como uma viagem de núpcias", murmura ele com indiferença. Um atraso os conduz, a altas horas, à fronteira fechada até o dia seguinte. Eles devem passar a noite no hotel. Após o jantar na sala de refeições, o balanço no jardim, Bianca sobe a seu quarto. Alberto, insistente, bate à sua porta.

"O que é que você quer?

– Eu quero desenhar teus pés".

Bianca apareceu de camisola, e até meia-noite ele desenhou seus pés. Satisfeito, ele voltou ao seu quarto.

Neste verão de 1921, um pequeno anúncio aparece num jornal italiano: o viajante idoso do trem entre Paestum e Pompeia, um holandês residente em Haia, procura o estudante de arte ítalo-suíço que ele encontrou e pede-lhe para responder-lhe por carta. Que milagre fez o anúncio cair entre as mãos dos primos italianos? Eles enviam-no a Maloja e Alberto escreve. É o sinal do destino.

A resposta é imediata: Peter van Meurs, conservador de arquivo, celibatário, gosta de viajar, mas, sendo idoso, prefere estar acompanhado. E ele propõe ao jovem encontrar-se em Veneza, para onde Alberto sonha voltar... Apesar das censuras de Diego, que suspeita do homossexualismo de seu correspondente, o fogoso Alberto encontra o viajante holandês para se pôr a caminho em direção à aldeia montanhosa de Madonna di Campiglio. O carro do correio segue um caminho estreito de ziguezagues entre gargantas e precipícios, e o frio desse início de setembro apanhou traiçoeiramente o vale. Chegando ao hotel dos Alpes, Van Meurs não se sente bem e deita-se. No dia seguinte, seus cálculos renais muito dolorosos obrigam a visita do médico e uma injeção para aliviá-lo. Fora, a chuva cai sem parar e Alberto permanece à sua cabeceira. Ele não consegue ler *Bouvard e Pécuchet* de Flaubert porque as bochechas de Van Meurs parecem encovar-se, o nariz alongar-se. O médico, de volta, chama-o à parte: "O coração cede. Nesta noite, ele estará morto".

A noite caía e Van Meurs expirou.

"Isto foi para mim como uma abominável emboscada. Em algumas horas, Van Meurs tornara-se um objeto, um nada. Mas então, a morte tornava-se possível a cada instante, para mim, para os outros. Havia tido tantos acasos: o encontro, o trem, o anúncio.

Como se tudo tivesse sido preparado para que eu assistisse a este fim miserável".

Ele revê a cabeça transformar-se, o nariz acentuar-se cada vez mais, as bochechas esvaziarem-se. A boca escancarada do morto obceca-o. Aterrorizado, ele não pode adormecer e mantém a noite inteira a luz acesa: a lâmpada anônima, arisca. Ele ficará assim de agora em diante todas as noites de sua vida. Alberto não poderá jamais dormir sem acender a luz.

A Morte de Van Meurs

"Tudo se tornou frágil". Esta fragilidade vai definitivamente impregnar sua visão: sua fatalidade. Seu cotidiano, sua miséria, da qual ele não se separará mais, ele a dará misteriosamente às suas criaturas. Ele não o sabe ainda. Seu gosto pelo provisório foi aí concebido. De quarto de hotel modesto em quarto de hotel refúgio, ele se esconderá, sem escolher, com a lâmpada. De uma vez, as falsas aparências caíram. Há a raiz, a mãe, a montanha. E depois nada mais.

O filho de Annetta é posto sob vigilância policial: um dia de detenção. A autópsia confirma a insuficiência cardíaca, ele pode, enfim, partir. Ele pegou por milagre algum dinheiro na escrivaninha de seu pai, sem avisá-lo. Em caso de infortúnio, para contradizer as exortações de Diego para não se encontrar com o desconhecido. Então ele decide voltar a Veneza, seu destino inicial.

Não há encontro com o Tintoretto. Todo o seu dinheiro transita entre as prostitutas e os cafés... Ele envia aos seus o cartão postal sensacional do grande aventureiro do Renascimento, por Verrocchio, Bartolomeo Colleonni: os olhos de gavião cruel, a estatura do colosso desmente. Ele encontrou a abertura, o buraco da morte, a vida desmistificada. Em um medo sem nome, percorre Veneza entre suas águas estagnadas, não ousando jogar o pedaço de pão apertado na sua mão. Outrora, ele conservava na sua palma o pão roubado como talismã na neve. Não há mais refúgio contra o frio ou a fome. Ele erra nesta Veneza "no meio do vazio, entre as águas fetais e as do Styx". Morand podia se jogar na Itália como em um corpo de mulher, mas ele? Ele que roubou o dinheiro de seu pai bem-amado sem confessá-lo, para perdê-lo com prostitutas. A quantidade de estátuas não o cativa mais, só os gatos deslizam entre suas pernas.

"Após várias experiências fracassadas sobre pequenas pontes mais obscuras, à beira dos canais os mais sombrios, eu joguei tremendo nervosamente o pão na água apodrecida do último braço de um canal cercado por paredes negras e eu me afastei correndo loucamente e apenas consciente de mim mesmo".

Não é preciso ser feiticeira ou psicanalista para discernir nas pontes a própria imagem da relação sexual. De uma margem à outra... Alberto não pode exorcizar seu terror somente com o naco de pão de sua infância.

No seu retorno a Maloja, ele divide um quarto com seu jovem irmão de quatorze anos: Bruno revolta-se em vão por não poder dormir. A luz ficará acesa a noite toda. No seu infalível instinto, Annetta vai mais longe. Alberto vai fazer vinte anos.

Seu pai aconselha-o a Grande Chaumière, onde ele mesmo estudou. Ele aí aprenderá a escultura junto de Bourdelle. Alberto obtém seu visto de entrada para a França em Bâle, onde Diego trabalha em uma manufatura. Esplêndido, Diego acolhe-o na estação, o primeiro de seus reencontros. Alberto tomará sozinho o trem noturno para Paris.

Gênese, Juventude

"A maior parte dos acontecimentos são inex primíveis, realizando-se em um espaço onde ninguém jamais terá pisado", escreveu Rilke. E justamente Alberto apodera-se deste silêncio, para elucidar aquilo que lhe importará mais que tudo no mundo: a verdade.

"A arte me interessa muito, mas a verdade me interessa infinitamente mais…" Desde o início, seu pai, o pintor reconhecido e reputado, instala-se no meio dos alunos e se põe a desenhar e a pintar, na Grande Chaumière. "Eu gostaria tanto de ficar em Paris e recomeçar do nada", disse-lhe ele. Alberto não o esquecerá jamais. Quantas vezes recomeçará ele, fazendo, desfazendo, tornando a partir para a guerra, esta guerra que ele conduz para avançar na sua realidade, para "crescer".

O ensinamento de Bourdelle, na Grande Chaumière, de 1922 a 1927, provoca sua ambivalência. As dimensões aprendidas, as convenções, o academismo não conseguem convencê-lo. Seu artificialismo o inquieta, e a pseudorrestituição trai sua ligação obstinada ao assunto, sua busca: ultrapassar as aparências.

"Pela manhã eu fazia a escultura e as mesmas dificuldades que tinha em Roma recomeçaram. À tarde, eu desenhava". Bourdelle, o antigo discípulo de Rodin e seu assistente durante quinze anos, com mais ou menos sessenta anos, não se deixa enganar. Ele se torna sarcástico. Alberto não pode ao mesmo tempo reproduzir o todo e o detalhe: partir de um detalhe não admite o conjunto e esta distorção martiriza-o.

Caloroso, ele elogia o trabalho de seus colegas. Dentre eles, o próprio filho de Matisse, Pierre, que se tornará, uma década mais tarde, seu marchand em Nova York. Mas Alberto menospreza sempre sua produção e sua solidão é maior ainda.

A dificuldade que ele experimenta diante do modelo na Grande Chaumière obriga-o a ver os seres sem consistência "suspensos em um vazio". Os "pés não tocam nenhuma base", visão premonitória, e a que ponto, das gaiolas e dos lustres que ele vai fazer nascer, sem falar dos futuros pés, enormes, através dos quais ele fixará suas esculturas.

Bourdelle lhe reprova sua obstinação: "Você é suíço, não? Tudo isto está muito bom, sim, entretanto há o exagero das qualidades. Os motivos são demasiado pontuados e carecem de ligação. O estilo está um tanto entrecortado e você se afastou da harmonia das formas que se revela no modelo. É necessário evitar essas rupturas demasiado claras… Há excesso de saliências na superfície, excesso de asperezas. Há passagens excessivamente contrastantes que fazem pensar em um saco de batatas que se sacode".

A acuidade de Alberto incomoda Bourdelle. Alberto continua marcado pelo simbolismo abrupto de Ferdinand Hodler, o amigo de seu pai e padrinho de seu mais jovem irmão, Bruno. A desaprovação de Bourdelle vai atestar a Alberto que ele não aprendeu nada com este mestre. Bourdelle e Rodin obedecem à ordem de seu pai diante das peras: "Desenhe-as em tamanho natural". Giacometti dirá a David Sylvester: "Quando Rodin fazia seus bustos, ele ainda tomava as medidas. Ele não fazia uma cabeça tal como ele a via no espaço... Portanto, no fundo, não é uma visão, é um conceito".

Ele não está no conceito. Mas ele trabalha com muita perseverança na multiplicação dos planos: sua tomada da arquitetura das linhas, o poder do volume habita suas construções de nus, o desenho analisado por facetas não tem segredo para ele, no seu autorretrato tão diferente daquele do jovem de Stampa. Ele trabalha com dificuldade porque o coração não está aí. Partir de um detalhe aterroriza-o: "Se começasse por analisar a ponta do nariz, por exemplo, estaria perdido. Teria podido aí passar sua vida sem chegar a um resultado. A forma se desfaz, não é mais senão como os grãos que se movem em um vazio negro e profundo, a distância entre uma narina e outra é como o Saara, sem limite, nada a fixar, tudo escapa".

O Saara

A nuvem sobre o busto de Bianca tornou-se o Saara. À tarde, Alberto desenha para se salvar. Na sua obra *Aube* (Alvorada), ele grita de solidão. Paris e sua célebre falta de hospitalidade não enganam o montanhês. "Eu encontrei muita gente, eu ouvi pronunciar tantas e muitas imbecilidades e absurdos. Entre quase todos reina uma confusão infinita e quase todos, ou mesmo todos, estão pendurados, suspensos sobre um vazio, seus pés não tocam nenhuma base e seu olhar não tem nenhum objetivo". Alberto odeia a emancipação das mulheres e o individualismo, indigna-se com a tagarelice e sonha com uma mão de ferro.

Seria preciso que se sentisse só, este estudante, para se encerrar todo o inverno seguinte no seu quarto de hotel, a pintar um crânio que lhe tinham emprestado, no seu deserto povoado de desconhecidos? O tumulto que nele desencadeou a morte de Van Meurs enlaça sua juventude: seres e coisas se desfazem diante de seus olhos. O caminho abrupto e escarpado que o levou à Madonna di Campiglio é premonitório: o homem que devia tornar-se seu anfitrião, que o escolhera, elegera-o para partilhar seu caminho íntimo em direção às pinturas de Veneza, fê-lo refém. O terror estava no lugar certo. Diante da face morta, do olhar desaparecido e dos traços imóveis, do avanço do nariz e da boca escancarada, Alberto teve a intuição do que vai atormentar sua vida: a medida é a morte. Cabeça morta mensurável, para sempre terminada, da qual nenhuma alma escapa, nem efêmero algum, tudo a que Alberto vai destinar seu olhar: ver o secreto, a vida de cada ser, seu mistério antes que ele se extinga. A lâmpada queima para medi-lo na missão que, de fracasso em fracasso, vai arremessá-lo em direção ao infinito.

O Crânio

"No segundo ano, por acaso, eu me deparei com um crânio que me emprestaram. Eu tive tanta vontade de pintá-lo que abandonei a Academia durante todo o inverno... querendo precisá-lo, aproveitando-o tanto quanto possível. Eu passava dias a tentar encontrar a articulação, o nascimento de um dente... que sobe muito alto perto do nariz, segui-lo o mais exatamente possível, em todo seu movimento... de modo que, se eu quisesse fazer todo o crânio, isso me excedia, eu estava reduzido a fazer aproximadamente a parte inferior, isto é, a boca, o nariz e as órbitas no máximo e não mais além".

Um óleo na tela representa na base – enfim! – o crânio, esfinge pungente, pintado sobre o osso, de um azul pálido escondendo as cavidades do vazio. Duas pupilas de azul saturado repousam nas órbitas: este olhar azul, o do pai, dá sua cor ao interior de seu medo.

"Quando eu era garoto, eu acreditava poder fazer não importa o quê. E o sentimento durou até dezessete, dezoito anos. Então, de repente, me dei conta de que eu nada podia fazer e me perguntei por quê. Eu quis trabalhar para descobri-lo".

Seus domingos, em que a entrada é gratuita no Louvre, ele os passa inquieto. O desenho é sua respiração. Sua viagem interior exulta diante das estátuas egípcias do antigo reinado, o relevo em calcário pintado de Amenófis IV (Akhenaton) com sua esposa Nefertiti. Os ídolos cicládicos, estas mulheres nuas e frontais do mundo egeico, erguidas na ponta dos pés, o sexo fendido, os braços cruzados acima dos seios respondem secretamente à sua espera.

"Mantenham a posição, por favor", intima ele aos modelos da Grande Chaumière, com seu olhar que fulmina. "Desde sempre a figura humana me interessava mais que tudo, a ponto de me lembrar, sendo jovem em Paris, ocorrer-me fixar de tal modo as pessoas presentes que isso as punha fora de si. Como se eu não visse o que eu queria ver, como se tudo fosse de tal maneira confuso que não se conseguia decifrar o que se queria ver". O que ele desenha é o que ele apreendeu com os olhos, a partir do pé de Bianca.

Bourdelle convida seus estudantes favoritos a expor no Salon des Tuileries. Alberto teve de esperar três anos. Quando ele expôs pela primeira vez sua *Tête* (Cabeça) e seu *Torse* (Torso), esculturas próximas de Lipchitz e de Brancusi, Bourdelle não mediu as palavras: "Pode-se fazer tais coisas em casa, mas a gente não as mostra".

A escultura acadêmica de bronze *Nobles fardeaux* (Nobres Fardos), de Bourdelle, maternidade modelada com cesto de frutas sobre a cabeça e o filho sobre o ventre, transtorna Alberto. Ele conhece a efusão do cego, esta impossível dilaceração da mãe e a extinção das fronteiras.

Ele encontra Laurens, que ele admira sem reservas, e empurra a alta porta cinzenta de seu ateliê, entre as árvores amarelas e o declive da estrada de ferro. Seu coração bate forte.

A Clareira

"Eu via, suportava a rua clara às vezes às onze horas da manhã, eu ia à casa de Laurens. Minha ansiedade no momento de bater. E se ele não estiver aí? Minha decepção provocada pelo silêncio que persiste, minha alegria ouvindo os passos aproximarem-se no interior".

Sua obra *Aube* respira febril. Lançado num meio que ele ainda ignora, jovem provinciano suíço, desesperado por um verdadeiro contato, ele o encontra em Laurens, de quem ele admira cada obra. "O sorriso de Laurens, a cor, o volume de sua cabeça no momento em que as esculturas diante de mim satisfazem meu olhar, mal discernidas". A transferência paterna atravessa Alberto, tão ávido de admirar, de crer e de comunicar. O fascínio por este grande ser emociona, naquele que se fechou durante todo um inverno no seu miserável quarto de hotel com um crânio. Ele ainda não sabe que a cabeça humana vai tornar-se seu destino.

O contentamento deriva para este arrebatamento: são os termos de Alberto. Encontro mineral entre um e outro, no sentido em que a pedra dourada tornou-se o presságio benéfico de Alberto e resplandecerá em toda a sua vida. Nada pode ser mais sensível a um escultor que esse súbito aparecimento.

"Trabalhando a terra, Laurens trabalha também o vazio que cerca esta matéria, o próprio espaço torna-se volume". Esta luta sem piedade com o vazio traça sua obsessão habitual.

Giacometti evoca de novo esta luta na apropriação violenta das cabeças de Gouda, ou nas esculturas egípcias da IV dinastia, "o espaço compacto de trevas" que ele vê numa figura pré-dinástica de uma vitrine do Louvre. E ainda o espaço cinza do silêncio imóvel criado para a tumba do marechal de Saxe, por Pigalle, o implacável escultor cuja praça das prostitutas de Clichy perpetua o nome. Mas, aqui, sua razão de viver empurrou a porta, o portal. Ele dá um salto do anjo em direção à clareira. Nada de mais intimamente respirado que esta clareira vinda da infância.

"Eu me via numa estranha clareira…" A clareira, para Alberto, é a janela aberta para Matisse: algo de essencial. "A escultura de Laurens é para mim, mais que qualquer outra, uma verdadeira projeção dele mesmo no espaço, um pouco como uma sombra de três dimensões". Aqui, o três não é mais ameaçador, ele suaviza o sentido vertical, horizontal e transversal de um espaço que ele sente comum. "Sua própria maneira de respirar, de tocar, de sentir, de pensar torna-se objeto, torna-se escultura".

Alberto traduz ao mesmo tempo sua expectativa e seu desejo no experimento que ele nos transmite: "Esta escultura é complexa; ela é real como um vidro (eu queria dizer 'ou como uma raiz', estou menos certo disso, se bem que ela esteja por alguns aspectos mais próxima da raiz que do vidro); ao mesmo tempo ela lembra uma figura humana reinventada, ela é sobretudo 'a duplicidade' daquilo que torna Laurens idêntico a ele mesmo através do tempo; mas cada uma dessas esculturas é, além disso, a cristalização de um momento particular desse tempo".

Essas palavras poderiam servir de presságio à própria obra de Alberto: esta duplicidade é realmente o que o fascina – como as duplicidades das Jovens Moças de Pádua –, a semelhança com a realidade viva, única, anima e reanima seu ser. O experimentado é o real de Alberto.

Ele vive, graças a Laurens, momentos de origem essenciais: a atmosfera densa e leve da clareira, tão amada da infância, e a cortina como vapor envolvendo as construções nesta clareira. As ressonâncias reconduzem-no em direção às colinas interiores de La Brianza em Veneza, por ocasião da primeira viagem com o pai. As aparições tomam forma nele e encaminham-no para sua descoberta de um espaço-atmosfera: a "esfera clara".

Esfera não celeste nem terrestre, mas espaço circular que o inclui e o ilumina. Quando se sabe o que a claridade significa para Alberto... Por toda a sua vida ele temerá a noite, desde o episódio trágico da morte de Van Meurs, e não poderá dormir sem a lâmpada acesa até sua morte. Como esquecer também a neve que às vezes invade, sufoca sua visão de criança e de adolescente paralisado pela orquite? Aqui, perto de Laurens, ele respira, aspira, comunga. Em dois lugares, confia ele, experimentou esta sensação de domínio lúcido: no interior do coro da catedral de Bourges e também de Santa Maria delle

Grazie, de Bramante, em Milão. "Eu me lembro de ter pensado nas duas vezes: 'É como uma casca de ovo'. Dessas esculturas de Laurens, nunca se aproxima inteiramente, há sempre um espaço de dimensão inexplicável que nos separa delas, esse espaço que envolve a escultura e que já é a própria escultura". Espaço tão secreto quanto uma placenta de mulher.

"Um braço é imenso como a Via Láctea e esta frase não é nada mística". Este braço é o de Laurens, ele envolve seus ombros, repentinamente.

Alberto vive sob a influência do quarto de hotel. Não importa qual, tão miserável é ele. O tumulto desencadeado pela morte de Van Meurs imunizou-o. Ele ainda passa a metade do ano na casa, isto é, na casa de sua mãe. Todos os dias, sua vida inteira, ele lhe telefona de Paris. Às dezessete horas, eles se falam no seu dialeto italiano, o bregagliotto de Sopraporta. Sua mãe protetora emprega a língua antiga, a linguagem dos afetos embala-o. "Eu trabalharei e chegarei onde eu quero", jura-lhe ele.

Assim Pasolini apaixonou-se pelo dialeto frioulês da família campônia de sua mãe bem-amada. Sua mãe, professora, era muito instruída. Mas aquele dialeto devolve-lhe a magia da infância...

Tendo sido recusada a candidatura de Alberto a uma bolsa do governo suíço para jovens artistas que foram para o exterior, ele não tem senão a pensão mensal de seus pais para viver. Com cem francos por ano ele consegue seu primeiro ateliê em 1924, dando para os jardins do Observatório, na avenue Denfert-Rochereau, 72.

As Prostitutas

"Todas as minhas idas e vindas à noite através de Paris em 1923-1924 à procura de uma prostituta, obcecado pelas prostitutas, as outras mulheres não existiam para mim, somente as prostitutas me atraíam e me fascinavam, eu queria vê-las todas, conhecê-las todas, e todas as noites eu recomeçava meus longos passeios solitários". A prostituta no quarto de hotel de Vavin, na rua Saint-Denis no crepúsculo, passeando com Alberto até o canto do cisne. Montparnasse e sua encruzilhada, onde Balzac no seu grande casaco, engole o vento, e a inspiração de Rodin empurra-o para o bulevar Edgar-Quinet: ele descobre o Sphinx, o famoso bordel com vestígios de Karnak e de Pompeia e suas prostitutas. O escultor com os cabelos desgrenhados torna-se seu íntimo. Jean Leymarie, este outro provinciano, administrador da vila Médicis, confiava: "Você não sabe o que era para nós ver mulheres nuas..." Demônios e maravilhas.

No térreo, no bar, as moças convidam, despidas até a cintura. "Você vem, querido?" Pode-se subir, não subir. "Várias mulheres nuas vistas no Sphinx, estando eu sentado no fundo da sala. A distância que nos separava (o assoalho reluzente) e que me parecia intransponível, apesar do meu desejo de atravessá-la, impressionava-me tanto quanto as mulheres".

Sua necessidade enorme de fumar queima as pontas de cigarros com as horas. Ele já tosse, tossirá cada vez mais. Lulu, Zizi, Mado, Nénette, Madeleine, Ginette, Violette, Marion, Sonia, ele reproduz, ele devora. As prostitutas tranquilizam Alberto. "As mais honestas das moças. Elas te apresentam a conta imediatamente. As outras se agarram e não te largam nunca. Quando se vivencia o problema da impotência, uma prostituta é o ideal. Você paga! Quer você falhe ou não, nenhuma importância. Isso lhes é indiferente".

Leiris faz reviver as travessias noturnas de Alberto sempre recomeçadas. "Corpos femininos, dispostos em uma fila como nos bordéis, as moças se apresentam para escolha. No Sphinx, uma vasta extensão de assoalho reluzente relegava os corpos nus a uma distância quase sagrada: a rua Échaudé, ao contrário, sua proximidade (de resto pouco excitante) chegava à agressão, entre as quatro paredes de um quarto exíguo. Os suportes de altura variável e a própria escala dos rostos os tornam mais distantes ou mais próximos, assim como o fazia a extensão maior ou menor do assoalho".

Nuvens, botes, nômades, naufrágios... Alberto vai edificar para estas mulheres de uma noite, de mil noites, o templo íntimo de seus fracassos: ele as fixa com a mesma intensidade que as jovens de Maloja, dançando com seus irmãos, ou a avidez vampiresca com a qual ele queria apoderar-se de Bianca. A carne de mulher permanece aquela das Jovens Moças de Pádua, eclipsa até mesmo Tintoretto e Giotto e destrói. Mas, até sua morte, ele exaltará as mulheres de pé, hirtas como tótens sem braços, sem genealogia, das quais ele fará tão resolutamente nossas contemporâneas na carne de bronze sofridas e saídas de si.

A realidade do que ele vê e vive coloca-o frente a frente com seu destino. Toda a sua obra é gênese. O caminho doloroso para encontrar sua visão não pode lográ-lo: ele busca-a, ele se busca.

A repetição vai fazê-lo prisioneiro. A terrível repetição naquilo que ele sabe fazer melhor. Ele, o prodigioso desenhista dos seus, das compoteiras e das naturezas mortas de Stampa, que o conduzirão às obras-primas, a partir de seu autorretrato aos dezessete anos à tinta, de 1918, à *Mère de l'artiste* (Mãe do Artista) e à *Pomme sur un buffet* (Maçãs sobre um Bufê), de 1937, rompe-se. Escutemos neste verão de 1925:

"De repente, enquanto eu estava pintando minha mãe ao natural, eu constatei que era impossível. De modo que tive que recomeçar tudo a partir do zero". A inibição esconde sempre uma agressividade feroz, pérfida, aniquilante do caminho percorrido. O enigma está diante dele. A semelhança se recusa, deixando-o como cego diante do rosto tão amado: a nuvem sobre o busto de Bianca, o Saara na Grande Chaumière e sua tempestade de areia impedindo-o de ver, recomeçam e bloqueiam-no. "Obscura catástrofe que deixa às escâncaras sem renunciar", escreveu Ovídio.

A cena vai impressionar tanto Alberto que ele tornará a falar disso sem cessar: a crise de 1925 deixa-o abatido. Seu mal-estar, profundo, quer uma visão própria. Ele ainda não a encontrou.

Annetta, esposa e mãe de artista, não consegue se enganar quanto à intensidade do bloqueio. Então ela teve uma ideia de gênio. Diego vegetava. A escola de comércio na qual ele se inscrevera em Saint-Gall não cumpria suas promessas. O *mio bambino caro*[4]. Ele aí perde seus dons. Restituir Diego a seu irmão salvará Alberto. Diego é calmo,

---

4 Meu menino querido (N. da T.).

benéfico; Alberto, nervoso e vulnerável. Esses dois se amam desde sempre, riem juntos e sua fraternidade vai liberar Alberto de suas obsessões. A presença de Diego levará a melhor diante das alucinações e dos parasitas que matam a planta frágil, extenuada de ter produzido seu fruto.

A mãe quer. A mãe pode. Dois em um começou dentro do seu ventre. Dois em favor de um continua. Ela vai enviar Diego a seu irmão. "Vá ter com Alberto. Você é mais forte que ele, você vai protegê-lo". Nesta Paris longínqua, é preciso que eles coabitem. Ela tem a intuição da ordem fraterna.

Diego

O desejo da mãe era lei para Diego. Diego foi ter com Alberto em fevereiro de 1926. Alberto mudara de ateliê, na rua Froidevaux, 37, que dava... para o cemitério Montparnasse. O teto era baixo, a luz pobre, a vista sinistra. Diego começou a rebelar-se. Ele não se deu bem na escola de Bourdelle, onde seu irmão fê-lo em vão inscrever-se. Um emprego fugaz nos escritórios de uma fábrica em Saint-Denis não o convenceu tampouco. Ele decidiu: "Eu viajo. – Onde? interrogou-o Alberto. – Para Veneza". Assim foi feito. Diego tinha um colega veneziano, com quem ele embarcou em um cargueiro lento para o Egito, para onde Alberto jamais tinha ido senão no Louvre. O Egito marcou-o para sempre. Diego tornaria a falar sempre da Esfinge coberta de areia, diante das pirâmides no Cairo, entre seus gatos hieráticos, prodígios de suas esculturas futuras, postados sobre sua bancada. Ele fizera sua viagem. A sua.

Na volta, junto de um Alberto impressionado por sua expedição, um amigo suíço chama-lhe a atenção para um ateliê em uma passagem, na rue Hippolyte-Maindron, no número 46, em um ajuntamento de pequenas casas do décimo-quarto distrito. O interior de Montparnasse. "É um buraco", decreta Alberto, vendo-o. Era a palavra mágica: o buraco onde ele gostava tanto de se esconder quando criança na neve e sonhava sobreviver por seus próprios meios. Neste lugar exíguo, minúsculo, seus grafitos vão recobrir as paredes, e a poeira de gesso substitui sua neve. Nem eletricidade, nem água corrente, uma pia na passagem para suas abluções e toaletes primitivas deixando passar a luz. Um aquecedor a carvão esquenta-os. Diego dorme sobre o estreito balcão de madeira, espécie de nicho após a escada íngreme; Alberto, no canto bem abaixo. O café-tabac vizinho serve-lhes de pulmão. Dos seis metros quadrados eles julgam bem mudar-se. Não o abandonarão jamais... "Mais o tempo passava", dirá Alberto, "mais o ateliê crescia". Diego está de volta.

Uma vidraça os ilumina e dá para a passagem, e uma janela se abre no telhado. Num alpendre, Diego começa a modelar, martelar, reunir os elementos de escultura. Alberto, após suas vagueações noturnas, acorda-o e, traçando sobre a mesa recoberta de poeira as linhas do seu dia seguinte, lhe diz: "Ouça, faça-me isto". Diego será a imunidade de Alberto: ele não pertence à "inquietante estranheza" de seu irmão.

Dois não é o dobro, mas o contrário de um e da solidão. Dois é a aliança. No antigo Egito, tão amado por eles, chamava-se o escultor "aquele que mantém vivo". Diego preencheu esse papel no sentido literal, na degradação frenética de Alberto, até que ele se encontre.

Tudo para não mais fazer buracos no vazio, entusiasmava-se Alberto nos seus *Carnets*. Dividido entre sua vontade de restituir o visível e o desconhecido vibrando nele, busca e tateia. Ele trabalhou, contudo, no fórceps do ensino de Bourdelle, a ligação dos músculos, a sutil anatomia, a edificação da ossatura, a volumetria das massas, "ver com precisão onde o nariz se liga na parte inferior da testa, sua relação exata com os olhos". Mas a presença não lhe bastava na escola de Bourdelle.

Alberto não consegue mais dividir-se entre o fato de querer copiar na Academia, com horas fixas, um corpo por outro lado indiferente, e sua necessidade de realizar o que o afeta. A forma exterior dos corpos lhe parece secundária, fá-lo perder horas de vida. "Como eu gostaria, ainda assim, de realizar um pouco do que eu via, comecei, em desespero de causa, trabalhar na minha memória. Eu me esforcei em fazer o pouco que podia para salvar-me desta catástrofe". É necessário penetrar no seu íntimo.

Começo de sua progressão, "no enorme tumulto onde as coisas vibram", segundo Rilke. Começo caro a Alberto, aos retornos cada vez mais tardios. Ele dirá a seu amigo Leymarie, que o reconduzia: "Merda, perdeu-se o começo".

Sua humildade surpreende. O "pouco" do que ele fala denuncia *Compositions* (Composições), cubistas autoritárias onde os ritmos coexistem com os recortes de formas. A Grande Maternidade de Brancusi, o desejo comum com Lipchitz, prendem-no em direção a seu futuro. "Lipchitz cria figuras de vida eternas como fizeram os negros, os primitivos egípcios e os medievais".

As artes primitivas, ele as encontrou no colecionador suíço de arte africana e oceânica, Josef Müller, amigo de seu pai e de Cuno Amiet: ele lhe fará sua primeira encomenda de um busto. Desde então, Alberto irá de descoberta em descoberta ao museu do Trocadéro ou na galeria Ratton, e ao museu do Homem. "Eu sei que uma escultura da Nova Guiné ou um pássaro de Brancusi são mais semelhantes que um busto romano". O fetiche atinge de imediato o que o retrato da tradição romana tenta, e a semelhança estarrece-o. Nos fetiches negros, ele reconhece a idolatria da sexualidade e do medo, diante do monstro inacessível que se chama a realidade. As órbitas do totem, naturalmente cercadas de conchas, cativam-no.

O aparecimento do olhar no escultor primitivo irrompe no seu *Couple* (Casal), onde o olho único de um e do outro, imenso para o homem – como não ver aí a reprodução de Alberto? –, não pode eclipsar os atributos sexuais, oval para a mulher, elipse em forma de peixe, diante do totem do outro sexo. Um espaço inflexível separa-os, deixa-os hieráticos. A *Femme cuiller* (Mulher Colher), chamada também *Grande femme* (Grande Mulher), cabeça minúscula e apertada sem braços, nasce em 1926, primeira na estatuária de Alberto: seu ventre enorme e oco, não grávido, não fecundado, presságio daquelas que jamais ficarão grávidas.

Faz-se necessário lembrar que Alberto não pode gerar? Ele nada dirá à americana encontrada por acaso na Grande Chaumière. Livre e divorciada, Flora Mayo apaixona-se pelo jovem escultor favorecido. Quando ele vai visitá-la no seu grande ateliê da rue Boissonade, Flora estende-lhe os braços. Mas Alberto sufoca, junto dela ele não pode dormir. Seus passeios no Jardin des Plantes, que ele tanto ama, no Bois e no Luxembourg não o enganarão na sua ideia fixa e nos insucessos. Ele desaparece vários dias sem dar explicação. "Junto dela, eu tinha a impressão de sufocar. Eu desejava que ela tivesse algum outro". Ele não a convidará jamais para ir a Stampa. No mesmo verão, reencontrando Bianca em Maloja, uma Bianca familiarizada com as primeiras estreias parisienses de seu primo, mais receptiva doravante às suas cartas e a sua sedução, ele decide marcar Bianca com um canivete, no seu braço esquerdo, com a inicial do seu prenome, o A de Alberto, enterrando-o na sua carne. "E agora, você, minha vaquinha, me pertence."

Porém ele explode de raiva quando Flora lhe confia sua aventura de uma noite com um polonês encontrado no Dôme. Em seguida, um gigolô americano lhe sucede. As infidelidades que Flora conta a seu irascível companheiro desencadeiam a cólera dele. Vociferando de ciúme, Alberto, seletivo e implacável, exigirá a ruptura. Flora destruirá o busto que ela fez de Alberto e voltará para a América.

O inconsciente permanece aquele que dá as ordens. Na sua tentativa de memória pela única emoção, as pernas, os braços parecem-lhe falsos. Mulheres de bronze, sem braços, nem pernas. A cabeça ínfima da *Femme cuiller* desapareceu, resta o oco. Uma aparição lhe passa: "O que realmente eu sentia, isso reduzia-se a muito pouca coisa. Uma placa, colocada de alguma maneira no espaço, e onde havia precisamente dois vazios, que eram, se quiser, o lado vertical e o horizontal de toda figura".

Na gênese das placas, pela primeira vez nesse verão, Alberto passa ao ato da realização, por tanto tempo e estranhamente adiada, das *Têtes du père* (Cabeças do Pai): era preciso que se medisse aí a inquietação? A primeira respeita a plenitude de seus traços, desde a barba em ponta até as sobrancelhas. O olhar, todavia, voltado para o interior, evoca o de um cego. A *Tête II* (Cabeça II) sofre incisões, deformações, cortes e arranhaduras, golpes: ele não vai até as sobrancelhas, mas até as origens, exaspera a semelhança em marcações esquemáticas, um olho aberto, o outro não, olhando sua noite. Que passagem misteriosa se faz, no granito, do filho ao pai, do pai ao filho?

Sabe-se que relação apaixonada liga Alberto aos hieróglifos, aos signos, à rudeza das pedras pré-históricas das cúpulas dos Grisões... Ele retoma de alto a baixo a cabeça de Josef Müller, escova uma outra com desenvoltura, grava os traços e a deformação. Ela subjuga. A cabeça achatada da mãe parece cauda de vestido na cena inaugural que acabou de ocorrer.

Naquele verão, Giovanni pediu a seu filho para assumir e prover suas necessidades. Por um estranho acaso, esses acasos que a vida determina em seguida através de linhas de resistência ou de premonições, os irmãos Giacometti vão poder passar à sua singular epopeia.

Os Estreantes

Quando Alberto expõe junto de seu amigo italiano, o pintor Campigli, na galeria da famosa Jeanne Bucher, sua *Tête qui regarde* (Cabeça que Olha) e sua *Figure* (Figura), de um branco veemente, comovem imediatamente Masson. O pintor, íntimo da galerista, exprime-lhe sua admiração diante das placas de gesso deste desconhecido: "Desta vez, você possui realmente algo..." Quando Alberto aproximou-se dele na sua mesa solitária do Dôme com seu "Você é Masson, não é?", ele respondeu: "Você deve ser Giacometti". Eles tinham se reconhecido. Masson se tornará amigo dos dois irmãos.

Tête qui regarde, a escultura de Alberto, torna-o célebre de um momento para outro. Em menos de uma semana, suas obras são vendidas. Michel Leiris publica um elogio nos *Documents*, pequena revista da qual Alberto guardará todos os números. Este primeiro reconhecimento os ligará para sempre, unidos por uma sensibilidade exacerbada e, em Leiris, o antropólogo, por uma espécie de expiação íntima do grande burguês afortunado. Seu masoquismo literário coloca-o em afinidade com a tortura de Alberto. "Há momentos que se pode chamar de crises, e que são os únicos que importam em uma vida. Trata-se de momentos em que o exterior parece responder à intimação que nós lhe lançamos do interior, onde o mundo íntimo se abre para que entre nosso coração e ele estabeleça-se uma súbita comunicação". Desta matriz, Alberto está ávido para ir aos outros, tocá-los. "Eu amo a escultura de Giacometti, porque tudo aquilo que ele faz é como o endurecimento de uma dessas crises". A ansiedade se reconheceu.

Leiris vê ressurgir Alberto, com sua aparência de ser talhado numa rocha de sua montanha. "Nenhuma deselegância, contudo, e nada de agressividade nele; certa sobriedade de gestos disfarçaria sua afinidade com os animais sem gordura (cabras monteses ou cabritos) que têm, por hábitat de predileção, as encostas escarpadas?" Ele poderia parecer como jovem bisão arqueado, armado de chifres curtos e ornado com uma espessa crina, atacando...

Os Noailles, colecionadores atentos, compraram a *Tête* (Cabeça). Cocteau, com sua alma danada, apaixona-se loucamente pelas criações e escreve no seu *Journal*: "Eu conheço de Giacometti esculturas tão sólidas, tão leves, que se diria neve protegendo as pegadas de um passáro". O poeta reconheceu a neve.

Porém o feiticeiro é outro: Jean-Michel Frank, personagem complexo, atraente, construiu sua ética da elegância. Baniu todo o supérfluo. Os aparatos antigos inspirados pelos estuques dourados dos decoradores dos Balés Russos sobreviveram. A crise econômica de 1930 matou o dinheiro espalhafatoso, mas é o drama íntimo de Frank, esse homenzinho de perfeito oval assírio, voz de falsete, às vezes tagarela, sorriso de crocodilo, que inspira seu estilo e o frêmito de sua decoração de interior. Ele ama o branco e a disposição do vazio, entre os biombos de onde emerge um torso grego ou uma estátua egípcia... "Um único objeto basta para decorar um cômodo, contanto que seja belo".

Proustiano e solitário, Jean-Michel Frank era filho de Léon Frank, judeu alemão, corretor de valores na Bolsa de Paris e da filha de um rabino de Filadélfia. Seus irmãos mais velhos morreram em 1915, e, de dor e ultrajes, o pai suicidou-se, atirando-se da janela. Sua mãe enlouqueceu e, como ele teve que interná-la, logo ela vai morrer, deixando-lhe uma pequena fortuna. Seu temperamento de desterrado destina-o a um rigor supremo.

É Frank quem faz notar aos Noailles, na galeria Jeanne Bucher, o admirável recém-chegado. O grande peixe de gesso branco e o pássaro de asas abertas dos irmãos Giacometti tinham-no já cativado no Salão dos Independentes. Este albatroz estará sempre sobre a bancada de Diego. Frank assinalou o talento dos dois irmãos e só pensa em passar-lhes encomendas. Man Ray apresenta-o a Alberto e a sorte está lançada.

Uma aproximação vai nascer, com a qual Diego ficará animado. Cada vez que ele me falava de Frank uma lágrima vinha-lhe aos olhos. Aquilo que as más línguas chamavam "esta ameixa preta de flanela cinza", casacos de lã abotoados e mocassins pretos de Hermès, foi seu descobridor, o primeiro a acreditar nele. "Não se trabalha com centímetros, mas com milímetros", repetia ele. Nenhuma pata de pássaro Diego deixará ao acaso. Frank descobre-lhe o carvalho alvaiado, o bordo, o ébano de Macassar, o jacarandá violáceo do Rio, a pereira escurecida como marfim para os calços dos móveis. Diego opõe contra suas paredes de laca branca suas lâmpadas de teto, suas conchas de gesso para a iluminação, faz brilhar sua pátina verde antigo, seus pés de abajur de bronze dourado terminados por uma estrela ou uma flor de lótus. O universo secreto de duplicidade egípcia dos irmãos escultores inspira abajurs, lustres, vasos e relevos de bronze e estafe na cera perdida. Frank escolhe para seu quarto um grande lampadário de bronze dourado ornado com duas modestas folhas: ele ladeia uma escrivaninha plana, cópia de um móvel do Primeiro Império, pertencente a Emilio Terry. A decoração espartana do alto luxo rivaliza com o pergaminho, o bronze e a marchetaria de palha, as matérias de Frank.

Frank associa-se a Adolphe Chanaux, gênio da marcenaria formado por Ruhlmann, e seus ateliês, contíguos aos de Ruche e comunidades de artistas em volta de Chagall e Soutine, desaparecem. Os bons marceneiros nomeiam-se, entre eles, os Acadêmicos. A loja do Faubourg Saint-Honoré, 140, abre e o sucesso decorre. "Frank leva Paris à ruína".

Diego encontrou seu caminho. Toda a elegância etrusca que vem de seus móveis intransigentes de bronze – ele começará a realizá-los nos anos de 1950 – cria raiz. Sua alquimia passa por Frank.

O tempo lhes será arrancado... No momento da atroz separação da guerra, Frank desejava levar com ele os dois irmãos Giacometti, via Arcachon, embarcar para reencontrá-los na América. Ele deixa Paris com Adolphe Chanaux. A fatalidade obstina-se: apesar de seus sucessos americanos, Jean-Michel Frank, após o suicídio de seu tio-avô, atirava-se da janela do San Regis, em Nova York. Sua sobrinha Anne Frank morrerá num campo de concentração, deixando-nos transtornados com seu *Diário*.

Uma foto mostra Diego, bem jovem, na casa de Frank com seu irmão, ao lado de um Christian Bérard barbudo. Com sua barba de sarça-ardente, Alberto achava-o de uma beleza "dionisíaca". Jean Cocteau, deixando o apartamento de Frank, rue de Verneuil, tinha arriscado sua frase: "Encantador, esse rapaz. Realmente, muito encantador. Pena que ele tenha sido assaltado". Diego ria. O tempo não quebra o lacre, para aqueles dois, e ele evocava Frank correndo no volante de seu Citroën com a capota abaixada, no inverno em Sils Maria, no verão em Tamaris perto de Toulon ou em Hyères, na casa dos Noailles, quando ele tinha colocado seu cenário final: "Aí está, eu fiz meu trabalho, vocês podem começar os estragos".

Alberto prossegue obstinadamente seu périplo infernal: sair do cerco da aparência. Importunado pelo vazio, ele o desliza, visível, vivo, acentua-o naquilo que ele chama "estruturas claras". Suas estacas interrompidas sustentam a *Femme couchée qui revê* (Mulher Deitada que Sonha), em embalos de ondas. *Apollon* (Apolo) se ergue sobre uma grade que deixa passar a luz; *Trois personnages dehors* (Três Personagens Exteriores) angustiam-se mantidos em uma espécie de gaiola transparente; *Femme, tête et arbre* (Mulher, Cabeça e Árvore) habitam o pretexto vegetal de onirismo e de crueldade. A mulher não é mais senão um exoesqueleto colado nas árvores, mulher fatal da inquietação. A estrutura transparente se transmuda em terror.

Alberto definiu para si mesmo sua necessidade de experimentar formas completas, calmas, por um lado "penetrante, uma espécie de esqueleto no espaço". O esqueleto o persegue e o penetrante o possui. *Homme et femme* (Homem e Mulher) rompe brutalmente a frontalidade das placas. A crueldade da competição sexual faz surgir um venábulo, diante da cavidade, da concavidade feminina acabada em centelha de relâmpago. "Mulheres de cinturas profundas", escrevia Ésquilo.

O duelo mordaz e rápido inaugura a formatação em escultura das obsessões de Alberto. O vampirismo de sua visão detecta e libera "a sombra e a presa fundidas em um rasgo incomparável". Breton não podia sonhar com melhor sintonia. Alberto modela a emoção no bronze.

Em 1930, sua *Boule suspendue* (Bola Suspensa), apresentada na galeria Pierre Loeb, junto a Miró e Arp, subjuga os surrealistas. Ela imita a iminência sexual, entre um crescente contundente, destinado a crescer, e uma bola atingida em um pedaço, pronta a receber a aresta. Breton se precipita na rua Hippolyte-Maindron, Dalí se deliciará com objetos simbólicos. Miró torna-se um íntimo. Seu patronímio quer dizer "eu olho", e sua escuta do inconsciente em *Terre labourée* (Terra Lavrada) faz florescer a orelha sobre o tronco de uma árvore. "Miró não podia colocar um ponto sem fazê-lo cair, precisamente", exclama Alberto. Enfim, ele não está mais sozinho e está ansioso para se comunicar. Miró mora ao lado do ateliê de Masson, rua Blomet 46, o pintor Tanguy num pequeno barracão, rua do Château. Seu *Jardin sombre de la sexualité infantile* (Jardim Sombrio da Sexualidade Infantil), no qual os símbolos femininos das conchas dividem-se com as formas fálicas no universo maternal da água e das ondas, impressiona Alberto. Este mundo todo vive na miséria, e René Char contava que um dia, indo, após o término da feira, com Tanguy à procura de algum resto, os dois esfomeados viram no chão uma nota de cinquenta francos. Era a fortuna! Mas ventava muito e ela desapareceu no esgoto.

Como Alberto não seria tentado pela "verdadeira vida" que exaltam os surrealistas, o apoio das palavras e da escrita automática? A frase de Breton "fora de todo controle", surgida no *Primeiro Manifesto do Surrealismo*, pressagia uma nova gênese através do inconsciente. Apesar da desaprovação de Bataille, de Leiris e de Masson em relação ao movimento, Alberto filia-se em abril, e esta será a única vez em sua vida. Ele não tem trinta anos...

Pouco faltou para ele morrer disso. O indescritível doutor Fraenkel, íntimo de Breton desde quando ambos eram jovens estudantes de medicina, mais fascinado pelos literatos que pelos sintomas, cuida das dores de barriga de Alberto. Ele sofre imensamente. Indigestão, diagnostica o homem da arte. Sem Diego, que cuida dele no seu quartinho do hotel Primavera, onde se deita, às vezes, por um pouco mais de conforto, Alberto estaria morto. Diego lhe põe gelo e lhe leva laticínios várias vezes ao dia. A intervenção cirúrgica necessária, na chegada a Maloja, mostrou que ele tinha chegado muito perto da peritonite.

Nos trechos de palavras espontâneas, à maneira surrealista, nos seus *Carnets*, volta a "orquite". Orfeu poderá reunir os pedaços de seu corpo dilacerado? Sua *Cage* (Jaula) não contém um animal na rede, mas realmente um tórax humano perturbado, agarrado a formas. Sempre esferas. Difícil não se ver aí os testículos do corpo masculino. O sufocamento da figura presa imerge e desorienta o olhar. Quem aí se dilacera e se devora? A visibilidade orgânica apavora.

Alberto encontrou Denise em Montparnasse. Bela, cabelos negros – a cor dos cabelos de Annetta e de Branca de Neve –, ela tem por amante um comerciante de frutas e legumes, Dédé-le-Raisin, e ama o éter. Sem dúvida, a obsessão de Alberto, de não consumar o ato sexual, abala seu prazer e inspira essas esculturas afetivas, todas obcecadas pelo corpo e seus alcances. As formas "agudas e violentas" vão explodir.

Acima de sua cama, junto da lâmpada que queima a noite toda, Alberto pendura, com uma tachinha, o desenho de sua *Femme em forme d'araignée* (Mulher em Forma de Aranha). Após o enforcamento da *Boule suspendue*, o aprisionamento de *La Cage*, sua arena torna-se uma prancha na horizontal. Tantas cenas surgem evocando uma castração do órgão mais vital, o mais intenso para o artista: *Pointe à l'oeil* (A Ponta Cegante). Um alvo, lançado sobre uma cabecinha de crânio minúsculo, brande sua ameaça: a cegueira.

Como não pensar no olho extraído com navalha no *Cão Andaluz* de Luis Buñuel? E na visão dilacerante em que a criança faminta sonha com sua mãe de camisola, segurando uma carne sangrando, desesperadamente desejada, que ela lhe recusa. No olho extirpado na pintura de Brauner, tão estranhamente premonitório, já que Victor Brauner perderá o seu na vida e vai tornar-se zarolho. Buñuel e Alberto exprimem sonhos, na casa dos Noailles, e suas infâncias explodem em rebanho mágico.

Main prise au doigt (Mão Presa pelo Dedo) contém o próprio toque do escultor na engrenagem que esmagou os dedos de Diego, pura e simplesmente mutilado apesar de sua fantástica habilidade. É ele que Alberto envia a Pouillenay [para] esboçar a grande estátua encomendada pelos Noailles para sua loucura de cimento armado, em Hyères, o castelo Saint-Bernard, confiado a Mallet-Stevens. Laurens, consultado pelos irmãos, deu sua aprovação à pedra granulosa de Borgonha trabalhada por Diego. A estátua terá mais de dois metros, monólito erguido entre as plantações.

Alberto traça o caminho de seus exorcismos: a audácia causa estragos, no olho, na mão. Todos os sentidos aí passam, à espreita, sentindo-se encurralados. A ameaça contamina-os. Suas cenas horizontais erguem circuitos bloqueados de uma mesa de jogo, onde a bola roda de uma maneira regular ao invés de achar sua cavidade. Seus alvos transparentes nos mostram um jogo de xadrez, onde as casas não têm importância.

Os *Objets désagréables, à jeter* (Objetos Desagregáveis, a Lançar), o horrível falo de pregos, já reconduziram Alberto à amargura diante do ilusionismo surrealista. Um episódio fatal de sua vida vai relançá-lo à morte, da maneira mais imprevista.

Era em uma noite de abril de 1932. Alberto jantava em uma mesa, Diego em outra, no Dôme. Diego não apreciava muito a aparência sinistra de certos colegas do grupo, ao lado de seu irmão. Ele voltou aborrecido ao quarto que acabava de alugar na rua d'Alésia.

No fim da refeição, alguns comparsas surrealistas desculparam-se, dentre eles o poeta Tristan Tzara. Alberto se encontrou sozinho com duas mulheres e o belo e jovem Robert Jourdan, filho de um alto funcionário e notório drogado em haxixe. Alberto jamais tocara em droga na sua vida. Eles se encontraram na pensão da família onde vivia uma das mulheres.

Qual não foi a estupefação de Alberto ao despertar em plena madrugada, sozinho, ao lado de um cadáver: o de Robert Jourdan, morto de uma overdose. Alberto correu sem esperar pela resposta. A polícia não demorou muito tempo para reconhecer seus colegas e fez uma incursão ao ateliê, pedindo-lhe para ir à delegacia.

A fatídica repetição, o cadáver quase anônimo de novo a seu lado e a interpelação atiraram-no para baixo. Diego, em pânico, não tinha encontrado seu irmão no ateliê. Por qual intuição seu sono pesado e toldado de pesadelos lhe mostrara Alberto enlameado e debatendo-se em vão em um pântano de onde ele não conseguia sair? Uma vez mais, eles se estreitaram. Diego fora conduzido à sua missão secreta: proteger Alberto transformou-se em segunda natureza.

Só Diego exorciza seu irmão de angústia, no seu buraco. Com a submissão de Sísifo, ele põe mãos à obra. O mundo permanece esfinge, "esta esfinge que, de quando em quando, diz algo sobre seu enigma". A lua de fel do ópio não tornará a ver a cabeça desgrenhada de Alberto, sua cabeça de aborígene. Por toda a sua vida, Diego se assume de maneira regular, íntima, como único responsável destinado a conduzir o outro. De secundário na sua linhagem, Alberto faz o segundo. Eles permanecem unidos como o dia e a noite. Diego, o diurno, encontra Alberto, de volta de suas deambulações, de manhã cedo dedicado à tarefa: "O que você está fazendo? Vá deitar-se". E Diego se põe a trabalhar. Uma reversibilidade indiscernível aos outros coabita nos dois irmãos.

Alberto, após a morte de Robert Jourdan, começa *On ne joue plus* (Não se Brinca Mais): sobre a placa retangular de mármore branco, cavidades, tumbas, separam um homem e uma mulher. Eles acenam de tão longe... Um rei, uma rainha? O rei levanta os braços, ele renuncia; a mulher da outra margem, sempre sem braços, não é senão imobilidade e silêncio. O Julgamento final. Bonnefoy compara-o ao Fra Angelico do convento de São Marcos em Florença. Três esquifes de tampas erguidas, um minúsculo esqueleto dentro de um repousa. Neste domínio de cavidades, que sentido está enterrado?

Nesse *De profundis*[5] íntimo, como não pensar no horror desse despertar para Alberto, obcecado pela noite? Ele dorme sob o desenho

---

5 Referência ao Salmo 130 (N. da T.).

da *Femme araignée* (Mulher Aranha) e a luz acesa. Heráclito escrevera: "O homem na noite ilumina para si mesmo uma luz, morto e vivo, apesar disso. Dormindo, ele toca no morto, os olhos apagados".

Alberto não brinca. Essas figuras fixas, tragadas por crateras, prosseguem a angústia dos corpos que se desmancham, o atroz contraponto de órgãos dilacerados. Suas mesas de "jogo" são, na verdade, mesas propiciatórias e de sacrifício. O que dizer da *Table surréaliste* (Mesa Surrealista), ironia final, na qual ele configura, em uma dissecação secreta, todo o seu descomprometimento com o movimento de Breton? O poliedro de sempre aparece, mas na extrema ponta da mesa, prestes a cair, uma cabeça de mulher coberta com véu mostra uma única metade de seu rosto, e uma mão cortada, incapaz de segurar o que quer que seja, estende-se. Que sobra de nossos amores?

Contudo, que sensibilidade amorosa é a sua! Basta ler algumas linhas de seus *Carnets* para imbuir-se disso. "Nós permanecemos sós. Nós nos olhamos. Nós trememos. Nós baixamos os olhos". Ele quer uma outra neve diferente daquela que ele sonhava criança na planície infinita da Sibéria: "Mas o aguaceiro que me invade sobre o ventre de uma mulher e que me aperta a garganta, porém com uma doçura infinita".

O homem escreve suas perturbações íntimas. Ele é também aquele que passa ao ato na *Femme égorgée* (Mulher Degolada), sua escultura coberta de dardos, de pontas: o assassinato leva à sua extinção o sacrifício ritual e implacável. Ele diz com brutalidade:

> Mulher come filho
> filho suga mulher
> homem penetra mulher
> mulher devora homem
> no mesmo nível.

La vie continue (A Vida Continua), "espécie de situação-cabeça deitada", dirá Alberto a Pierre Matisse: a cabeça deitada é a morte. Ele acabou de ver em Bâle o *Christ mort* (Cristo Morto) de Holbein e inscreve no gesso: "Mas as ligações estão degradadas". Dos vivos aos mortos, não há comunhão, comunicação. A arte está despojada da realidade viva, ela não exerce mais a passagem tão esperada, desde as pontes de Veneza, por onde o jovem Alberto passeava, entre os canais negros e a angústia que lhe apertava o peito. O olho oco da morte de *La vie continue* sucede ao olho furado de *Pointe à l'oeil*. A obra não remete senão a ela mesma, objeto inanimado.

A esperança surrealista estendera suas raízes a seu âmago, Alberto vai desenraizá-las com a mesma violência afetiva, consciente de ter perdido seu encaminhamento em favor das ilusões. *La Vie continue* será uma das últimas esculturas na horizontal, espécie de inumação.

É o impasse, como na sua vida amorosa. Diego está apaixonado. Ele encontrou no Dôme a encantadora Nelly Constantin, dezenove anos, já mãe de um garotinho educado em subúrbio. Ele lhe oferece dividir seu canto, rua d'Alésia. Sua fotografia enviada a Stampa não terá graça aos olhos de Annetta. "Ela não é dessas com quem se casa", escreveu a mãe a Alberto. Diego viverá vinte anos com Nelly, não se casará nunca com ela, nem com nenhuma outra.

A primeira exposição individual de Alberto, em maio de 1932, é celebrada por Zervos nos *Cahiers d'art*. Picasso, vinte anos mais velho, corre ao *vernissage*, com seu olho que tudo devora. A crise econômica inquieta o mercado. No mesmo ano em que *Femme égorgée* e seu aterrador emaranhado de inseto, uma outra mulher se ergue nua, sem braços, sem cabeça, as pernas juntas, o vazio sempre traçado sob os seios. É espectro, com seu buraco, espécie de útero aproximado dos seios? Pierre Matisse, o antigo companheiro da Grande Chaumière, agora *marchand* em Nova York, não se deixa enganar e a primeira escultura que ele comprará de Alberto será esta *Femme qui marche* (Mulher que Caminha), premonitória das futuras obras-primas. "Mais do que tudo, uma mulher de pé, os braços pendentes, imóvel como um ponto de interrogação", segundo as palavras de Leiris, vai surgir.

No verão de 1932, em Stampa, festejam os noivados dos outros: Bianca, o amor de juventude de Alberto... Bruno encontrou a mulher de sua vida, Odette, e Ottilia, por sua vez, o doutor Berthoud, admirador das pinturas de Giovanni e alpinista apaixonado: irmão e irmã casam-se sob o lustre tão amado, onde se reuniam os quatro filhos, na sala das refeições e dos contos...

É no fim deste verão entre os seus que se formula em Alberto *Le Palais* (O Palácio). Bastará a ele um dia de outono para realizá-lo, tanto ele o traz em si. *Le Palais à quatre heures du matin* (O Palácio às Quatro Horas da Manhã) foi talvez sonhado sob a tília do jardim, sua tinta carrega a infância, a presença indelével da mãe, que nenhuma ponte pode religar a uma outra mulher. Não há meio termo. Ele está no meio, ainda embrionário. Pelo menos ele sobrevive assim no seu palácio mental, seu palácio transparente: seu ateliê.

Como não reconhecê-lo? Cobertura em triângulo do prédio da esquerda, na rua Hippolyte-Maindron, o andar em volta inacabado, os dois vitrais à direita. A transparência das gaiolas que Alberto ergue nos libera uma coluna vertebral, aquela da mulher amada, Denise: "A espinha dorsal que esta mulher me vendeu em uma de todas as primeiras noites em que eu a encontrei na rua". Ela o maravilhava. "Nós construímos um fantástico palácio na noite (os dias e as noites tinham a mesma cor como se tudo tivesse passado antes da manhãzinha; eu não vi o sol durante todo esse tempo), um mui frágil palácio de fósforos". Ao menor falso movimento, Alberto vê desabar um pedaço de sua minúscula construção. Na noite que precedeu sua ruptura, Denise sonhou com pássaros-esqueletos. E em uma outra gaiola, o esqueleto de um pássaro voando habita o Palácio. Freud representou tão frequentemente por imagens o pênis nos sonhos por meio do pássaro cujo voo ferido é ainda mais simbólico.

No meio, uma torre cujo topo rompeu-se contém um objeto, sobre uma prancheta vermelha, com a qual Alberto se identifica: uma bola, sempre. Embrião, testículo? Do outro lado, uma figura de mulher aproxima-se, destaca-se sobre uma tríplice cortina. "Sujeito a um encantamento infinito, eu fixei a cortina castanha debaixo da qual filtrava, ao longo do assoalho, um delicado fiozinho de luz". No quarto dos pais, adivinha-se, seu cenário primitivo, a tríplice cortina sobre a qual seu olhar tropeçava, eco opaco de sua pequena trindade com o pai e a mãe. Alberto nos disse, ainda, sobre a estatueta de mulher sem braços: "Eu descubro minha mãe tal como ela sensibilizou minhas primeiras recordações. O longo vestido negro que tocava o chão me perturbava pelo seu mistério; ele me parecia fazer parte do corpo e aquilo me causava um sentimento de medo e de confusão".

A célebre ambivalência entre o bom e o mau seio, exaltado por Melanie Klein, faz da criança, dividida entre o ódio e o amor, sua presa. Os sonhos, as palavras de Alberto acentuam o campo de batalha... O branco e o negro das pulsões primitivas, o branco da neve e da inocência, o negro do longo vestido da mãe.

L'Ile des morts (A Ilha dos Mortos), a pintura simbolista de Böcklin, era a preferida dos dois irmãos. Diego, o apaixonado pelos animais, muitos anos mais tarde comporá sua própria *Hommage à Böcklin* (Homenagem a Böklin), em uma de suas mais célebres esculturas, *La Promenade des amis* (O Passeio dos Amigos): um cachorro fareja o outro, contemplados pelo cavalo, celebrando a união dos animais diante de uma palmeira mágica. Aqui, Alberto faz sua própria transmutação, no seu *Palais à quatre heures du matin*. O que é o amor? Uma construção frágil, ameaçada, e a plenitude da noite com a mulher amada vai permanecer enclausurada nas gaiolas, destruída, desfeita por este sonho do pássaro-esqueleto encarregado de sua separação. Céu proibido ao voo.

Sozinha, a mãe tem um abrigo. Bruno acrescentava que Alberto criança construía casas de neve a céu aberto, sem telhados, labirintos de peças que se comunicavam: elas se interrompiam sempre à meia altura. Ele só terá uma casa, a da mãe, e assim sempre será.

Donna Madina Visconti, com pescoço de cisne – ela inspirou *La Femme étranglée* (Mulher Estrangulada)? –, encanta-se por Alberto. Seus admiradores da "alta sociedade" não compreendem por que ela não deixa mais esse escultor pálido, com sua cabeleira desgrenhada e seu rosto de traços grosseiros. Alberto lhe presenteia com dois desenhos do ateliê. Um deles, o *Palais*, exibe seu mais íntimo, seu fio de Ariane. Nada menos que dar-lhe uma parte de si mesmo. "Os dois quartos em que eu estava", confia-lhe ele. No outro figuram a lápis seu impermeável suspenso no prego, sua xícara de café abandonada ao lado da pequena cama e seu querido poliedro, seu inseparável. Desde o *Escriba Sentado*, copiado do Louvre, e seus polígonos organizados em facetas, Alberto encontrou na sua maneira de redução poliédrica dos corpos e dos rostos sua própria resposta ao problema das proporções. O poliedro não deixa seu refúgio do ateliê e é seu sósia, seu duplicado, que ele dá a Madina, por quem ele está enamorado, ao lado de suas roupas suspensas sobre seu desenho. Muitos anos mais tarde, envelhecida e arruinada, Donna Madina os venderá, para alimentar seus cinquenta gatos, a Leymarie, representante do Estado francês no solar Médicis, e ela viverá disso.

Caresse (Carícia), a escultura tendo por subtítulo *Malgré les mains* (Apesar das Mãos), injustamente interpretada como um ventre grávido de mulher prenhe,exibe uma mão impotente sobre o mármore, e que não pode cingi-lo. Essas mãos inúteis fazem pensar nestas palavras tão belas do escritor Erri de Luca, com as palmas danificadas pelas suas jornadas de trabalho: "Se eu tocasse a mulher, eu a feriria. Então eu a abraçava com os punhos".

Fênix que se queima, Alberto não cessa de reinventar seu espaço. Porém o mistério permanece insondável e o caminho, virgem, como a neve da infância quando ela acabou de cair.

A primeira exposição pessoal de Alberto ocorrera em maio de 1932, na galeria Pierre Colle. Um ano mais tarde, ele publica quatro textos autobiográficos, no último número de *Surréalisme au service de la révolution* (Surrealismo a Serviço da Revolução): "Poème en sept espaces" (Poema em Sete Espaços), a "Rideau brun" (Cortina Marrom), "Charbon d'herbe" (Carvão de Erva) e o implacável "Hier, sables mouvants" (Ontem, Areias Movediças), em que ele revela a ferocidade de suas fantasias de criança. Já o esquife de Branca de Neve devorava a mulher e refreava a fantasia. Pode-se imaginar o efeito de seus devaneios sobre seus parentes... Nem os "jogos reluzentes das agulhas e dos dedais sinuosos" apagaram a gota de sangue sobre a nata de leite e a ameaça de uma feminilidade sanguinolenta, tão frequentemente presente nas histórias infantis da sexualidade. "Um grito agudo se ergue de repente, que faz vibrar o ar e tremer a terra branca". Terra de Stampa, coberta de neve, transformada em medos e tremores. Só a revelação interessa a Alberto e ele libera sua obsessão do crime sexual desde sua mais tenra infância, suas fantasias de estupro antes de adormecer, nos tempos mais atormentados da gruta, da rocha negra, sua inimiga, do buraco salvador na neve, da isbá sonhada na Sibéria... Por que razão abalar seu pai, que tanto se inquieta por seu Alberto que ele ainda pintava, há dois verões, em *Alberto dessinant une coupe de fruits* (Alberto Desenhando uma Taça de Frutas)...? O verão mortal vai seguir-se, inserir-se nas publicações fatais da criança que ele foi, sequioso de matanças, assassino em sonho.

Giovanni Giacometti tem sessenta e cinco anos e toda a sua carreira de pintor figurativo reconhecido dá-lhe o sentimento, mesmo que ele cale sua agitação, de que Alberto se desencaminha. Que abismos psíquicos exibe ele? Buñuel, Dalí por meio dos quais o escândalo chega, enfeitiçaram-no? Seu *Cão Andaluz* atravessou as fronteiras do silêncio e das montanhas de Stampa. Ninguém ignora a sequência nascida de seus sonhos, o olho fatiado por uma lâmina de barbear em Buñuel, o sonho das formigas para Dalí: a lua atravessada por uma nuvem, uma mão rompida fervilhante de formigas, uma axila de mulher, um ouriço-do-mar. Para Giovanni, seu filho extraviou-se no meio dos surrealistas.

A raiva da expressão, disse Fédida, é uma ejaculação. E essa raiva está ligada ao corpo de Alberto, que persegue as palavras. As flagelações, as crucificações, as torturas e as violações, os naufrágios e os incêndios de Callot inspiram-no. Mais ainda, nos seus espaços que fervilham de personagens minúsculos, "desenhados com uma avareza aguda de linhas incisivas e precisas", o branco, vazio e impassível. Virgens das quais se arrancam os seios com golpes de tenaz até o santo que se esmaga. Esses mesmos grandes vazios e as linhas incisivas encantam-no nas touradas de Goya, suas cabeças de carneiro lívidas e mutiladas, suas feiticeiras obscenas. *A Jangada da Medusa*, de Géricault, surge, com suas loucas e seus loucos. Alberto, com sua lucidez impiedosa, vê nisso o erotismo refugiar-se nos cavalos e suas pelagens...

Diego acolhe, maquina, trabalha, faz voltar o ser querido e o ajuda a produzir seus sonhos. O meio termo, ei-lo. Entre o remido e o perdido, a gruta da memória e sua respiração tornaram-se o ateliê. Seu monólito.

Alberto produz *Fleur en danger* (Flor em Perigo): uma corda esticada, no correr do tempo, do crescimento, reata a pequena base do nascimento a um arco ameaçador. Um simples esforço pode degolar a flor, despedaçá-la.

O tumulto vai estender-se ao ser que Alberto mais venera no mundo, seu pai. Giovanni, pouco depois das publicações angustiantes de

Alberto sobre sua infância, foi vítima de um acidente vascular, em junho desse ano de 1933, e desapareceu no coma. Como Alberto poderia ficar cego a esta estranha coincidência do calendário? O aperto de seu coração não lhe perdoará.

O Retorno da *Melencolia*...

É em 1933 que a *Melencolia* de Dürer foi exposta no Petit Palais, em Paris, da primavera ao fim do verão. No mesmo ano da morte de Giovanni.

O anjo com o compasso, mergulhado na contemplação do poliedro, retorna... Sabe-se que papel ele desempenhou na educação artística de Alberto: ele recopiava sem cessar, no ateliê do pai, tentava assim reproduzir o monograma de Albrecht Dürer para o A de Alberto. O retorno do reprimido se precipita.

É ao lado de seu pai que Alberto descobriu os antigos mestres, as dinastias densas da natureza morta holandesa, reunindo pai, primogênito, cadete e benjamim... Pieter Bruegel, o Velho, teve por filho Pieter, o Jovem, dito do "Inferno", e Jan, o cadete, dito "de Veludo". Era evidente que ele ia seguir as pegadas paternas.

A *Melencolia* de Dürer foi copiada continuamente por Alberto criança, depois adolescente. Alada, sentada quase de cócoras sobre uma laje de pedra, ao pé de um edifício inacabado, seu rosto negro, cabelos desalinhados, é iluminada por um arco-íris lunar. Esse anjo precipitado do nada segura sua cabeça na sua mão e fixa o vazio. A outra mão, cujo antebraço descansa sobre um livro fechado, maneja maquinalmente um compasso. Ela tem o olhar fixo de uma busca intensa e estéril, um cachorro faminto, pele e ossos, recolhido como uma bola embaixo das pregas de sua saia, e um anjinho empoleirado sobre uma mó fora de uso, como únicos companheiros. Um admirável cristal, do qual Dürer gravou as arestas e os planos, encara-o na sua geometria irregular: poliedro enigmático, emblema da inquietude. Na figura alegórica da gravura de Dürer, o poliedro está no centro da criação. Ele não mais deixará Alberto e o obcecará para sempre. Uma desordem heteróclita reina sobre o solo coberto de instrumentos. Uma ampulheta, uma balança, um quadrado mágico de panos, o tinteiro e o compasso proclamam as leis matemáticas.

Dürer fez de *Melencolia* um ser pensante, mergulhado na incerteza, alado, mas encolhido no chão, sua face de sombra sob a coroa de renúnculos de água e de agrião das fontes, uma bolsa e um molho de chaves pendurados na sua cintura. Seu devaneio ocioso a reduz ao desepero: o ser criador não pode atingir aquilo a que ele aspira. O morcego parece lançar um grito de mau agouro.

Dürer acabou de sofrer um grande desgosto com a morte de sua mãe. Os elementos numéricos desta data – 17 de maio de 1514 – encontram-se intencionalmente no seu quadrado mágico.

Todos esses sinais penetraram o psiquismo de Alberto criança. Seu compasso, Alberto erguia-o por toda parte, para pavor de Bruno, o irmãozinho. Bruno se queixava, por ocasião de suas poses para Alberto, que seu irmão "habitualmente tão doce, tão gentil, desde que se encontrava diante de seu modelo, transformava-se num tirano... Ele tinha um velho compasso de ferro um pouco enferrujado com o qual ele tomava as medidas de minha cabeça. Apavorava-me quando ele avançava as pontas desse compasso em direção aos meus olhos".

A volta do anjo de Dürer vai significar, para Alberto, o supersticioso, um velório fúnebre na morte de seu pai. Sua premonição do "verão estragado", para retomar a própria expressão de seus *Carnets*, em que ele vai se perder. Nesse mesmo verão, Bianca, seu amor de juventude, casa-se com Mario Galante. "Oh, meus amores, é preciso que ele se lembre disso, a alegria vinha sempre após a tristeza. Venha a noite, soe a hora, os dias vão embora, eu permaneço", vibrava Apollinaire diante da ponte Mirabeau. Sozinho no mundo, como Alberto ressentiu-se nas pontes de Veneza, perdido entre os gatos errantes. Cada poeta vê correr suas lágrimas de amor, do rio Sena às gôndolas.

A *Melencolia*, sua imobilidade sombria, anjo vergado que não se serve de suas asas, assombra mais de um criador. Rodin inspirou-se nela para seu *Pensador*; Nerval redescobre o sol negro da melancolia derramando seus raios obscuros sobre as planícies luminosas do rio Nilo... Da bandeira negra plantada por Baudelaire aos cinzas de

Musil, a morna figura banha com sua melancolia criadora. Mercúrio, o mensageiro de pés alados, deus dos artistas, é destronado por Saturno, o deus vingador.

O Verão Chuvoso,
Sem Nenhum Limite...

"A existência não é alguma coisa que dá o que pensar de longe: é preciso que isto te invada bruscamente, que isto se detenha em você", escreverá Alberto. Esses momentos de inspiração e de sorte oprimem-nos ou ressuscita-nos.

"Todo anjo é terrível", disse Rilke, e estes encontros com o anjo no compasso do passado carregam uma carga afetiva tão forte quanto a gruta de Pepin Funtana, onde os pequenos Giacometti podiam manter-se juntos. Diego, já apaixonado pelo reino animal, dizia de sua gruta: "É como uma grande mandíbula de animal". Alberto está de volta à sua caverna, tornada um ateliê.

Nem seu cadastro anatômico, nem sua escrita da revolta, nem seu *Palais* vão salvá-lo da explosão: seu pai tem uma hemorragia cerebral.

Sentindo-se cansado, Giacometti entregou-se à sugestão de um médico amigo e colecionador de suas telas, em Glion, acima de Montreux, no seu sanatório. Ele tinha enviado Annetta a Maloja para abrir a casa de verão, quando mergulhou no coma. Annetta, Bruno e Ottilia foram ao seu encontro, esperando ainda não ter que alertar Alberto e Diego. Mas o doente não recobrou consciência... Neste domingo atroz de 25 de junho, a chuva caía sobre Glion, sobre suas florestas e montanhas. Alberto e Diego tomaram o trem noturno na estação de Lyon.

Alberto desde esse momento começou a se sentir mal. Na saída do trem, Bruno lhes anunciou que seu pai morrera. Partiram os três para Glion, onde Annetta e Ottilia esperavam. Entraram no quarto da clínica onde repousava o corpo.

Alberto, febril, teve de se deitar imediatamente no quarto vizinho, e Bruno teve de decidir sozinho sobre os procedimentos do transporte de Giovanni para Stampa e sobre as exéquias. O sepultamento no cemitério de San Giorgio, em Borgonovo, adquiria dimensões nacionais, e um representante do governo prestaria homenagem ao morto. Prostrado, enclausurado, deitado, os membros rígidos e estendido em todo o seu comprimento, Alberto não responde nem mesmo a seu irmão Bruno, que iria consultá-lo na qualidade de primogênito. Ele, o arrebatado, se emudecera, qual estátua funerária que jaz.

Ele não pôde deixar Glion no dia seguinte para acompanhar os despojos paternos e não assistiria às exéquias. Sentiu-se incapaz, tanto o abalo desta morte demoliu todo o seu ser, corpo e alma jogados em um abismo insondável.

Appolinaire escreveu que não se pode carregar consigo por toda parte o cadáver de seu pai. Acontece também que não se pode propriamente falar em levá-lo. Será o caso de Alberto, incapaz e proibido de entregar-se ao ritual fúnebre. A procissão dos homens de Borgonovo, sob o coral das vozes, põe-se a caminho, sem ele. O último trajeto percorrido pelo corpo de Giovanni Giacometti antes de entrar para sempre na terra do vale se realizará sem que seu filho mais velho e tão amado, Alberto, acompanhe seus despojos.

Ele permanece deitado, incapaz de levantar-se, fingiu-se de doente e realmente está. Imobilizado, como nos contos, pela maldição. A onda o abate, levando-lhe seu pai bom e saudável, precisamente o pintor de tudo o que a visão de seu filho renega, prostra-o numa perda irremediável. Os ruídos do coração se fazem lancinantes, do coração selvagem de toda história de amor.

Des-obedecer, a tarefa é prometeica. Nunca se dirá o suficiente, até nas nossas vidas provamos este retorno ambivalente do fantasma – noção freudiana do eterno retorno… Tudo o que banimos, executamos, execramos, aí estamos a reproduzi-lo: Freud chama a esta alquimia de "a obediência retrospectiva".

A vida, esta eterna iniciante, intrometeu-se. Alberto encontrou sua família em Maloja, e decidiu não se atrasar: um trabalho urgente exigia sua volta a Paris. Que trabalho? Ser-lhe-á necessário um ano inteiro antes de enfrentar sua obrigação funerária. Somente um ano mais tarde poderia ele conceber a pedra tumular de Giovanni, e Diego irá erigi-la, então, em um bloco de granito local. Um baixo-relevo trará o nome do pai, o pássaro e seu cálice, metáfora cristã do Espírito Santo, o sol e a estrela, promessas de renascimento.

Outra vez, e não importa qual, Diego se retrai. Ele aprova a iniciativa de seu irmão mais velho, obedece-lhe quase inconscientemente e espera-o. Espera sua boa vontade, tanto estão unidos os dois irmãos, ainda mais unidos por esse luto. Diego teria podido esculpir sozinho a pedra tumular, substituir seu irmão enfraquecido. Ele não teria sonhado com isso... A ordem Giacometti tem seus preceitos, não somente seus mandamentos. E ela será assim até a morte.

Alberto é o que domina. Diego submete-se sem mesmo vislumbrar uma pergunta. Esta ordem é evidente, dominante-dominado, mesmo se obscuramente aquele que protege não é aquele em quem se crê. Alberto sofre, e Diego, se ele não é o bode-expiatório, é o fiador de seu irmão. Inextirpável, ele o segue no seu ritmo. Muito mais que seu suporte, Diego pertence ao território sagrado.

O Cubo, Seu Totem e Tabu

Desde pequeno, Alberto enrosca-se com seu tesouro, seu pedaço de pão, num buraco sob a neve. O ateliê tornou-se sua gruta e a poeira, sua neve. Ritual, ele não cessou de enterrar o que perdeu. O desenrolar da morte do pai vive nele. "Eu quero morrer com sessenta e cinco anos", decide. Ele o dirá, repetirá. É a idade de Giovanni quando morre. Alberto morrerá exatamente do mesmo modo, na fatalidade paterna.

Escondido entre suas quatro paredes do ateliê, na exiguidade de seu abrigo, ele se dedica a uma estranha tarefa: seu *Cube* (Cubo).

"Calmo bloco cá em baixo caído de um desastre obscuro..." Parafraseando Mallarmé, o *Cube* contém o desastre da morte do pai. O guardião da maestria das dimensões atormenta-o: o olhar pestanejante do pai, sempre aferindo o visível, avaliando-o, para aproveitar o tamanho natural. Nestas suas fotos, Giovanni aparece frequentemente no trabalho com os olhos fechados.

Alberto se refugia, no sentido literal, como se refugiava na escavação da pedra dourada, na elaboração misteriosa de seu *Cube*, totem do qual ele fará o seu próprio, apondo aí sua assinatura. Seu poliedro obsessivo de sempre, se o realiza em gesso no início de 1934, só anos mais tarde, entre 1954 e 1962, irá mandar produzi-lo em bronze pelo fundidor Susse.

Doze rostos visíveis se erguem sobre o rosto vazado que sustenta tudo. Décima terceira face invisível do grande ausente. Treze, tabu que Alberto exorciza.

Sobre seu poliedro, Alberto arranha, entalha um rosto: seu autorretrato, com traços nervosos e entrecruzados, órbitas aumentadas como na *Tête du père II* (Cabeça do Pai II).

Ele não consegue, e volta a ele... Freud ilumina esta identificação narcisista com o objeto: ele "torna-se, então, o substituto do investimento de amor, que tem por consequência, apesar do conflito com a pessoa amada, a relação de amor que não é para ser abandonada". Neste objeto estético de angústia, Freud vê, a partir da *Inquiétante étrangeté* (Inquietante Estranheza), o retorno físico do recalcado. A ambivalência e o conflito comandam a reiteração...

Alberto não se engana nisso: "Se eu chamo isso um *Cube*, então que você veja bem que não é um simples cubo, é que realmente eu tentei produzir um objeto inominável, que seja o inominável por excelência, porque seu nome permanece enterrado..."

Alberto não desistirá disso. "Para mim, era uma cabeça", confia ele sobre seu *Cube*. Não importa qual cabeça, a do pai, rosto enterrado, perdido para sempre no "verão chuvoso, sem fronteira alguma", insiste Alberto nos seus *Carnets*.

O *Cube* é portador do rosto enterrado do pai, desesperadamente inerte. O inerte contra a vida. "Cubo órfão", escreve Georges-Didi-

-Huberman desse Colosso, cópia do morto ausente. O par pai-filho reflete-se no poliedro e na sua caligrafia marcada. O autorretrato gravado por Alberto alimenta este luto. É seu testemunho de gratidão.

Muitos anos mais tarde, na intimidade das sessões de pose para seu retrato no ateliê, James Lord lhe perguntará: "Você já fez uma escultura realmente abstrata? – Nunca, com exceção do grande *Cube* que fiz em 1934, e ainda assim eu o considerava na realidade como uma cabeça. De modo que jamais fiz nada de verdadeiramente abstrato".

Toda a sua vida, no ateliê suíço de Stampa, o ateliê do pai, Alberto trabalhará sob o olhar das efígies paternas, diante das cabeças esculpidas de Giovanni e de Annetta.

Outros que lhe conheceram semelhante agitação: Shakespeare escreveu Hamlet após a morte de seu pai, Mozart concebeu, então, seu Don Juan, e Freud se dispôs, desde o luto paterno, "a perda mais pungente na vida de um homem", à *Interpretação dos Sonhos*, livro que iria consolidar a chegada da psicanálise. No exergo de seu livro, Freud escolheu a citação latina *Flectere si nequeo superos, acheronta movebo*, ou seja: "É necessário matar os ancestrais a fim de que possam pôr em movimento os rios subterrâneos". Egon Schiele idolatrava seu pai, que perdeu com quinze anos por causa da sífilis. "Olhe-me, Pai, você que ainda aí está, abraça-me". A morte brutal, aos vinte e oito anos, desse meteoro da pintura deixa uma obra genial, cujas distensões dolorosas de nus não existem sem se aparentar às vertiginiosas silhuetas no futuro dos homens e das mulheres de Alberto.

André du Bouchet escreveu: "Desenhos de Alberto Giacometti – através de blocos frios destacados de alguma geleira com facetas que cortam". O cutelo de gelo, o cristal de lágrimas de Alberto desde sua montanha natal seguram seu *Cube*. Quando as geleiras perdem terreno, as plantas ocupam o espaço, mas aí elas estão sensíveis. O retrato infinito do pai celebra também a perda para Alberto da genealogia, visto que ele é estéril desde a doença de seus testículos. As "joyeuses" é a designação dos testículos em linguagem popular. Molloy, o personagem de Beckett, qualifica-os "meus irmãos de circo". Beckett escreve em *Têtes mortes* (Cabeças Mortas):

"Pequeno corpo pequeno bloco

Coração que bate sombrio, único cinza de pé".

Logo, Alberto e Samuel Beckett se encontrarão nas suas intermináveis peregrinações da madrugada e se tornarão amigos. Beckett, cujos personagens agem cada vez menos... Genet dizia de Sam: "É um grão de areia monumental".

As únicas contribuições de Alberto ao mundo são, serão, suas obras. "Eu busco tateando em pegar no vazio o fio branco invisível do maravilhoso", escreveu ele em *Charbon d'herbe* (Carvão de Ervas). Reconhecer o filamento do espermatozoide fecundando o óvulo feminino e o assombroso da sua fecundação ilumina sua confidência. Aliás, vê-se reaparecer no mesmo arrebatamento das suas palavras o conto inesquecível das noites de infância, sob o lustre, quando Annetta abria o livro de Grimm, marcado com seus quatro prenomes de irmãos e irmã. A gota de sangue da Bela, picada pelo fuso, guardará sempre sua ressonância sexual e infantil.

O pai está morto, Diego está aí. Os hieróglifos cobrem as paredes sem reboco de seu ateliê, sua gruta. A penumbra, a fumaça, os utensílios manchados de pintura e de gesso habitam sua neve transformada em poeira e cinzas. Eles reconhecem-na. O querido rosto de seu passado. O mesmo.

Pavillon nocturne (Pavilhão Noturno), o título sob o qual Alberto apresenta seu *Cube*, no número do *Minotaure*: um habitáculo onde viveu, continuou a viver seu pai a partir de sua pedra tumular. "Nós limitamos todos", escreveu Jean Cocteau, "em uma noite que nós conhecemos mal ou que nós não nos conhecemos. Esta noite quer e não quer sair de nós. É o drama da arte, um verdadeiro combate de Jacó e do anjo".

Terra incognita da emocionante revelação, a obra passa à execução entre sonho e sintoma e assinala sua filiação. O *Cube* une o morto e o vivo, da noite do inconsciente a seu despertar. O amor é um ato falho, como fazer uma escultura.

A Protetora do Vazio:
O Objeto Invisível

Na primavera de 1934, Alberto atira-se à sua grande obra, a obsedante e hierática figura no pináculo, mulher de olhar assombrado, nua, uma cabeça de pássaro com longo bico pousado ao lado dela, a parte baixa das pernas imobilizada por uma prancheta-sepulcro repousando sobre os pés: o *Objet invisible* (O Objeto Invisível), ou *Mains tenant le vide* (Mãos que Sustentam o Vazio). Como não compreender "E agora o vazio?"

A estranha protetora, com suas mãos à Giotto, é o anjo natal: os olhos não existem. Duas rodas estreladas, uma intacta, a outra partida. A boca permanece aberta, como a dos mortos.

Esta mulher nua não oferece o seio. As coxas hirtas, inflexíveis e apertadas, defendem, impedem qualquer acesso a seu sexo, intendentes do nada. Repressivas? Não, perfeitas e geladas. Seus membros, extraordinariamente finos, lisos e duros, parecem mais patas de insetos que braços. Seus braços não acalantarão mais. Suas mãos de Pietà sem filho tentam em vão agarrar, reter, elas não se batem senão no vazio. Bazófia da infância, casa de neve, paraíso perdido. Esse gesso sobrenatural é um fantasma entre duas fronteiras.

É um adeus que Alberto glorifica ao objeto onírico, e mais obscuramente à sua juventude. O pássaro fúnebre, pousado sobre o assento, ao lado do ventre estreito e rígido, torna-o ainda mais desesperadamente vazio. As mãos, tão belas quanto as da Madona cercada de anjos, de Cimabue, tão repensada no Louvre e copiada por ele, seus dedos esguios, encantam o olhar sempre o imobilizando para o nada.

O tumulto incessante dos surrealistas conduziu Alberto a uma madona da ausência. Que dizer do trabalho começado em Maloja, para realizar uma grande estátua, a primeira desde aquela que ele tinha encaminhado, com Diego, à propriedade do Midi des Noailles? O grande monólito, começado no verão de 1934, no próprio ateliê do pai, vai abortar: "1+1=3, eu não consigo". A impotência de Alberto não pode enganar-se quanto ao bloqueio que a feminilidade fecunda gera nele.

A fascinação de sempre de Alberto pelas estátuas-cubo egípcias, rostos emergindo de um bloco de granito, pelos crânios recortados em cristal de rocha das cabeças de morte mexicanas no museu do Trocadéro, pelos crânios característicos das Novas-Hébridas, vai se refugiar na máscara e seu tabu. Georges Bataille escreveu: "Nada é *humano* no universo ininteligível fora dos rostos nus que são as únicas janelas abertas em um caos de aparências estrangeiras ou hostis. O homem não sai da solidão insuportável senão no momento em que o rosto de um de seus semelhantes emerge do vazio de todo o resto". Acreditam sonhar, tanto essas palavras parecem a tomada de tudo o que vai surgir, no maná prodigioso dos rostos pintados e esculpidos por Alberto.

De sinal em sinal, Alberto nos desenha a trama de seu desejo de sentido. "A máscara coloca-o numa solidão mais temível: porque sua presença significa que, mesmo aquilo que habitualmente tranquiliza, de repente sobrecarregou uma obscura vontade de pavor – quando o que é humano é mascarado, não há nada mais presente que a animalidade ou a morte". Ainda aí, as palavras de Bataille são inigualáveis. Bataille vê na nossa boca "proa animal". O gosto mórbido de Alberto pelas bocas abertas dos mortos demorará muito para exorcizar.

Nos ritos funerários Guerrero, as figuras Mezcala, antropomórficas, de pé, em andesito verde, polidas durante semanas, têm a aparência de seixos de rios e assemelham-se a machados, utensílios essenciais do homem primitivo para quebrar as nuvens e derramar a chuva. O escultor inglês Henry Moore e André Breton não resistem a seu mistério... Não se pode esquecer as urnas do segundo funeral.

Mensageira de um segundo funeral, esta vigia enigmática de Alberto, perturbando Janus sem descendência? Na cabeça do *Objet invisible*, Breton vê uma cobra. Fascinado pelas descobertas, do psiquismo à feira das ocasiões, ele arrasta Alberto para isso, a quem ele pediu, em vão, por várias vezes, para modelar-lhe um chinelo de Cinderela em forma de cinzeiro. Não adiantará... Na feira de ocasiões, Alberto elegeu uma máscara de metal, espécie de elmo com fendas horizontais ao nível dos olhos, que será fotografada por Man Ray. Breton contentou-se com uma colher de madeira, transformando-a em um sapatinho.

Breton está longe de perceber, diante do *Objet invisible*, que instante decisivo esta mensageira de anunciação celebra para o escultor. Este anjo mórbido de anunciação, seu anjo, não o de Dürer, vai desviar Alberto do surrealismo.

O nó não foi desfeito, no seu psiquismo que tentou em vão captar, possuir. Tudo o que ele tirou da sombra nada resolveu... Suas mesas de jogo – como jogar? – conduziram a *On ne joue plus* (Não Jogo Mais). Qual esfera humana, demasiado humana, destinada a um retorno sem saída, sem que ela encontre a cavidade! Infâmia da ilusão.

Os instrumentos de tortura que esmagaram os dedos de Diego criança, ele fê-los todos reaparecer: rodas, correias, gaiolas de ferro, manivelas. A outra mão, a esquerda – a mão mutilada de Diego é a direita – Alberto desativou-a na *Main prise* (Mão Presa).

O desinteresse de Alberto em relação aos surrealistas é exacerbado pela morte do ser a quem ele mais considerava. Os ucasses de Breton são-lhe intoleráveis, e ele não se constrange em frustrar, encomendando, na sua cara, um conhaque, suas prescrições de beber verde, no seu quartel-general, o café da praça Blanche, chamado por Artaud de café "do Profeta". Breton, porte de cabeça leonino, cabeleira longa e boa presença, Brassaï o vê como "Oscar Wilde que uma brusca substituição glandular teria tornado mais vigoroso, mais másculo". Júpiter em pessoa, diz ele ainda, deixando Apolo a Éluard.

Em 1933, quando Alberto começa a realizar *Le Cube*, acabou de concluir a *Table surréaliste*, seu busto feminino, desmembrado, meia--boca e um só olho sob o véu, mão cortada impotente, que precede o irônico *Mannequin*: Alberto retoma sua *Femme qui marche* (Mulher que Caminha), com seu buraco entre os seios, mas tão bela e misteriosa, acrescentando ao gesso braços e mãos que faltam, de madeira pintada, uma cabeça composta de restos de violoncelo. Impossível não observar o mal-estar do escultor diante dessas pseudocolagens entre elementos desarmônicos tão louvados pelo grupo surrealista. Ele vai afastar-se, romper com seus objetos oníricos "sobrenaturais" e os abandona.

O estudo para a água-forte surgido nos *Pieds dans le plat* (Pés no Prato), de René Crevel, mostra um homem na jaula, meio dilacerado meio esqueleto, em equilíbrio entre as grades, e nos faz reencontrar o habitáculo terrificante da *Cage* (Jaula).

Sua obsessiva figura do *Objet invisible*, esta estrangeira altiva, prisioneira dos tempos, do tempo de Alberto, é sua... juventude. O desaparecimento de seu pai leva-o com ele ao reino dos mortos. O adeus do escultor a toda uma parte de sua obra, sua condenação íntima, mantém entre as mãos tão belas de sua virgem-espectro: o vazio de criança, o vácuo de homem grita.

É a pedra angular do combate que toda melancolia desencadeia, a pedra sobre a qual a *Melencolia* de Dürer está assentada. Situada. Trono fatal, ele teve por príncipes Fausto, no seu gabinete, São Jerônimo, Mozart, Cervantes, Botticelli, Nerval e... Alberto.

O verdadeiro sismo que agita Alberto na morte de seu pai, e lançou-o em uma incapacidade absoluta de se levantar, de seguir o cortejo fúnebre, é medido agora no seu silêncio. Seu silêncio de morte emerge no espectro. Ele, o perseguidor de palavras, este tagarela nato, conversador desenfreado, sempre pronto a repetir, nem que fosse ao primeiro a chegar numa mesa de bar, os relatos das cenas capitais, seu encontro com a morte e seu dobre – a noite passada junto ao cadáver de Van Meurs na alta montanha, ou a amarga surpresa de se encontrar deitado junto ao belo Robert Jourdan, notório drogado que lhe é desconhecido após um jantar, na Coupole, seus encontros fatídicos com a estátua jacente, modelos de sua história –, mantém boca fechada sobre a morte de Giovanni. Ele, o bem-falante, "dominando suas mãos como operários que executam escavações", assinalava Leiris, carrega sua luta nas conversas, torna-se pungente de certezas, incertezas, acentua-as com seu "hein?" interrogativo, a seus companheiros, com cada vez mais contradições e se revela. "A discussão da qual não participamos", dizia Hölderlin. Quando Alberto está embriagado, com o sotaque áspero e o furor juvenil, nada pode detê-lo. Maior é sua solidão, mais ele está em busca de contato, e ele frequentará sempre os cafés em seus momentos de abandono ou de reencontros.

Raymond Mason escreveu: "A vida de um artista é dilacerante, sempre suspensa à beira do sucesso ou do fracasso, mas a rija máscara de batalha permanece no ateliê... Giacometti não era exceção salvo se ele só fosse expulso do ateliê pelos espasmos da fome e o trabalho obsessivo do ateliê se prolongaria por algum tempo no café". Ele desenhava intensamente sobre as toalhas, mesmo sem pena nem lápis entre os dedos.

Os irmãos Giacometti serão para sempre partidários do café vizinho, sua cantina, inseparáveis de seu jornal, através do qual eles vivenciam o mundo. O de Alberto não o abandona, ele rabisca por cima com a ponta da Bic, traça o que considera novo para ele na margem, sobre a própria mesa de centro, ao lado da xícara fumegante. Mas, desta vez, a morte de seu pai é um acontecimento tal que o deixa mudo.

Seu silêncio, ressoante, revela sua exclusão. Ele se cala. O silêncio é sua maneira de se preservar, sua autonomia. Diego, o único que poderia tomar a palavra, se cala.

O recolhimento íntimo de Alberto devido a seu luto não somente não será erguido, mas atinge o recôndito, o sagrado de seu ser e vai desencadear uma transformação de sua arte. Ele, que praticamente não se interessava pela pintura, domínio reservado que pertencia a seu pai, se tornará o pintor mais extraordinário dos retratos de homens e mulheres. Para o momento, ele vira casaca e vai dar adeus à sua trajetória de agir sozinho para retornar ao modelo, à semelhança, tão copiados e ensinados pelo pai. Toda sua exaltação corre a refugiar-se nisso, enquanto ele confiara a seus *Carnets* sua aversão completa, sua impossibilidade de fazer um quadro naturalista em três dimensões.

"Hereditariedade, único deus do qual eu conheço o nome", entusiasmava-se Nietzsche. Os Rodin, que Alberto prefere a todos, celebram esta íntima fecundidade: *Mère et fille mourante* (Mãe e Filha Moribunda), *Le Sommeil* (o Sono), *La Pensée* (o Pensamento), *Fugit amor, Dernière vision* (Derradeira Visão). Como não pensar em Klimt, o filho de ourives, misturando o ouro paterno a seus nus, na carne de Viena? Luz, reflexos do ouro natal.

As Cenas. "Tudo o Que Eu Fiz Até Aqui Não Era Senão Masturbação".

Há várias cenas, sempre: a cena aparente, viva, desencadeia a rebelião de Alberto contra

Breton e a ruptura definitiva com toda filiação. E depois a outra, e de que modo vivida, a cena oculta, decide a reviravolta.

Janus, o deus romano, demônio da passagem ou deus dos primeiros passos, permanece o único guardião das portas: ele abre e fecha as portas deste ano de 1934, cujo mês de dezembro será essencial.

Acompanhado de Max Ernst, Alberto voltou no verão a Maloja para escolher, com ele, morenas da geleira vizinha, para esculpi-las. "As pedras são cheias de sensibilidade", dizia Arp. Quem o sabe melhor que Alberto? Blocos de granito, monólitos, a partir do monólito de bondade do passado à pedra tumular do pai, enfim gravada.

No outono de 1934, seu *Objet invisible* partiu para Nova York. Ele acompanha dez outras de suas esculturas; dentre elas, sua *Tête qui contemple* (Cabeça que Contempla), de 1927. Julien Lévy, um *marchand* americano especialista do surrealismo, decidiu: a exposição abre em dezembro. Nada se vende.

Alberto começou a trabalhar sobre cabeças separadas com as dimensões reais, e quer fazer surgir sua obsessão pela sua ganga. Ele obstina-se, apesar de seus amigos surrealistas consternados. Tangry pensa que ele ficou louco. Breton não vê na sua necessidade senão redundância do passado, e será o autor de uma famosa tolice: "Todo mundo sabe que isto não é senão uma cabeça". Justamente Alberto não o sabe. Ele busca.

Retomar o trabalho do pai diante do modelo, tal é o desafio. Ele não tem mais de agora em diante nenhum outro objetivo senão o de tentar arrumar uma cabeça humana.

Os surrealistas são apaixonados pelo seu *Objet invisible*, sua rainha Karomama de olhos mortos e mãos vazias. Alberto permanece inquieto: "Esta estátua que Breton preferia transtornou de novo minha vida. Eu estava satisfeito com as mãos e a cabeça desta escultura porque elas correspondiam exatamente à minha ideia. Mas com as pernas, o torso e os seios, eu não estava de modo algum contente. Eles me pareciam demasiado acadêmicos, convencionais. E aquilo me deu vontade de trabalhar novamente ao natural".

Cortado em dois: de um lado as mãos, e a cabeça, do outro... Pode ele ser mais explícito? O enigma está diante dele, uma vez mais ele não pode adiá-lo.

Ele se aborrece em fazer obras surrealistas, sente-se em uma rampa escorregadia e não esconde seu medo de "aventurar-se". Breton tem um acesso de cólera. Filho de funcionário de polícia, ele se compraz em distribuir ordens entre seus sectários e os comentários de Alberto desagradam-lhe soberanamente. No caso de Aragon, ele também filho – ilegítimo – de prefeito, quando é excluído do grupo surrealista em 1932, Alberto tomou a defesa de seu amigo e entrega-lhe, sob o pseudônimo de Ferrache, desenhos ferozes contra o grande capital, caricaturando prelados e financistas com bocas de tubarões. No momento em que Breton se interessa atentamente pelo *Objet invisible* e quer ver nisso o cristal de seus exorcismos poéticos, Alberto escreve: "Eu não me considero mais membro dessa associação. A A.E.A.R. não me lembra mais senão uma escada apodrecida saindo de um pântano".

A A.E.A.R. designa a Associação dos Escritores e dos Artistas Revolucionários, e não tem mais graça a seus olhos tal como as listas das palavras surrealistas pregadas por Breton. "Lista. Lista de quê? Lista de merda, a época surrealista está bem longe e as esculturas desta época de arame farpado, de cabeça de madeira e Breton 'tontona[6] em pequenos passos, pequenos passos de veludo, muito macios", escreverá Alberto.

Sua decisão de se consagrar a uma cabeça ultrapassa todos os limites. É demais. O impasse surrealista que invoca Alberto parece sacrílego a Breton. Um jantar é promovido pelo jovem e zeloso Benjamin Péret, que convida Alberto com o mestre. O tom sobe. Com toda inocência, Alberto, saindo do restaurante, segue-os para tomar um drinque na casa de Georges Hugnet. O comparsa reuniu o grupo sem faltar ninguém: ele espreita. Alberto, de imediato, compreende que caiu em uma armadilha. Breton, cercado de seus mais obsequiosos empregados, tenta, fustiga a atividade "para ricos" de Alberto, trabalhando para Jean-Michel Frank e seus mundanos. Indignado com a mesquinharia

---

6 Adaptação ao português do termo "tontaine", intraduzível e sem significado, que figura em trava-línguas e canções, geralmente ao lado de "tonton" (titio), e nos quais exerce uma função sonora ou prosódica como, por exemplo, em Pierre Jean de Béranger (1780-1857), em "La Chasse": "Tonton, tonton, tontaine, tonton"; e em Maurice Chevalies (1888-1972), em "Valentine":Qu je tâtais à tâtons, Ton ton tontaine" (N. da E.).

do ataque, Alberto não se obriga a dizê-lo duas vezes. Sem Frank, nem ele nem Diego teriam podido subsistir, triunfar, sobreviver.

Breton, não é segredo para ninguém, vende muito frequentemente obras dadas por seus amigos para melhorar seu cotidiano burguês. Kiki de Montparnasse exaspera-se nas suas *Mémoires retrouvées* (Memórias Reencontradas) com esses senhores supostamente revolucionários, servidos à mesa e com hora determinada por uma empregada de avental... Pobre Kiki, seu estômago que chora de fome, que uma tigela de sopa no restaurante Rosalie, na rua Compagne-Première, entusiasma, ou um café com leite, no café du Petit Vavin, embriaga.

A miséria e a penúria não têm segredos para a pequena, tão pobre que ela recolhe amostras jogadas nas latas de lixo para dar a impressão, deslizando-as sob seu casaco, de usar capa. A ex-neta borgonhesa de um cantoneiro que quebrava pedras nas estradas, criadinha quando necessário, depois parafusadora, não se deixa enganar pelos hipócritas. Aquela que se tornará o inesquecível modelo de Man Ray revelou a hipocrisia dos surrealistas.

"Aqui estão pessoas que insultavam os burgueses, os padres, que julgavam as pessoas de acordo com a riqueza de seus trajes e que se comportavam na casa deles exatamente como aqueles que eles tinham mandado queimar! Uma empregada para servi-los, refeições nas horas certas, eles, que não acreditavam em nada, passavam a maior parte de seu tempo a visitar videntes, a invocar os espíritos fazendo girar mesas..."

Alberto já fez sua despedida íntima. O trabalho "mercenário" lembrado por Breton, diante do grupo completo, vem em má hora. Breton, em outros termos, proclama o aviltamento de seu talento em uma estética não somente antissurrealista, mas contrarrevolucionária.

Como ousa ele? Tocar na sua colaboração com Jean-Michel Frank, que desempenhou um papel tal na descoberta, em Paris, dos dois irmãos Giacometti, tão isolados no seu começo miserável? A indignação de Alberto está no auge.

Num dos questionários surrealistas, Breton lhe perguntara: "O que é seu ateliê? – Dois pequenos pés que caminham", respondera Alberto. Desta vez ele safa-se, para sempre. Mas, antes, ele ruge. Breton crê ridicularizá-lo, mas é ele que vai fazê-lo. E perdê-lo.

A estátua que se ergue tão poderosa e eterna como aquela do Comendador é a do pai. O nobre Giovanni é muito mais surpreendente para seu filho que estes pedantes. "Demasiado longe no sangue!", mandava dizer Shakespeare a Ricardo III para exprimir sua fatalidade.

Michel Leiris fala de "resíduo supremo", e Freud, da onipotência dos pais mortos, por conseguinte, "fantasmas". Breton não mediu o impacto daquele a quem se opõe: os fios de seu novelo surrealista são impotentes para amarrar o filho de Giovanni. Pai bem-amado... Toda a nostalgia do pai frustra-se em Alberto no despotismo barato e nas contorsões de Breton. Ter feito sofrer em silêncio seu pai por causa deste homem mata-o a seus olhos.

O olho do falcão Hórus, penhor de integralidade, vigia Alberto, privado do olhar de seu pai... Ele não lhe fechou os olhos, ele não conhecerá seu olhar que se apaga. "O mundo morreu, é preciso que eu te carregue", escrevia Celan.

Os elogios de Breton sobre seu trabalho rangem nos seus ouvidos. Alberto brame de novo: "Tudo o que eu fiz até agora não era senão masturbação".

Palavra-chave, se ela existe: ela estarrece Breton. A masturbação é o crime da infância, seu *além deste limite, seu bilhete não é mais válido*, e o catre adulto dos falos frouxos. A influência das obras de Alberto nesse momento de sua existência, pode ela restabelecer-se dessa substituição? Sempre imperioso, mas desconcertado, Breton replica a esta declaração memorável:

"– É preciso tirar isso a limpo definitivamente.

– Não se dê ao trabalho, recomeçou Alberto. Eu parto."

E ele partiu.

Sua saída não é fingida. Seu movimento íntimo, profundo, começou bem antes da morte do pai, que o sensibiliza dolorosamente em tudo o que ele acreditou, quis transpor, em um cenáculo estranho aos mandamentos de sua infância.

Esta partida prodigiosa quando se pensa nos seus adversários é uma passagem ao ato. Na mesma hora Alberto tornou-se um pária. A excomunhão ia trazer seus frutos, até mesmo amargos. "Eu perdi todos os meus amigos, assim como a atenção dos *marchands*. E, bem, apesar disso, nesse dia em que me encontrei no passeio, decidido a reproduzir tão fielmente quanto possível cabeças humanas, como um iniciante da Grande Chaumière, eu me senti feliz, livre".

O ponto de crise, em física, é um ponto sem volta: os sólidos se transformam irreversivelmente em líquidos, depois os líquidos em vapores... Não se transgride impunemente. A alquimia entre o verdadeiro e o falso vai obcecar Alberto. Encontrar sua visão, a única que importa a seus olhos: o mistério está aí, onde ela quer desabrochar. A ditadura da visão de Alberto está a caminho, sua longa caminhada exaustiva lhe fará estar a dois passos de todos os abismos. A revelação virá de seu simples olhar. Ele não a encontrará tão cedo.

O retorno à natureza, tão recomendada por seu pai, ele o decreta, ele o decide. Ele vira as costas aos surrealistas e se envolve num duelo com a semelhança. Ele arriscará deixar-lhe sua pele. Sozinho, com suas próprias forças. E Diego.

Diego, crayon por Giovanni Giacometti. Col. Part.

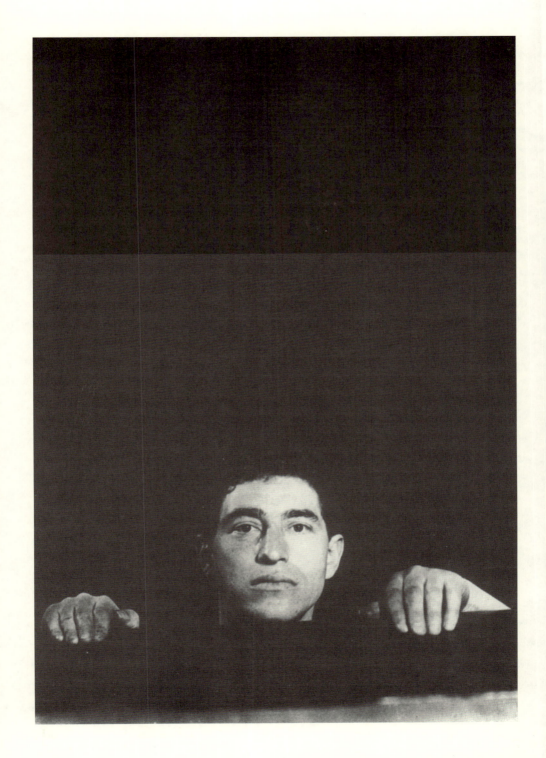

Alberto por volta dos vinte anos. © Col. Part. D.r.

A Travessia do Deserto
1935-1945

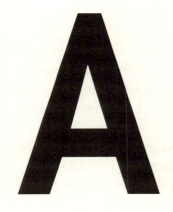

A Cena da Filiação

Alberto se desvia de sua obra passada, deixando-a como chifres de cervo sobre a neve, mortos pelo combate travado para sua fecundação. Assim, chifres entrelaçados, os cervos se diaceram, entre o sexo e a morte, no outono.

Após ter-se identificado com seu pai, Alberto o enterrou... No mesmo momento em que ele erige seu grande *Cube*, ele prepara uma exposição em homenagem à obra figurativa de seu pai, cuidadoso em não atrapalhar o espaço paterno com sua própria obra. Ele já atravessou a linha de separação, dedicando-se principalmente à escultura e não voltará aos pincéis do pai senão um pouco mais tarde. Ele realiza com seu irmão Bruno a retrospectiva póstuma de seu pai em Kunsthalle, de Berna, no verão de 1934, e expõe ele mesmo no outono no Kunsthaus, de Zurique. Nem pensar em fazer sombra a este pai venerado. Ele escreve nos seus *Carnets*: "Impossível, não, ele não teria podido aceitar, o outro não era mesmo possível – arrivismo –, não era possível para mim. Eu teria dito: 'Você deve me expor se todos expuserem' e ele o fazia, e certamente aquilo teria tido o sucesso merecido. Mas papai sabia o quanto eu amava seus quadros, não me era possível fazer aquilo. Tudo foi como devia ser. Papai estava feliz com meu sucesso, e ele sabia que eu amava seus quadros e sabia toda a admiração que eu tinha por ele." A falta de jeito quase infantil desses comentários de Alberto, orador nato, explica ainda mais seus escrúpulos.

Teria sido impensável para o jovem escultor, na sua notoriedade nascente, apresentar suas próprias obras junto das de seu pai. O espaço de Giovanni é sagrado.

Autorretrato

Na gênese do "quem sou eu?" há migrações, ondas, retornos. Respira-se, expira-se. Somente a morte não tem data. Cada um atinge sua própria maturidade em idades diferentes, Maurice Sachs definiu-o maravilhosamente no *Le Sabbat*.

Le Cube transposto, e o monumento funerárriao do pai elevado com Diego no cemitério de Borgonovo, a volta ao modelo em Alberto vai marcar todo esse período de 1935 a 1940 e revolver as mesmas dificuldades soberanas: a nuvem, o detalhe, a impotência.

Alberto baniu obras consideráveis com um estalo, qualificando-as de "masturbação". Todos se interrogam a respeito deste misterioso retorno à figuração. Aragon, de quem ele ilustrará *Les Beaux quartiers* (Os Bairros Elegantes), relata de Alberto: "Ele declara que hoje toda a sua obra antiga era uma fuga da realidade... fala com desdém de um misticismo que se insinuara na sua obra". Alberto se esconde no seu face a face com o olhar.

Que olhar? Seu pai morto, Alberto volta ao que ele lhe ensinou durante toda a sua vida. O desabamento de seu mundo infantil, quando ele foi repreendido pelo pai ao desenhar minúsculas peras, essas mordaças, lançava-o na vertigem do tamanho. O enigma de agora em diante não o abandona mais. Ele quer significar o ser, aquele que ele vê, experimenta. A impossível mimese confronta-o na ordem antiga, fatal. Aliás, ele sempre o soube.

"Eu sabia que, por mais que eu fizesse, por mais que eu cuidasse, eu seria obrigado um dia a sentar-me diante do modelo, sobre um tamborete, e tentar copiar aquilo que eu vejo".

Arrancar do vazio a semelhança confronta-o ao olhar do pai. Pintar era a velha história da família. Giovanni pai e Cuno Amiet, o padrinho de Alberto, não falavam entre eles senão de representação, na sua Stampa chamada pelo primo Augusto, pintor igualmente, "o paraíso". O jugo da hereditariedade não largará jamais os dois irmãos Giacometti, Diego, o silencioso, e Alberto, o meteoro.

Imperioso inconsciente. A volta ao olhar do pai, a quem Alberto não fechou os olhos, impõe-se. A nova gênese não tem nada de um achado surrealista. Um sentimento pungente leva Alberto a esta obediência retrospectiva tão poderosa.

O olhar separa o vivo do morto. "Um dia, enquanto eu queria desenhar uma jovem, alguma coisa me tocou, isto significa que, de repente, eu vi a única coisa que permaneceu viva, isto era o olhar. O resto, a cabeça que se transformava em crânio, tornava-se quase o equivalente ao crânio do morto". Este crânio que lhe tinham emprestado atormenta-o desde sua juventude, em que ele se refugiara, sozinho, faltando às aulas de Bourdelle, ofuscado por este totem humano.

O olhar, a vida, portanto a cabeça, torna-se o essencial. A predileção do pai por Ferdinand Hodler e Cézanne, o *Autoportrait* pintado por Hodler em 1900, é ainda pregnante em Alberto, habitam seus olhos, suas orelhas, com a voz de seu pai quando ele realiza seu *Autoportrait* em 1935.

A Cabeça Desconhecida

"Nada era como eu imaginava. Uma cabeça (eu deixava de lado muito rápido as figuras, era demais) torna-se para mim um objeto totalmente desconhecido e sem dimensões".

Desta vez, Alberto envolve-se na voragem do modelo. Reatar com o trabalho de outrora, o trabalho do pai diante do modelo, ocupa-o inteiramente. "Em 1935, eu tomei um modelo..." Diego, o eterno coadjuvante, posa toda manhã, duas ou três horas, todos os dias, antes de dedicar-se a seus trabalhos para Jean-Michel Frank, e ganhar sua vida. Rita, à tarde, pequena jovem de nariz pontudo. "Depois de oito dias, eu não conseguia absolutamente! A figura era demasiado complicada. Eu disse: 'Bom, vou começar por fazer uma cabeça'. Então eu começo um busto e... Ao invés de ver cada vez mais claro, eu via cada vez menos claro, e eu continuei..."

Cabeça premonitória... Quem contempla quem? O pai, Alberto; Alberto, seu pai? Realidade e presença se dispõem como os únicos imperativos. Mas a Via-Sacra recomeça.

"Esquecendo que, em 1925, eu tinha abandonado a ideia de trabalhar conforme o natural – porque eu a achava impossível –, retomei um modelo, querendo muito depressa fazer um estudo para resultar em esculturas. Era 1935. Quinze dias mais tarde, eu encontrei a impossibilidade de 1925... E mantive o mesmo modelo de 1935 a 1940. Todos os dias, recomeçando todos os dias, a *TÊTE* (CABEÇA)".

O amigo de Alberto, Raymond Mason, testemunha: "Ele me confiara uma vez como seu compromisso total com a cabeça humana tinha começado. Ele ficara contente com sua construção de 1932, *Le Palais à quatre heures du matin*, executada rapidamente em gesso, e tinha o desejo de fazer algo semelhante. Mas aí onde o *Palais* continha uma efígie de sua mãe em forma de quilha, desta vez ele previa incluir seu irmão Diego, sua cabeça sobre um pequeno pedestal como uma peça num jogo de xadrez. Alberto não conseguia realizar esse elemento tão facilmente quanto ele pensava. Então se perguntou, por que incomodar-se tanto quando Diego se achava no ateliê em frente: ele não tinha senão que vir e assumir a pose. Uma vez Diego sentado na cadeira, Alberto foi tomado por uma sombria revelação. Eis aqui, lembrava-se ele, exatamente o problema que ele jamais conseguira contornar mais jovem e que ele esquivara-se, metendo-se na arte moderna. Desde então, ele buscava todo dia resolvê-lo".

A obsessão consome-o. Esforços vãos, insignificantes, destruições vão junto, na própria continuidade das *Têtes du père*, contra as quais ele se batera, tão tardiamente, lembremo-nos, pela primeira vez. "Quem bebeu a água do Nilo volta sempre à fonte". Dívida de mel, ou dívida de fel? Alberto não consegue libertar-se, achar sua visão. O que é visível a olho nu é bem mais insólito que os produtos do sonho, Alberto não cessa de repeti-lo.

Cinco anos de fracassos diante do modelo confrontam-no com o desconhecido diante do rosto familiar de Diego. Diego de manhã e Rita à tarde acentuam essa distância da questão e a recusa dessa cabeça. Alberto torna-se o prisioneiro de sua pulsão. A pulsão implica uma inesgotável repetição e Alberto revolta-se contra o pseudossaber. A asneira de Breton "Sabe-se que isto não é senão uma cabeça" range ainda nos seus ouvidos. Não precisamente. Ignora-o.

Fanático pela perfeição, Alberto passa a ser novamente um aluno. Em vão. "Eu esculpia exatamente como se estivesse na escola". A volta do filho pródigo não o salva. "Como uma invasão de corvos negros nas fibras de sua árvore interna", escrevia Artaud sobre Vincent van Gogh. Como também Théo não salvou seu irmão Vincent, Diego, o magnânimo, não pode entusiasmar seu irmão com a angústia do nada que o consome. Sua conversa face a face mergulha-os na contemplação interminável: Diego, tal como em si mesmo, um outro ele próprio para Alberto, o único modelo disponível continuamente, não pode superar esse enigma.

Alberto não cessa de martelar, a voz altiva. "Fazer uma cabeça como eu a vejo, não?" Ele não consegue.

"Mais eu olhava o modelo, mais a tela entre mim e a realidade se espessava. Começou-se por ver a pessoa que posa, mas pouco a pouco todas as esculturas possíveis interpõem-se. Mas sua visão real desaparece, mais a cabeça torna-se desconhecida. Não se está mais certo nem de sua aparência, nem de sua dimensão, nem de nada. Havia excesso de esculturas entre meu modelo e eu. E quando não havia mais esculturas, havia um desconhecido fulano que eu não sabia mais quem eu via nem o que via".

Alberto destruiu seus esboços. "Eu queria fazer cabeças normais, e aquilo não funcionava nunca. Mas já que eu fracassava, eu queria sempre fazer uma nova tentativa". Ele torna a garantir à sua mãe, cotidianamente ao telefone, no seu dialeto italiano, que ele progride e se prepara impiedosamente para o dia seguinte.

A aventura da semelhança na qual se empenhou conduz sempre a um ponto de abatimento: exatamente o "resíduo" de uma visão. No seu buraco, de hecatombe em hecatombe, ele prossegue sua travessia do deserto. "A lucidez é a ofensa mais aproximada do sol", escreve o poeta René Char e a transparência das lágrimas ainda dá mais sede.

O ateliê se cobre de restos. Diego sacode a cabeça. Ele não pode concordar inteiramente no sentido da destruição ilimitada que surge, e o inquieta. "Bizarro…" Esta palavra volta frequentemente ao vocabulário de Alberto. "É um tanto anormal passar seu tempo, ao invés de viver, tentar copiar uma cabeça, imobilizar a mesma pessoa durante cinco anos em uma cadeira todas as noites, tentar copiá-la sem êxito. Não é uma atividade que se pode dizer rigorosamente normal, não é?"

A arte de Alberto é viva, não impassível, e ele se enfurece. "Até amanhã", diz ele ao rosto de seu irmão Diego que ele olha tão intensamente, "até amanhã" diz ele ao rosto de Rita. Mas em vão. Nem de manhã, nem à tarde superam seu desconhecimento: na primeira vez, na última vez, recusam-se.

Seu face a face com o modelo, o do pai, deixa-o só e desamparado. Um Alberto de trinta e cinco anos luta com o desejo. Ele quer comunicar o ser que ele vê, que ele experimenta, e a impossível metamorfose lhe dá a vertigem. A vertigem de outrora, na montanha. Diego fica perplexo diante dessas imolações. A aversão por si e a morte andam de mãos dadas.

Ele ainda não viu nada. Tudo é gênese, na casa de seu irmão mais velho. O G de Giacometti pronuncia-se "j'ai". Furor e mistério se unem, deixam-lhe bem justo o "resíduo de uma visão". Seu impulso erótico e escópico devoram o mundo interior: o rosto recua desde quando ele tenta segurá-lo. "Duas vezes por ano eu começava duas cabeças, sempre as mesmas, sem jamais conseguir, e eu colocava meus estudos de lado". Preso na voragem, ele vai entrar numa crise abominável da dimensão.

Pensa-se no Douanier Rousseau, a quem se reprovava seu retrato de Guillaume Appolinaire, não semelhante. "Contudo eu tomara minhas medidas", defendia-se ele, anotadas na sua agenda, como as de um hábito... Marie Laurencin, a companheira de Appolinaire, não se reconhece na pessoa rechonchuda. "Guillaume é um grande poeta, ele tem a necessidade de uma musa gorda", replica-lhe o Douanier. Ele fixou o eterno e faz surgir o buquê de cravos da poesia.

Picasso não tinha esses escrúpulos. Diante de seu retrato impressionante, Gertrud Stein não se reconhecia. "Ela acabará por assemelhar-se a ele", garantia-lhe.

Inibição, Sintomas e Angústia

A lucidez de Alberto torna-o intratável para si mesmo e ninguém descreveu melhor que ele sua necessidade exagerada da localização. Todos esses sintomas são exacerbados pela morte de seu pai. O inconsciente trabalha sempre em um fundo de mistério e não se insistirá nunca o suficiente sobre a coincidência vivida por Alberto entre sua publicação surrealista, rompendo a cortina da infância a respeito de suas fantasias de violação e de assassinato, o choque experimentado nesta leitura por Giovanni e seu ataque mortal. No inconsciente de Alberto, a acusação queima. Freud evidenciou a volta dos pais mortos.

Obsessivo, Alberto exibe seus rituais, suas desculpas, sua volta ao trabalho. "Mas não havia nunca um fim, eu estava ultrapassado, esmagado por esta tarefa e eu a abandonava sempre com insatisfação para passar adiante, porém isso recomeçava frequentemente um momento depois com os calçados, as meias, as portas que eu fechava ou com pouca força ou demasiadamente forte, ou com não importa quais objetos, sobre uma mesa, que se tocavam: um pedaço de papel, um barbante, um tinteiro. Depressa eu arrumava apenas o que me caía sob os olhos, não ousando olhar mais longe (senão eu me sentia perdido), eu afastava os objetos uns dos outros, mas a que distância era preciso colocá-los? Eles estavam sempre ou ligeiramente próximos ou ligeiramente distantes, então eu mudava imperceptivelmente um pedacinho de papel rasgado, não pensando nem por um instante em jogá-lo na cesta de papel, eu sabia que aí tudo teria recomeçado".

A destruição exerce-se em todos os níveis do ato criador. O psicanalista André Green fala desta força indomável quando ela se põe em marcha: o objetivo da força é de te devorar e ela te devora.

As dificuldades psíquicas insuperáveis, suas imolações, não o separam de sua certeza: o caminho eterno o espera. Porém só a verdade de sua criação importa-lhe. Alberto é impiedoso com ele mesmo, na descoberta de seu estilo. Ele não pode assinar senão sua verdade. "Mais uma obra é verdadeira e mais ela tem um estilo. Para mim a maior invenção reúne a maior semelhança".

Os Outros

Seu gueto íntimo não o separará jamais de seus contatos. Ele e Diego têm a amizade agarrada ao corpo. Eles são amados, Diego por sua natureza benéfica, Alberto por seus dons que ele distribui prodigamente a quem quiser ouvi-lo. Ele protestará contra aqueles que o fantasiam como artista da solidão, e ferve de cólera. A castração do contato, enquanto ele não para de se comunicar! A vida é os outros, o seu encontro, seu mistério, na própria raiz do ser. A fonte impalpável das emoções o chama. "Uma escultura não é um objeto, ela é uma interrogação, uma pergunta, uma explicação…"

Ele se liga ao humano, àquilo que ele quer mostrar, para com e contra todas as aparências enganadoras. Ele e Diego veneram sua origem montanhesa, e seu gosto obstinado por seu solo enraíza-os ainda mais um ao outro. Eles precipitam-se para as notícias, os jornais e seus cafés, conservam costumes de estudantes fraternos, apaixonados pelas verdades.

A intimidade de Alberto com René Crevel, com rosto de anjo, de quem ele ilustra os escritos, não enfraquecerá com sua expulsão do grupo surrealista. As arengas e as fúrias de André Breton são letras-mortas para o sensível poeta. Jamais ele teria ido na direção oposta à de Alberto. Porém um incidente perturba-o, quando Ilya Ehrenbourg, o escritor a soldo dos soviéticos, taxa os surrealistas de fetichistas, exibicionistas e homossexuais. Furibundo, Breton, cruzando com Ehrenbourg na rua, prega-lhe um murro no rosto. Perturbado pela acusação de homossexualidade que ele acredita sozinho carregar para o grupo, Crevel, já muito doente e tuberculoso, suicida-se com gás. Os dois irmãos Giacometti choram por ele.

Balthus torna-se íntimo deles, contudo não alheio à sua penúria. Alberto e Diego não têm nenhuma preocupação com a feira das vaidades, e vivem no sentido próprio da palavra de Rilke: "Para o criador, não existe pobreza nem lugar pobre e indiferente". O ateliê miserável de Alberto, ao qual ele se agarrará por toda a sua vida, como a uma escarpa montanhosa, serve-lhe de palácio.

Balthus assina sua obra com sua alcunha de criança, dado por seus parentes. Nascido Michel Balthasar Klossowski, ele se proclamou, numa manhã, o conde Balthasar Klossowski de Rola. O fausto o fascina. "Um castelo me é mais necessário que um pedaço de pão é necessário a um operário". Alberto mostra-se severo e reprova-lhe seu "complexo de Velázques", mas os antepassados espirituais entre eles, mais poderosos que todas as extravagâncias, os unem: Piero della Francesca, Seurat, Velázques e Courbet. Fanático com sua visão, Alberto serve de exemplo a Balthus: "Alberto podia olhar uma xícara de chá e eternamente vê-la como se fosse a primeira vez". Contraditórios, perversos, eles se insultam, fazem chacota um e outro, sem nunca perder o fio da meada. Balthus falará nesses termos a Raymond Mason a propósito da amizade: "Alberto não era trágico, ele era estimulante…" E Mason prosseguirá: "Ele não era o solitário dos picos vertiginosos, ele era um líder".

Samuel Beckett vai aparecer nas andanças de animal noturno de Alberto. Alberto e Samuel Beckett se encontrarão, pela primeira vez, no Flore e o ateliê sobrecarregado de Alberto talvez não seja estranho ao atolamento de Winnie em *Dias Felizes*, enterrada até os olhos no seu monte de areia na esquina da rua. "Hora deliciosa, que nos embriaga..."

O irlandês, após uma bolsa de estudos de dois anos em Paris, desiste de seu cargo de professor, tanto ele duvida do saber que ele ensina. Seu pai morre de uma crise cardíaca, e esta morte prostra-o. Ele adorava seu pai, folgazão, sempre fugindo de casa e de sua mãe cansativa. Aos vinte e sete anos, ele se torna um exilado voluntário, em Londres, depois em Paris, para onde ele retorna no outono de 1937. Um desconhecido o aborda, na avenue Orléans, e o rufião, repelido, crava-lhe uma faca no peito. A pleura do pulmão esquerdo de Beckett é perfurada. Convocado a assistir ao processo de seu agressor, ele lhe pergunta o porquê desse gesto absurdo: "Eu não sei nada disso, senhor". O ultraje, a solidão imbuem-no.

De vez em quando, ele não pode deixar de voltar à Irlanda, e sente tantas angústias à noite, povoadas de pesadelos, que seu irmão, para acalmá-lo, deve vir deitar-se junto dele. Aí ainda, dois irmãos...

Os dois homens encontram-se, por acaso, nos bares nas horas de fechamento e caminham, silenciosos, obstinados, desde o Falstaff, na rua de Montparnasse, ou o Rosebud, na rua Delambre. Beckett, o irlandês esculpido pelo vento de sua ilha, os olhos azul-aço lavados pelo mar, sua bebida abrasadora Bushmill e Jameson engolida, e Alberto, que não pode jamais deitar-se, espreitam a aurora. Os dois adoram os pássaros. O pássaro é a metáfora do exílio. Beckett esmigalha torradas para os pardais, e Alberto reconhece seu melro no seu beco sem saída, todas as manhãs.

Chesterton escrevia: "Homens poderiam jejuar quarenta dias pela alegria de ouvir um melro cantar. Homens poderiam atravessar o fogo para encontrar uma prímula".

Uma ternura os ligará para sempre. Sozinhos juntos, do mundo a seus remanescentes, de um personagem a seu resíduo. "O que acontece, o que acontece?" interroga Beckett em *Fim de Partida*. "Alguma coisa segue seu curso". O terror do desconhecido não levará a melhor. "De novo" escreve Beckett em *Cap au pire*.

O rosto emaciado, fogoso, de Beckett, olhar claro sob seus óculos miúdos com aros pretos, aparece frequentemente no seu Décimo Quarto distrito, atrás de Montparnasse, ao lado do rosto magnífico de Alberto, traços torturados sob sua grenha. Quando Beckett, em vias de ficar cego, se queixará a Alberto diante das acácias e suas folhagens cortantes, exclamando, "Eu não posso mais ver essas árvores!", Alberto lhe dirá: "Mas, Sam, é que você as ama em demasia". Os pássaros nidificam até sobre os seixos... Alberto e Sam partilham suas desgraças e os momentos frágeis de sua vida. Os dois estão habituados ao "temor mórbido das esfinges", atormentados pela impotência e a esterilidade.

"É verdade", escreve Rilke, "a experiência vivida pelo artista é na verdade tão incrivelmente próxima da experiência sexual, de seus tormentos e de seu prazer". Desde a explosão da torrente de sua montanha, para Alberto, à ilha batida pelos ventos de Sam, somente uma maternidade a vir por sua obra pode impedir que o desejo deles se torne loucura. Rilke sabe disso: "Em um único pensamento criador renascem mil noites de amor esquecidas".

Man Ray, o surrealista americano de Chicago, Brassaï, o húngaro, Élie Lotar, filho ilegítimo de um famoso poeta romeno, Cartier-Bresson, burguês normando, captam nas suas fotografias as noites de insônia desses andarilhos inveterados, em Montparnasse, sua aparência de vagabundos e a aura vazia de seus rostos.

O apartamento de Beckett dá para a prisão da Santé e ele fita os prisioneiros passando mensagens ao longo do muro nas latas de conserva atadas por um barbante. O bailado dos presos precipita-se...

Nada como no ateliê de Picasso, na rua dos Grands-Augustins, onde o mestre gosta de ver entrar Alberto, o pesquisador de palavras. Ele sabe muito bem que Alberto não lhe fará nem bajulações nem concessões. Os dois artistas, filhos de artistas, sabem do que falam. O ogro sempre precisa preencher seu comedouro. Picasso, acabrunhado pelas cláusulas de um divórcio com sua esposa russa Olga – sua amante Marie-Thérèse acabou de dar a luz a Maya, sua filha ilegítima –, não pinta há seis meses. Seus cinquenta e três anos incendeiam-se pela jovem e bem dotada Henriette Markovitch, fotógrafa de vinte e oito anos, filha de um arquiteto croata. Mais conhecida como Dora Maar, ela acabou de se separar de Georges Bataille. Uma ligação tumultuada vai surgir, e seu fruto, o retorno avassalador de Picasso à pintura.

No Deux Magots, em 1935, no outono, ocorreu seu encontro lendário com Dora Maar. Célebre no meio surrealista, na moda e na publicidade, Dora, próxima de Brassaï, Man Ray, Cartier-Bresson e Jacques Prévert, fascina-os pelos seus estereótipos. A cegueira obceca a rebelde e, nas ruas de Barcelona, de Paris ou de Londres, ela fotografa as crianças pobres, os coxos, os cegos e os indigentes. Nada menos que a beleza a atrai, Nusch, a mulher de Éluard, seu corpo esbelto, seu rosto etéreo, frágil, ameaçado em sobreposição de sua fotografia por uma teia de aranha... "Os Anos nos deixam". Está tão escuro sem o amor.

Sua amiga íntima, a loira Jacqueline Lamba, sua colega de escola nas artes decorativas, dançarina aquática no Coliséum na rua Rochechouart, casou-se com Breton. Dora manda-a aparecer no vão de uma janela, madona vegetal no meio das folhagens.

Paul Éluard apresenta Dora Maar a Picasso. Ela usa suas luvas pretas, bordadas com florzinhas rosa, tira-as e pega uma longa faca que ela crava na mesa, os dedos afastados de suas mãos célebres, manicuradas até o fetiche, unhas púrpuras... De vez em quando, um milímetro falta e o sangue goteja. Picasso, fascinado por seu jogo, todo de ritual sacrificial e de tensão erótica, guardará suas luvas numa vitrine. Ele escreve nos *Cahiers d'art*: "Moça bela marceneira que prega as tábuas com os espinhos das rosas não chora uma lágrima vendo o sangue sangrar a madeira".

Seu rosto oval, sua voz rouca, seus olhos claros, verde bronze indefinível, entre os brilhos celestes e reflexos carregados, sua pele diáfana deslumbram o olhar moreno de Pablo Picasso. Ele toma fôlego, dirige-se a ela em francês e Dora lhe responde na sua língua materna... O amor orgulhoso de Dora, sempre apanhada entre o que é exibido e o que é escondido, nasce.

Militante de extrema esquerda, a ousada reaviva o comprometimento político de Picasso e desencadeia o seu retorno à fotografia, abandonada desde os fotogramas. A hierática Dora não posa: Picasso a possui, conhece-a de cor e sua ligação inspira uma impressionante série de retratos de mulheres sentadas, de mulheres de chapéus e com unhas pintadas de verde. Quimeras, esfinges e criaturas mitológicas desfilam. Êxtase e tempestade se manifestam diante de Alberto. Ele se debate sozinho.

Dora Maar seduziu o mestre brincando com faca. Ele a conduz ao sul, onde as primeiras férias remuneradas maravilham-se com esse casal fascinante, na praia, passeando com o galgo-afegão Kazbek e saboreando pastis[7].

Ela deixa crescer os cabelos à maneira espanhola, como ele gosta, e ele pinta-a com vestido de bolas, ostentando um penteado andaluz tradicional, com mantilha e coroa de flores.

Picasso se viu como Minotauro e Dora vai tornar-se sua Suplicante: ele lhe dá suas lágrimas. Málaga, sua cidade natal, foi invadida. Em abril de 1937, aviões alemães e italianos se unem às forças fascistas do general Franco na destruição selvagem da cidade basca de Guernica, em pleno mercado. Picasso, furioso, dedica-se à sua imensa pintura, encomendada pelo governo republicano espanhol, e termina em cinco semanas. Modelo, espelho, Dora Maar partilha suas emoções da guerra da Espanha.

Dora descobriu um soberbo ateliê na rua de Grands-Augustins 7 que ela aluga para ele no seu regresso do sul, e ela fotografa seu herói. A barbárie política transfigura seu exorcismo e seu desejo sexual: "Escurecia tanto ao meio-dia que se viam as estrelas..." Picasso pinta suas lágrimas de antigo anarquista de Barcelona, na embriaguez amorosa da *Femme qui pleure* (Mulher que Chora). Dora, dominada, fotografa cada etapa de sua criação. Seu Minotauro devora o tempo e eles servem de intermediários um ao outro.

Alberto se encontra frequentemente no vasto ateliê onde os retratos de Dora, traços torturados, empilham-se. Ele sobe a escada íngreme e sombria da célebre novela de Balzac, o *Chef d'oeuvre inconnu* (A Obra-prima Ignorada), inspirada por esse lugar: o pintor Frenhofer, obcecado pelo desejo de representar o absoluto na sua tela, destrói-a antes de se suicidar... Dora, submissa, mas o olhar insolente, a *mirada fuerte*, diz Picasso, unhas laqueadas, sempre, desliza. "Seu corpo que respira com pleno desdém sua glória", segundo o poema dedicado por Éluard, não pode eclipsar a ameaça interrompida, "machado à beira da ferida".

Quando Alberto deixa o casal triunfante, vai ele redescobrir a tirania do fracasso? No seu buraco, ninguém o espera. Logo eles voltarão ao hotel Vaste Horizon em Mougins, com Éluard, Nusch e os Bretons,

---

7 Bebida alcoólica aromatizada com o anis (N. da E.).

almoço à sombra dos caniços e sob a parreira. Alberto jamais conheceu e nem conhecerá essas férias. Ele é do país dos cumes; Picasso, do país dos figos e das guitarras.

Sua crueldade em relação às mulheres intriga Alberto. Após a russa Olga e a doce Marie-Thérèse, antes Françoise, mais nova em quarenta anos, e Jacqueline, o último amor, é Picasso quem brincará com a faca. Ele escreve sua peça de teatro *Le Désir attrapé par la queue* (O Desejo Agarrado pelo Rabo) e destina a Dora um papel, a personagem da Angústia magra. Ele fará de sua companheira morena sua vítima apaixonada, cordata, antes que Dora Adora – assim a chamava Éluard – torne-se, para sempre, a reclusa. Cada um escolhe seus algozes.

Mason dirá numa noite a Alberto, de forma bizarra, sentado à mesa do Deux Magots: "Alberto, eu compreendi por que você sempre tece elogios a Matisse, Braque e Derain. É que você sente ciúmes de Picasso".

O Animal Noturno

Na Espanha, diz Picasso, há missa de manhã, tourada à tarde e bordel à noite. Não é necessário ser um Minotauro para o bordel, Alberto aí vai todas as noites. O Sphinx ressuscita-o. "O que me agrada nas prostitutas é que elas não servem para nada. Elas estão aí, é tudo". Esperar, ver o corpo das mulheres. "Você sobe, querido?" Ele retém sua respiração.

Alberto não pode se cansar de ver. Ele percorre incansavelmente as ruas de Paris, cruza com Brassaï, o emigrado húngaro transformado no olho de Paris, seu outro notívago. "Eu não buscava senão exprimir a realidade, porque nada é mais surreal", afirma o fotógrafo. As prostitutas, plantadas na calçada, as colunas Morris e os urinóis públicos, a Môme Bijou no bar de La Lune, tantas imagens desaparecem sob os bicos de gás.

Mas, especialmente, uma jovem mulher, de riso singular, de uma beleza instintiva e aristocrática, Isabel Nicholas, apareceu na Coupole. Alberto olha-a beber, titilante sob os trinta e dois pilares pintados de caritíades do célebre restaurante. Felina, espetacular, sua liberdade aparenta-a a esses animais exóticos que seu pai, o oficial de marinha, tão frequentemente ausente, contava-lhe dos países distantes. Como não estaria ela identificada com eles, raras lembranças de um pai que ela perdeu aos doze anos?

O luto de seu pai coincide com o nascimento de um irmãozinho com o qual a mãe emigrará para a Austrália. Isabel fica em Londres, onde sua beleza fará dela o modelo preferido de grandes artistas. Epstein, cuja esposa o abastece com inspiradoras, faz-lhe um filho e não cessa de enviá-la a Paris, deixando o filho para trás. É uma Isabel de dezenove anos que chega, e à noite, mesmo jantando na Coupole, se faz reconhecer por Delmer, o correspondente do *Express* em Londres. Ele identifica imediatamente a jovem beleza que inspirou a escultura de Epstein... Isabel, lisongeada, vai iniciar um idílio e tornar-se Isabel Delmer.

Dotada para o desenho, Isabel obteve uma bolsa para a Royal Academy de Londres e não parou de seguir o curso da academia da Grande Chaumière. Ela vive em um luxuoso apartamento na Praça Vendôme, monta um ateliê no pátio e recebe com toda força seus amigos artistas, o que acabará por exasperar seu jovem marido, frequentemente ausente de Paris e encontrando a casa cheia no retorno de suas viagens. Derain faz dela seu modelo.

Perturbado, tremendo diante do esplendor cruel de Isabel, Alberto levará tempo para lhe falar. Ele cruza com ela com frequência na Coupole, fascinado por essa liberdade que ela manifesta. Ele abomina as mulheres pegajosas. O escultor com cabeça de imperador romano, cabeleira insólita, fixa-a. Esta jovem mulher brilha com sua vitalidade e risos. Pensa-se infalivelmente na alegria de Annetta, o enlevo de sua infância. Isabel bebe sem hesitação e fascina-o. Ela tem as cores da Branca de Neve, pele de neve, cabelos de ébano, lábios vermelhos. A formação de um casal, no silêncio e na hipnose amorosa, se insinua no inconsciente de Alberto...

Ele vai fazer dela a escultura imutável de *L'Égyptienne* (A Egípcia). Como não rever uma joia do Metropolitan Museum of Art de Nova York, um fragmento de cabeça real, talvez a Nefertiti em jaspe amarelo... Esses lábios sensuais e carnudos, a boca com comissuras caídas, vagamente assimétricas, deixa adivinhar o sorriso e seu enigma. Lisa, hierática, essa Isabel de 1936 foi aproveitada por Alberto como fera feminina, enfeitada com o mistério e a aura de uma concubina de faraó. Ela tem também esta face triangular, tão tocante no *Objet invisible* que Breton viu vibrar nisso uma víbora...

A plenitude do bronze negro e liso de Isabel testemunha. A maestria total de Alberto exprime a arquitetura de um rosto, as numerosas facetas subjacentes à sua anatomia. Mas é a alma que ele persegue e sua encarnação. Seu busto escapa-lhe, na sua própria perfeição.

Quando o riso gutural de Isabel não ressoa, a Coupole está deserta. Todavia há os amigos, Youki Fleur de Neige, acompanhada por Desnos, Kiki la Gazelle, com seu pescoço que não acaba mais e sua franja negra. Pascin, Derain e Kisling arrastam-no ao Jockey, onde Hilaire Hiles, com o ar aparvalhado sob suas grandes orelhas, toca piano. Claro, Alberto reencontrará logo o assoalho escorregadio separando-o das meninas de família, no templo de suas noites, o Sphinx. Sombras.

Ele esculpirá logo uma Isabel retalhada, prejudicada por sua modelagem, que reúne as cabeças de Diego e de Rita. Sua intimidade se tece nas conversas perdidas e nas sessões de pose. "O ato sexual é no tempo o que o tigre é no espaço", escreve Bataille em *La Part maudite* (A Parte Maldita). Alberto não confessa seu amor.

A Voragem do Minúsculo

Perfeitamente consciente de seu fracasso em revelar o que o fascina, ele vai tentar fazer as cabeças de memória e eis que elas se tornam pontudas. Impossível não se rememorar os obstáculos de seu passado: as minúsculas peras de outrora vão provocá-lo de novo, depois de ter tentado até o desespero reencontrar o modelo do pai? Ele se precipita numa incompreensível população de anãs.

"Querendo realizar de memória o que eu já vira, para meu espanto, as esculturas tornavam-se cada vez menores, elas não só eram semelhantes quanto pequenas, todavia essas dimensões me revoltavam; e, incansavelmente, eu recomeçava, para chegar, após alguns meses, ao mesmo ponto".

Este desperdício vai obrigá-lo ao desaparecimento: suas esculturas tornam-se tão miúdas que um golpe final de canivete pode levá-las à extinção, reduzi-las à poeira. Diego, embaraçado, vê nascer as anãs de seu irmão para celebrar a semelhança.

"Eu não tenho culpa disso. Era em 1937", prossegue Alberto. "Como era sempre impossível executar uma cabeça, eu quis fazer personagens inteiros, eu os começava grandes assim (Giacometti mostra o comprimento de seu antebraço), eles tornavam-se assim (a metade do polegar)... Era diabólico".

A sirena da filiação ressoou, e com que veemência! Alberto, obcecado pelo tamanho natural do pai, vai nos fazer assistir, por esses nós e esses trançados do inconsciente, ao retorno de suas peras do minúsculo. Anunciavam elas este reino do ínfimo, que ele vai prolongar até a extremidade dele mesmo? Após a ordem do pai, a sua própria. Seu minúsculo se faz talismã, mas ser e nada se tocam, se forçam. Não impede que ele passe cinco anos nisso.

Durante toda a guerra, ele se absorverá nessas esculturas sem comprador. "Trabalhando todos os dias, não fazendo nada mais", precisa ele. As vacas magras deixam-no ainda insatisfeito. É a miséria.

Nostos, ou o Retorno:
O Verão de 1937

Alberto ficou transtornado com uma tela de Derain, percebida por acaso na vitrine de uma galeria: três peras, em um imenso fundo negro. Do acaso, ele fará o grande ritual de sua vida.

Nostos, em grego, significa retorno e *algia*, sofrimento; a bela palavra nostalgia implica o sofrimento e o declínio da terra natal. Alberto só conhece uma viagem, seu retorno ao ninho, aos rostos amados de Stampa, de ateliê em ateliê... Tudo está aí.

Annetta dedica-se às tarefas, onipresente, amante. Ele quer surpreendê-la, sossegá-la, tranquilizando-se ele próprio.

Possuído pela visão da natureza morta de Derain com fundo negro, Alberto vai retomar os pincéis paternos. Sua mãe está sozinha de agora em diante. O quarto de dormir paterno, abandonado por Annetta, pouco após a morte de seu esposo, tornou-se o de Alberto. Ele dorme na grande cama com encosto esculpido, sob o autorretrato de Giovanni: nesta mesma cama, ele foi concebido.

Exposições em Paris e em Bâle celebram o trigésimo aniversário da morte de Cézanne. Alberto não teme competir com as maçãs de Cézanne, nessa breve estação no lago de Sils. Cézanne quisera surpreender Paris com uma maçã, e conseguiu.

Cézanne compreendeu o poder dos objetos. "Eles se correspondem insensivelmente em volta deles por íntimos reflexos, como nós através de nossos olhares e de nossas palavras... É Chardin, o primeiro que pressentiu isso, que matizou a atmosfera das coisas..." Quem, melhor que Alberto, pode apreender esta emanação, melhor que Diego, tão sensível e reservado? Entre eles, uma palavra circula, vinda da casa materna: "é bonito". Este "bonito" sempre me surpreendera na boca de Diego. É uma expressão de Stampa, desta admiração tão cara a Alberto que vai nele desencadear os choques de sua criação.

Cézanne elegeu as maçãs. Ele vê sua "melancolia", "nos reflexos que elas trocam: a mesma sombra morna de renúncia, o mesmo amor pelo sol, a mesma lembrança de orvalho, um frescor". Ele não as deixa a sós, cerca-as de jarros, de cestos colocados sobre uma toalha. Na sua primeira exposição na galeria Vollard, Huysmans reconhece-as essas "maçãs brutais, grosseiras, construídas com uma colher de pedreiro, reviradas pelo balanço do polegar". Degas, arrebatado por um pequeno óleo representando sete maçãs, "o encanto desta natureza de selvagem refinado", comprou a tela.

Cézanne confessava olhar essas maçãs com tal intensidade que elas iam, parecia-lhe, "sangrar".

Alberto escolheu a solidão da maçã.

"Havia, sobre o bufê de minha mãe, do que fazer uma bela natureza morta: uma xícara, pratos, flores e três maçãs. Mas era tão impossível pintá-la inteira quanto esculpir uma cabeça ao natural. Então, eu tirei a xícara, os pratos, as flores. Mas você já tentou ver três maçãs simultaneamente a três metros? Então, eu tirei duas. E a terceira eu tive de reduzi-la, porque era ainda demasiado para pintar". Aqui, já não há construção no espaço, esta única maçã, minúscula, sobre a bandeja do bufê, contra a madeira e a parede, torna-se soberana na solidão, e no seu ser. Alberto atinge a verdade?

Ele compra continuamente maçãs de uma velha prima, especialista em primícias, queixando-se amargamente que elas sejam demasiado caras. Um dia, quando ele tiver se tornado famoso, sua fornecedora replicará: "Escuta, eu dou-as gratuitamente a você, mas em troca de um desenho..."

Depois Alberto faz o retrato de sua mãe. A obra-prima. A poderosa matrona eclipsa *Madame Cézanne*. Nem superfícies, nem volumes alteram a presença, o face a face com a *Mère de l'artiste* (Mãe do Artista), seu corpete preto, a grande quantidade de seus cabelos embranquecidos, como a neve. Annetta Stampa usa o nome da aldeia, antes do nome do pai, e encarna-o. Longe, bem longe da tela colorida de Giovanni, apresentada em Zurique, onde a encantadora jovem morena, grávida de Diego, segura, no seu flanco um Alberto enfurecido por ter sido desmamado do seio bem-amado de sua mãe e brandindo sua mamadeira. Annetta brilha com todas as suas luzes de hoje: nenhuma ruga, nenhum comando lhe faltam. Sua aura inexaurível, seu filho lhe devolve, fascinado por sua força. Ei-lo a sós com ela, sua salvação, seu amparo. Mas também a austera e imperturbável matrona coroada pelas neves e pelas certezas não pode afastar seu imoderado Alberto de sua liberdade, mais vital ainda. Irreprimível.

Aquele que se tornará o grande retratista do século desenha, então, seu *Autoportrait*: mesmos traços, mesma massa de cabelos. A semelhança fantástica entre esses dois seres salta aos olhos. Mas o olhar separa os dois inseparáveis, a possessão da mãe, a busca do filho se afirma. Inexpugnáveis.

Stampa, Maloja: nas casas de família, Alberto vem reencontrar o ateliê natal. Seu lugar de descanso de energia criadora torna a mergulhá-lo nas origens, tal como Rimbaud nos *Déserts de l'amour* (Os Desertos do Amor): "Emocionado até a morte, pelos murmúrios do leite da manhã e da noite dos séculos passados".

O drama está próximo. Ottilia, grávida, regressou à casa de Maloja. Alberto, encantado, tamborila sobre o ventre de sua irmã: "Eu o sinto, eu o ouço!" Ottilia, aconselhada, recusa a cesariana, para fazê-lo nascer pelo meio natural. Após quarenta e oito horas de dores, ela dá a luz em Genebra a um menino, Silvio, no mesmo dia do aniversário de Alberto: trinta e seis anos, no dia 10 de outubro de 1937. Ottilia aperta seu filho nos seus braços. Infelizmente ela vai morrer cinco horas mais tarde.

Diego e Alberto adorarão seu sobrinho, o único Giacometti herdeiro do nome, uma vez que Bruno também não terá filho.

Alberto desenha sua irmã morta, no seu bloco escolar de apontamentos, com dor no coração, mas sem os sobressaltos nem a paralisia sofridos com a morte do pai.

Alberto jamais abandonou o desenho. Na volta, ele faz esboços de mulheres de pé, nuas, com os quadris de deusas de fertilidade, mas os braços colados ao corpo. Sobra aquele que elas não tomam nos seus braços.

"Eu Perco Pé"

Uma outra deusa sobrepõe-se a Annetta, sua mãe-montanha: a fragilidade. É ela que conduz Alberto aos limites do inefável. Seria mal conhecê-lo a imaginar seu desenraizamento do minúsculo... Ele o encontra, sua essência, seu encontro de amor com suas criaturas talismânicas, às voltas com a angústia, mas que ele não rejeitaria por nada no mundo.

Tateando, ele se viu ainda como cego na sua noite. Nada transparecia. Cabeças e figuras tornam-se cada vez menores. Ele as arruma conscienciosamente numa caixa de fósforos.

"As esculturas não eram somente semelhantes, mas também pequenas e, todavia, essas dimensões me revoltavam…" Incansavelmente, ele recomeça.

Os Delmer voltaram a Londres, mas Isabel, desesperada por ser separada de seus amigos artistas, vai posar para Alberto. Eles cruzam uma noite com Picasso, jantando com Dora Maar, na cervejaria Lipp. O casal fala em espanhol, Dora bebe suas palavras. Picasso demora-se na sua primeira palavra, "piz, piz" para pedir um lápis à sua mãe – lápis se diz *lapiz* em espanhol – e continua no seu impulso: "Aos doze anos eu sabia desenhar como Rafael, mas eu necessitei de toda uma vida para aprender a pintar como uma criança". Depois ele se põe a fixar afrontosamente Isabel, mergulhando seus olhos nos dela: "Eu, eu sei como fazê-la!" O mesmo é dizer que ele sabe como fazê-la ter prazer! Pablo Picasso, esse homenzinho robusto com olhar negro e mãos curtas julga-se tão amante quanto pintor. As dificuldades sexuais de Alberto chegaram a seus ouvidos: sua ejaculação difícil, até mesmo impossível. Picasso termina… Não há melhor sarcasmo perto. Maldito seja o baixinho! Desde que Alberto vira as costas, sua voz forte diminui: "Alberto quer nos fazer lamentar as esculturas que ele não é capaz de fazer".

Picasso fará vários retratos de Isabel, de memória, alterando-a, deformando-a entre seus insultos convulsivos do rosto humano, e fá-la aparecer como predadora, o que ela talvez seja: uma devoradora. Os escrúpulos de Alberto lhe são estranhos.

Em Alberto, tudo é simbólico. Os atos precedem o sentido, e ele vai viver na sua carne o que o desviará em direção ao olhar humano, para sempre. Nesta tarde de outono, Isabel posa no seu ateliê e, diante de seu modelo imóvel, Alberto gira sobre si mesmo. "Olhe como se anda bem com as suas duas pernas. Que maravilha!" Poder rodar de um pé ao outro vai adquirir uma repercussão prometeica. Seu pé, nesta mesma noite, ele vai correr o risco de perdê-lo.

Caminhando desde Saint-Germain-des-Près, onde eles jantaram e encontraram Balthus, para conduzir Isabel a seu hotel, na rua Saint-

-Roch, ele tenta exprimir-lhe que sua relação sem saída, de ver por ver, desmoraliza-o. "Eu perdi o pé". Palavra fatídica para aquele que nunca transpôs a soleira do seu quarto, as trevas das palavras de amor. Ele deixa-a novamente, na porta do hotel, antes de distanciar-se, infeliz, na escuridão e na solidão. Alberto acabou de completar, nesse outubro, trinta e sete anos.

Mal chegou sob as arcadas da rua de Rivoli, ele sobe numa pequena calçada, na praça das Pyramides, onde Joana d'Arc, mirabolante sob sua armadura, brande seu estandarte e cavalga seu cavalo de batalha com tamancos de ouro. Um carro dá uma guinada a toda velocidade diante da virgem guerreira e dourada e derruba-o antes de ir arrebentar-se contra uma vitrine. Alberto tenta recuperar seu sapato arremessado longe; tentando recolocá-lo, ele é mal sucedido, seu pé direito está inteiramente luxado. A dor o trespassa. Que demônio se apoderou da maravilha da qual ele elogiava a Isabel os prodigiosos poderes? Mover, mexer, apoiar-se para girar e viver.

Por qual premonição anunciou-lhe: "Eu perco pé"? Como se uma perda incomensurável o espreitasse, para mutilá-lo, torná-lo inválido. Castrá-lo. No carro de polícia chegado ao local, ele é carregado com a motorista americana e, embriagado, conduzido ao hospital Bichat. Seu pé enfaixado apertado lhe dói, mas ele se sente liberado de sua obsessão em romper com Isabel. A vida tomou a iniciativa, decidiu por ele. Subitamente, tudo é simples.

Ele chega a encontrar Diego, através de Jean-Michel Frank, porque uma enfermeira de boa vontade aceita avisar e Diego chega logo, acompanhado por Adolphe Chanaux, o assessor de Frank. Alberto é transportado à Clínica Rémy de Gourmont e confiado ao doutor Leibovici, eminente cirurgião.

O diagnóstico de esmagamento do metatarso direito com dupla fratura não necessita senão de um gesso. As jovens e belas enfermeiras mimam Alberto e Isabel corre à sua cabeceira. Ela virá frequentemente trazer-lhe, rindo, suas novidades de Montparnasse, as provocações de dândi de Aragon acompanhado por Elsa, sua esgrimista de olhos azuis, seus lábios lendários alcunhados "órfãos de guerra", as assombrosas aparições de Artaud, lábios enegrecidos pelo láudano, Savonarole no La Coupole, emaciado, desdentado e amaldiçoando o gênero humano, os últimos trejeitos de Tzara, o dândi dos Cárpatos, monóculo no olho e cravo na lapela. Tristan Tzara, "cujo riso é um grande pavão", zombava Soupault, nascido Samuel Rosenstock, na Romênia – Tzara quer dizer "terra" em romeno. Alberto ri e desenha, assim que ela parte, com os lápis e o papel trazidos por Diego. O carrinho das enfermeiras fascina-o, suas duas grandes rodas atrás e as duas pequenas na frente, para transportar os medicamentos de um quarto ao outro, enquanto as garrafas tilintam no seu compartimento de aço.

Uma semana mais tarde, um gesso mais pesado vai permitir-lhe consolidar seus ossos, e ele é autorizado a voltar para casa, com muletas. Ele sente crescer-lhe asas.

Seus reencontros com o minúsculo demoram... Para grande prejuízo de Diego, Alberto torna a mergulhar nas suas figurinhas invendíveis, incompreensíveis, e as vê diminuir novamente... O acidente o liberou de uma decisão iminente de ruptura com Isabel: ele a julgava perdida, a realidade deles trouxe-a de volta.

O que pareceria a um outro uma enfermidade encanta-o. A retirada de seu gesso não será seguida de nenhuma reeducação nem de massagens prescritas. Ele se apodera da nova bengala com prazer e manca. Ele quase gostaria desse sinal do destino. "Pés, por que eu preciso de vocês, se tenho asas para voar?", exclamava Frida Kahlo, martirizada pelo seu colete de ferro. Furioso quando Peggy Guggenheim, vindo ao ateliê, recusa suas "cabecinhas gregas", segundo ela, que tira de seus bolsos, e se apodera de sua última escultura surrealista, *Femme étranglée* (Mulher Estrangulada). Alberto desafia sua exposição de 1938 e se recusa a participar dela. Peggy e seus óculos em forma de estrela desenhados por Arp nem sempre vê claro... A herdeira das principais minas de cobre do planeta, e sua "educação judia novaiorquina a perecer de tédio", segundo os termos de seu próprio neto, não pode comprar Alberto. "Eu me contive", dirá ela de si mesma, "não comprei senão um quadro por dia".

Seu apetite sexual será mais importante. "–Você teve quantos maridos, lhe perguntará um jornalista. – Depende, os meus ou os das outras?" Ela se orgulhará de ter tido treze mil amantes. Tanguy figura em primeiro lugar, mas não Samuel Beckett, de quem ela ficará enamorada em vão. Logo ela fará passar Max Ernst, ameaçado pelos acontecimentos na América. Ele renunciará a ela, tão logo tenha chegado.

Toda criação é uma guerra, mas o combate de Alberto defronta-o ao nada. Ele faz as delícias de Sartre, que ele encontra no Flore. O filósofo esqueceu sua carteira e pede-lhe para acertar sua despesa. Paga a conta, sua conversa noturna não cessou tão cedo. "Eu não faço senão desfazer", explica ele a Sartre, fascinado por sua obstinação pelas próprias fronteiras do ser.

O Prometeu da Fragilidade

Os acontecimentos precipitam-se, a Checoslováquia invadida pelos nazistas, a Albânia atacada por Mussolini, tornam a Suíça preocupada em reafirmar sua neutralidade. Uma exposição nacional deve ocorrer no verão de 1939, em Zurique, e Bruno Giacometti, entre os arquitetos designados e chamados a escolher obras de arte, apela a seu irmão para expor uma escultura no pátio central do pavilhão.

Quando Alberto chega a Zurique, o organizador lhe mostra o caminhão pronto para partir, para ir buscar sua escultura na estação. "É inútil", responde-lhe Alberto, "eu a tenho comigo". Ele tira de seu bolso, para espanto geral, uma grande caixa de fósforos contendo uma figura de cinco centímetros de altura, para colocar, segundo ele, sobre o grande pedestal, no centro do vasto pátio.

Diante da consternação de Bruno, Alberto perdeu a paciência, gritando que seu irmão ofendia-o pela lamentável falta de fé no seu trabalho. Graças à mediação de Diego, uma escultura abstrata de 1934, da qual ele realizara a moldagem, foi enviada a Zurique.

A caminhada na diminuição, na precariedade, vai se tornar longa e não se faz sem lembrar as deambulações dos heróis cansados de Beckett. Beckett também é um gênio da coincidência. Mas ele diz de si mesmo: "O que vocês querem, eu não posso nascer... São todos semelhantes, eles se deixam todos salvar, eles se permitem nascer".

Os exércitos alemães atacavam a Polônia. Alberto e Diego deixaram Maloja para se apresentarem diante da autoridade militar em Coire. Diego foi destacado para um batalhão. Alberto, dispensado devido à sua claudicação, seu pé direito inchado e deformado, reencontraria seu irmão somente na licença de Natal. Isabel permanecia bloqueada em Londres.

As jornadas trágicas não iam mais tardar. Jean-Michel Frank apressou os dois irmãos para encontrá-lo em Bordeaux, de onde eles embarcariam para os Estados Unidos. Eles ainda hesitavam, entretanto Alberto, auxiliado por Diego, fez um buraco no ateliê para enterrar, envolvidas nos seus leves sudários, suas pequenas cabeças e suas figurinhas minúsculas.

Isabel, de passagem por Paris, Alberto suplicou-lhe para não ir embora, porém a ocupação da capital ameaçava. Ele veio, à véspera de sua partida, despedir-se no hotel. Ao pedido dela de posar para ele, ela se deitou nua na cama. Alberto realizou vários desenhos, depois eles se uniram. Fora-lhes necessário nada menos que uma guerra... Isabel tomou seu avião no dia seguinte.

Diego desta vez não hesitou mais: um tandem para ele e Nelly, uma bicicleta para Alberto. "O que vou fazer de minha bengala?", afligiu-se Alberto. "Deixe-a", ordenou-lhe Diego. E eles se puseram em marcha, na esperança de embarcar em Bordeaux, como Frank lhes tinha posto na cabeça.

Os aviões roncavam, Étampes ardia, braços humanos, membros arrancados, carcaças de cavalos e de cadáveres perseguiam o percurso dos três ciclistas. O êxodo permitiu-lhes chegar a Moulins, com o fedor dos corpos em decomposição. Era preciso voltar a Paris, aonde eles chegaram em 22 de junho, dia do armistício entre a França e a Alemanha. O ateliê estava intacto.

Alberto reencontrou sua bengala bem-amada, da qual ele podia perfeitamente abster-se e se pôs a destruir, à noite, seu trabalho do dia. Simone de Beauvoir, assombrada, escreveu a seu amante americano Algren para descrever-lhe seu encontro com o artista e sua admiração. Esta virtuosidade às avessas, frágil como o amor, faz notar ao Castor: "Ele tentava fundir a matéria até os extremos limites do possível". Sua lembrança ocupa lugar em *La Force de l'âge* (O Vigor da Idade): "Na primeira vez que as vi, suas esculturas me desconcertaram. Era verdade que a mais volumosa tinha apenas o tamanho de uma ervilha".

Este repisar obsessivo da matéria até que ele arranque o brilho de uma semelhança conduz Alberto à vertigem. Ele não confiava, aliás, em Simone de Beauvoir que "durante toda uma época, quando ele caminhava nas ruas, era-lhe preciso tocar com a mão a solidez de uma parede para resistir à voragem que se abria ao lado dele".

"Todas as minhas estátuas acabavam por atingir um centímetro. Um empurrão e upa, sem estátua". Da diminuição ao desaparecimento, a matéria se ausenta, já não há semelhança, mas a fragilidade última da figurinha quebra-a, torna-a sempre mais vulnerável. É preciso invocar a sombra imensa e aterradora das Jovens Moças de Pádua, o enigma de seu tamanho que o esmagava quando jovem?

"Uma grande figura era para mim falsa e uma bem pequena era do mesmo modo intolerável e, em seguida, elas se tornavam tão minúsculas que, frequentemente, com um último golpe de canivete, elas desapareciam na poeira".

Diego dedica-se ao trabalho, desenha frascos de perfumes e acessórios, e sua habilidade é tal que Alberto insiste para seu aperfeiçoamento nas moldagens de gesso. O amor pelos animais conduz Diego a pequenas esculturas animalistas sobre as quais Alberto não poupa elogios. As primeiras esculturas autônomas de Diego nascem.

Sua separação está próxima. O racionamento e o toque de recolher proíbem Diego de deixar Nelly sozinha, e Alberto reencontrará a mãe. Ele pediu autorização para ir ter com ela em Genebra, onde ela cuida do neto órfão de Ottilia, junto de seu genro, o doutor Berthoud.

No último dia de validade da autorização, 31 de dezembro de 1942, Alberto deixa a contragosto Paris, certo de para aí voltar dentro de dois meses. Diego e o amigo Gruber conduzem-no ao trem e, na plataforma da estação, ele lhes faz a promessa de voltar com esculturas de uma dimensão "menos ridícula".

A Separação

Diego foi sempre o filtro entre a fatalidade e a mão de obra, para Alberto. E a separação vai pesar com toda sua carga, porque Alberto não conseguiu obter sua autorização para voltar. A aura benéfica de seu irmão não brilha mais sobre ele.

Sozinho, no quartinho mais miserável que ele pôde achar, no lúgubre Hotel de Rive, tão mal afamado quanto sem conforto, bem no alto da escada onde ele vai erguer saco de gesso após saco de gesso para ir ter ao terceiro andar – cama de ferro, velho aquecedor de porcelana fora de uso, mesa grosseira e duas cadeiras. O banheiro e uma torneira de água fria estão no corredor e a água congela nos jarros. Três anos e meio vão se passar neste cenário.

Teria sido impensável para Alberto instalar-se no apartamento burguês de seu cunhado, onde ele visita sua mãe todos os fins de tarde.

Uma nuvem de gesso impregna suas roupas, seus cabelos, invade seu rasto por onde passa com impressões fantasmagóricas. Annetta espalha jornais no chão e na poltrona, antes de sua chegada.

Tudo continua. Pontas, migalhas, poeiras e lâminas de gesso acompanham seus detritos. Pode-se sempre resistir à verdade, ela volta. O escultor renunciou ao modelo e trabalha de memória com seus nus tão minúsculos que ele recua cada vez mais diante dos detalhes, até o desaparecimento. Graças às sucessivas reduções, o corpo se exclui, a cabeça sobrevive...

O coro antigo das figurinhas colocadas sobre a pia do quarto do Hotel de Rive, em Genebra, assusta a mãe. Mas sem Diego, Alberto está entregue aos seus demônios. "Em 1940, para meu grande terror, todas as minhas estátuas acabam inexoravelmente por atingir um centímetro..."

Ele molda um desconhecido palpitante sob suas mãos: um desconhecido de amor, entre todos sagrado. Da fragilidade ele fará sua divindade e passará do desaparecimento à aparição. Do ínfimo ao infinito. Mas Alberto, o demiurgo, ainda não o sabe, mergulhado na zona sem piedade de sua luta no labirinto do minúsculo. Ele coloca-o sobre o pedestal, duplo pedestal, para que sua figura bem-amada viva. Aqui começa.

Annetta, a matrona impassível nas certezas, coroada pelos elogios e pelos sucessos de seu filho em Paris, põe-se a odiar as anãs. "Seu pai nunca fez nada semelhante". Ele volta à carga inutilmente: "Você não sabe a que ponto elas me desagradam e me perturbam". Essas figuras, sempre mais próximas da extinção, desprezam-na. Alberto não tem nenhuma consideração. Um flagelante respira nele. A águia déspota, dirá Char.

"Você se afasta cada vez mais depressa dos vivos. Logo eles vão riscar você da sua lista.

— É o único modo de participar das prerrogativas da morte.

— Quais prerrogativas?

— Não morrer mais."

Kafka o sabe, também.

Apoiado na sua bengala, a qual Annetta declarou que ele não tem nenhuma necessidade, Alberto deixa sua mãe na estrada Du Chêne em favor da cidade, do Café du Commerce e dos bares noturnos. Já não há Montparnasse em Genebra, mas essas senhoras circulam na rua Neuve-du-Molard. Chez Pierrot, na Mère Casserole, o Perroquet, onde dezenas de papagaios pintados nas paredes negras divertem-se. Quando uma operação de limpeza chega, o escultor semeado de branco não tem nada a temer da polícia. "Aquele não". Decididamente, ele não inquieta senão sua mãe.

Annetta reduz as despesas e protesta diante de seu pedido de depositar-lhe uma soma correspondente à herança paterna. Entre os Giacometti, o dinheiro não era o que prevalecia, mas brigas explodem. Entre o casal amante da mãe e do filho, dirigem-se novas Erínias: as figurinhas. Com uma obra do tamanho de um fósforo, Alberto quer produzir a emoção que inspira uma divindade. "Você não vai ensinar-me o que é arte", indigna-se Annetta. Aqueles dois se amam. Eles se agridem.

Como as nuvens de cinzas descem rapidamente as encostas do vulcão, Alberto persiste e subscreve. Ele busca sua deusa, tateando. Como ele poderia adivinhar que ele fará surgir, destas pequenas criaturas talismânicas, uma população portadora de tamanho normal, mulheres tornadas imensas, povo de sentinelas guardião da condição humana?

Etna do amor. Altamente inflamável, até mesmo incomensurável, Alberto, na sua efervescência tóxica, está impregnado de tal calor. Nessa crise abominável da dimensão, o que repete ele? De repente ele tem a intuição, a revelação: a visão de Isabel, pequenina ao longe, surgindo do bulevar Saint-Michel, à meia-noite, diante dos imóveis concentrados e negros, nesta noite de 1937. É ela, sua figurinha. Era necessário que ela o atormentasse em seu exílio?

Sempre essa necessidade de se referir à realidade para ousar ceder à sua visão. Sua visão de Isabel, à distância, mergulhada nas trevas, no coração negro do céu, exigia o afastamento, a colocação sobre um pedestal e a nudez.

A presença do efêmero cativa Alberto: é ele que Alberto quer apanhar, para fazê-lo durar, reconhecê-lo. "Nós somos os convidados da vida", a grande fórmula de Heidegger, Alberto repete-a com frequência. O visto, nele, tomou o lugar do concebido. Robert Bresson, o cineasta consagrado pela encenação do desejo, falava do "poder ejaculador do olho". Inacessível amor… Entre o próximo e o longínquo, está em jogo toda a sexualidade.

A austeridade da família Giacometti, a rigidez calvinista, pesam sobre a volúpia carnal. Rilke escrevia a Émile Verhaeren: "Por que nos devolveram nosso sexo apátrida em lugar de transferir para aí a festa de nossos poderes íntimos?" Como esquecer que Rilke, ele próprio, também se deteve em Engadine?

Édipo com o Pé Ferido, o Romance Íntimo de Alberto

O instante de graça no amor, é Diego que o tem, não Alberto. Desfrutá-lo é difícil, ele não pode "acabar" e se queixa disso. As prostitutas encantam-no porque elas não lhe pedem tanto.

Todas as suas figurinhas são concebidas como nus. Suas esculturas continuam minúsculas, com exceção de uma, no ateliê de seu pai, que ele ocupa no verão de 1943 em Maloja: *Le Chariot* (O Carrinho). A mulher, nua, mantém os braços ao longo do corpo, pés juntos, sobre o pedestal maciço. Ele a repousa sobre uma plataforma, com uma roda em cada canto. As rodas quebradas de um brinquedo de Silvio, este sobrinho que Alberto ama cada vez mais. O último abraço de Ottilia moribunda a seu recém-nascido ainda vive nele. Ele o modelará também sobre um duplo pedestal. De seu primeiro esboço do *Chariot*, anunciando um movimento sobre rodas da mulher, ele vai logo fazer uma obra-prima.

A visão, mesmo assim, já ocorreu: o carrinho das enfermeiras, que ele viu na clínica. Ele ainda manca e Annetta revolta-se. Em vão. Os quarenta anos de Alberto aureolam-se de fracassos. Esfarrapado, empoeirado, suas figurinhas no bolso, ele vagueia, apoiado numa bengala. A ausência de Diego torna-se para ele incomensurável. Seu pé doente torna-a ainda mais cruel.

O pé, sagrado, desde as grutas pré-históricas até as calçadas de Hollywood, onde as glórias modernas de Sunset Boulevard deixam suas impressões. Na Ásia, esculturas monumentais e pinturas dos pés de Buda ornam-se de suásticas e de flores de lótus. Os bouddhapada, pegadas do Iluminado, protegem e, entre os muçulmanos, na Meca e nas mesquitas, a marca dos passos de Maomé é venerada. Os pés estimulam a potência do ser, permitem manter-se de pé e dirigir-se para o céu. Na *Bíblia*, se o homem perde o pé, perde a energia de suas raízes celestes. A serpente o "atingirá no ponto fraco", anuncia o *Gênese*, na sua fraqueza, na sua falta de base, no seu desenraizamento divino. Os pés de Cristo, raízes puras, Maria Madalena despeja sobre eles perfume e suas lágrimas, e Alberto afeiçoou-se ao *Déploration du Christ* (O Lamento do Cristo), de Botticelli, desde a infância.

Os pés, raízes doentes do homem ferido, terão uma importância fantasmática considerável na obra de Alberto: pés disformes mágicos e pesados, suportes de seus homens que caminham. Uma floresta de transposições vai crescer. Mas, sem Diego, Alberto é vacilante. Este exílio dura demais, torna-se tóxico. Não pode enfrentar sua febre. A raiz é a morte, quando ela é cortada. Diego era sua raiz.

Jean-Michel Frank morto, o dinheiro falta desesperadamente. Alberto não pode nem mesmo comprar mais balas para Silvio, ou pagar seus cafés da madrugada... Ele discorre sempre muito, encontra o editor Skira, seu amigo, nos seus gabinetes ou no Café du Commerce, para beber e discutir horas, até a aurora. Skira lhe adianta dinheiro, porém quase não pode suprir seu estilo de vida miserável, por mais modesto que seja ele.

Annette

No outono de 1943, numa noite de outubro, na Brasserie Centrale, um amigo levou uma jovem para jantar. Vinte anos, a gola de pele do seu casaco erguida até os olhos, tão sombrios que lhe consumiam o rosto. Ela morava nos subúrbios de Genebra, e teve de partir a fim de tomar o último ônibus. Alberto lhe propôs permanecer no hotel De Rive, e ela decidiu telefonar à sua mãe para preveni-la. Alberto acompanhou-a ao telefone e ouviu-a mentir descaradamente. Sua ousadia chocou-o.

Ela se chamava Annette – prenome premonitório para Alberto, aquele de sua mãe bem-amada. Jamais, de modo algum, ela poderia adquirir o "a": o "a" de Annetta lhe faltaria para sempre.

Annette Arm definhava no seu meio familiar, no Grand Saconnex: seu pai, professor, e sua mãe vivem nos prédios da escola com seus três filhos. Esperta, Annette sabe o que quer... E contra todas as expectativas, com seu ar de sonsa e sua graça, ela sairá de seu pandemônio.

Alberto chama-a "a pequena", e ela torna-se realmente sua pequena. Seu riso ilumina a sórdida mansarda onde ele se esforça em vão, dia após dia, desesperado com o fracasso, entre suas figurinhas cada vez mais minúsculas. Frequentemente elas lhe escapam entre os dedos, enfraquecem-se e tombam. Seu golpe de canivete supera sua agonia.

E no seu terror... A palavra mágica de Cendrars, "Tudo o que ele amava e abraçava se transformava em cinzas", assenta a Alberto como uma luva.

Pequenas no tamanho, grandes na proporção, visto que na sua distância, a partir da visão de Isabel, suas figurinhas transpõem todo o espaço em volta delas. Sua diminuição faz realçar a enormidade de seu pedestal. Seu amigo, o poeta Jacques Dupin, esclarece-o admiravelmente: pela primeira vez Giacometti dissocia a dimensão e a proporção. Esta desproporção acentua sua distância. Logo ele brincará com sua descoberta e a usufruirá, atenuando-a, claro. Esta relação da figura e do pedestal, isto é, do personagem e de seu espaço, traduzirá o distanciamento... A misteriosa mimese de sua realidade virgem, próxima, tão próxima de nós, e ao mesmo tempo distante, está a caminho.

Annette trabalha um bocadinho nos escritórios da Cruz Vermelha e encontra seu escultor eriçado, coberto de gesso até a raiz dos cabelos, deixando um rasto branco por toda parte onde ele manca. Alberto ainda não é célebre, muito longe disso. Mas ele a tira instantaneamente da mesquinhez doméstica, familiar. Sua linguagem cativa-a, e não é por falta de atormentá-la um pouco, com as "damas" e o resto. Ele faz que ela avance diante dele, dando-lhe bengaladas nas pernas e grita-lhe, para irritá-la: "Em frente, ande!"

A proprietária do hotel simpatiza com ela e deixa-lhe uma mansarda gratuita, enquanto Alberto trabalha. Saco de gesso após saco de gesso, ele transporta também a ilusão na escada miserável. Annette passa as noites em claro com ele no calor das falas, no café, entre Skira, o editor experimentado, atento, o pintor Roger Montandon e os outros. Ela escuta.

Ela logo escutará os "grandes" deste século, Sartre, Simone de Beauvoir, Balthus. Lipp vai seguir-se, mas ela não sabe nada disso ainda. Todavia, com esta intuição feminina que a caracteriza, ela se preocupa com seu escultor que vai voltar a Paris. Ela não tem senão um desejo, segui-lo, mas a questão não é essa. Alberto não vai direto ao assunto e diz-lhe claramente, o que só faz atiçar um pouco mais sua esperança de retê-lo. O embrião resiste e não se desprenderá tão cedo.

O que aconteceu vai ocupar todo o sonho de Annette e seus vinte anos.

Finalmente a libertação de Paris chegou, e Alberto esperou impacientemente a liberação de seu visto de retorno. Tão logo obtido, ele anunciou sua partida, e Skira ofereceu um jantar em sua honra. "Vocês verão", assegurou ele à senhora Skira, "minhas estátuas estarão maiores quando vocês forem vê-las…" A mesma promessa feita a Diego, na plataforma do trem em Paris, não mantida.

Porém Alberto não partia ainda… Diego se deslocou várias vezes em vão para ir buscar seu irmão na estação, depois de ele ter anunciado sua chegada iminente. Curiosamente, Alberto pediu a Annette um empréstimo para deixar Genebra, e não a Annetta, sua mãe. A pequena condescendeu. Não era senão uma despedida.

No dia 17 de setembro de 1945, Alberto tomou o trem noturno para Paris, o mesmo que ele tinha tomado, vinte e três anos mais cedo. Sozinho.

E Diego?

Diego tinha substituído seu irmão por duas recém-chegadas em sua vida: uma aranha e depois uma raposa fêmea. Para o resto ele comeu o pão que o diabo amassou, sem alimento, sem combustível para se aquecer e sem dinheiro.

Mas em uma manhã de primavera, ele foi fascinado pela teia tecida por uma aranha diante da porta do seu quarto, perto do medidor de gás. Ele impediu com grande dificuldade o empregado do gás de arrancá-la. O fio delicado, seguro, mantido por cem outros, milagre aracnídeo, perturba-o.

A tessitura mágica tornou-se a senhora de seus pensamentos e Diego se pôs a atrair as moscas num pires, para entregar, à aranha, as vítimas com geleia, uma coisa bem rara e cara nesta época de racionamento. A aranha se pôs a engordar e suspendia as moscas excedentes, não podendo engoli-las todas, embaladas nos seus fios de seda no teto, como presuntos numa charcutaria italiana. Diego, fascinado, dava-lhe sempre mais, até ela morrer de velhice. Ele recolheu religiosamente seus despojos empoeirados, se bem que ela tivesse se tornado um farrapo. A resplandescente ilusão tinha substituído Alberto.

Era preciso também alimentar Nelly, demasiado preguiçosa para trabalhar. Ele tinha-lhe achado um emprego na Maison Guerlain. As mulheres eram realmente maçantes, boas para se apegar aos homens, sem perguntar-lhes nada mais. Os dois irmãos eram no fundo tão misóginos tanto um quanto o outro. Ele teve que vender um desenho de Picasso dado a Alberto para subsistir e pegou um trabalho numa pequena fundição, na rua Didot, onde tornou-se um ás das pátinas.

Diego me contou que, ao se dirigir à Guerlain, na Champs-Élysées, para entregar lustres e luminárias encomendadas para o instituto de beleza, ele encontrou a loja requisitada por Goering... O marechal promovia a destruição de todos os sabonetes *L'Heure bleue*. Ainda ouço sua voz: "Você sabe, essas coisas..." Ele procurava a palavra: "Sa-bo--ne-tes". Não sobrou nenhum...

Todo dia, Diego passava na rua Hippolyte-Maindron para verificar o ateliê de Alberto e o seu, bem em frente, alugado antes da guerra ao vigia do prédio arruinado, Tonio Pototsching, um suíço; Tonio vivia com uma porteira, Renée Alexis, que fazia o trabalho para ele. Ele se pusera a colaborar com os alemães e fugiu diante da reviravolta dos acontecimentos.

Um vizinho de Diego tinha sido preso pela Gestapo, deportado e torturado. Ele voltou de Auschwitz depois da libertação do campo, com uma pequena raposa domesticada lá. Ele a mantinha acorrentada, o que indignou Diego. Diego adorava os animais e censurou-o por tornar essa exilada uma prisioneira para sempre, longe, tão longe de sua estepe natal. O antigo deportado ofereceu-lhe a raposa.

Diego instalou-a no ateliê e chamou-a de Mademoiselle Rose. Ela era livre para circular entre os dois ateliês, mas Diego cuidava de fechar a porta que dá para a rua. Foi uma história de amor. Mademoiselle Rose, de pelagem dourada, fazia gracinhas para Diego, que lhe ensinara também a representar a morte... Com os olhos fechados, as mandíbulas entreabertas, ela se deixava virar e revirar por Diego sem dar sinal de vida. "Você morreu, você morreu", ria ele. Mas à menor indiferença de seu dono bem-amado ela pulava para apertá-lo e mordiscar-lhe o pescoço. Sua intimidade só era interrompida pelos visitantes. A intrusão na sua lua de mel de jogos, de audácias e de ternura assustava a raposa. Mademoiselle Rose precipitava-se então numa cova que ela escavara sob um monte de gesso. Ela escondia aí as pontas de carne que Diego lhe dava. Seu cheiro rescendia, acre e intenso, sem incomodar seu dono apaixonado e solitário.

Assim, Diego substituiu Alberto. Primeiramente por uma aranha, mágico tecelão, depois por uma raposa dourada, com a cauda em penacho, amante e exclusiva.

Numa manhã, mais uma vez, Diego inutilmente deslocara-se à estação de Lyon para buscar seu irmão após a chegada de um telegrama. No meio da tarde, Alberto entrou no ateliê, com a mala na mão. Os dois homens se abraçaram.

Tudo estava como Alberto tinha deixado, em dezembro de 1941, seu canivete onde ele o tinha posto, pequeno guarda do coração. Porém um odor nauseabundo lhe desafiava as narinas, uma intrusa tomara o lugar, seu lugar. A pobre raposinha, um pouco desorientada por esses reencontros, não sabendo o que fazer, mantinha-se entre esses dois extremos racinianos. O arrebatado Alberto não disse nada, o que não era da sua natureza e manteve um silêncio de morte, diante das explicações de Diego. No dia de seu retorno, ele não podia fazer-lhe uma cena.

Diego lhe recomendou, chegando a noite, que deixasse realmente fechada a porta da passagem para a rua, única proteção para Mademoiselle Rose, e foi jantar com Nelly, despreocupado. Alberto ia reencontrar seus hábitos noturnos.

No dia seguinte de manhã, voltando cedo, Diego achou a porta entreaberta... Mademoiselle Rose tinha desaparecido. Mademoiselle Rose de Auschwitz, sem tambor nem trompete, tinha sido libertada por um misterioso voluntário.

Lera Diego *Bonequinha de Luxo*, de Truman Capote? "Não se prenda jamais a uma criatura selvagem... um falcão com uma asa ferida, um lince com uma pata quebrada. Mais você faz por ela, mais ela retoma forças até que ela se recupere o suficiente para voltar aos bosques ou escalar uma árvore, depois em uma árvore mais alta e finalmente é o céu".

Para Alberto, a história de amor de seu irmão não podia mais durar. Quem mais senão ele abrira a porta? Furioso, infeliz, Diego não se deixou enganar e não o esqueceu jamais. Ele reconstituiu os traços finos da raposa num candelabro barroco que ele produziria para os cinquenta anos de Alberto e em tantas de suas esculturas. Seu romance íntimo sucedia-se, paralelo. Seu mundo era o dos animais, ele deixava o outro, o dos humanos, para Alberto. Aliás, ele não se separaria mais de uma gata.

"Como você a chama?", perguntei-lhe um dia a propósito da gata rainha do lar. Ela tinha direito à única poltrona, a sua, com sua manta de viagem no cômodo onde eu o encontrava: "Oh, Minou, Minou". Ele lhes dava sempre o mesmo nome. Um pote de iogurte vazio esperava, com leite, sobre a bancada no meio de seus instrumentos de trabalho.

A bronquite de Alberto abrasava novamente o ateliê. Ele fumava sem parar, trabalhando. Suas criaturas infinitesimais transportadas em caixas de fósforos pavoneavam-se, sua única descendência. Ele queimara todos os seus desenhos antes de deixar Genebra. A bengala, pouco a pouco, soltava sua presa.

Isabel

A partir daquele crepúsculo de junho em que eles se disseram adeus, cinco anos antes, Isabel lhe escrevera. Ela morava em Londres com Constant Lambert, o compositor e maestro, por quem havia deixado seu marido. Mais velho que ela, Constant Lambert mancava e servia-se de uma bengala. Os dois bebiam muito.

Alberto tinha respondido a Isabel que ele esperava para ir ao seu encontro para poder anunciar-lhe uma superação no seu trabalho. Esta necessidade onipotente de atingir "uma inevitável dimensão" chocava-se sempre com a redução. Mas quando Alberto pediu a Isabel para vir viver com ele, ela aceitou.

Um quartinho sobre dois cômodos, no prédio deteriorado na esquina da rua Hippolyte-Maindron e da rua Moulin-Vert, modesto, ao lado daquele da senhora Alexis, um banheiro comum no fim do corredor, acolheu o novo casal. O fogo de palha ia se apagar em três meses apenas. Isabel não era uma mística.

Tailleux, o pintor e amigo, o felizardo pai de uma menina na Bretanha, no dia de Natal decidiu celebrar o acontecimento na mesma noite na casa de sua mãe, na rua do Bac. Todos os artistas vieram ao encontro. Um jovem músico, muito belo, René Leibowitz, campeão de vanguarda, fugiu com Isabel, que pegou seu casaco e seguiu-o. "Essa não!", exclamou Alberto, com sua voz de pedra. Isabel voltou somente para buscar suas coisas. Ela não veria as primeiras folhas sobre os sicômoros... Alberto se conformou a isso. Mais uma, além da raposa, fugira. As devoradoras não mais perturbariam o dueto dos irmãos.

Exceto que... "a pequena" escrevia sempre a seu escultor. Curiosamente, Alberto lembrou-se bruscamente de um par de calçados que lhe havia agradado, numa vitrine de Genebra... O que era mais íntimo, nesta circunstância, para o coxo, do que se calçar? Ele mandou uma carta a Annette, descrevendo-lhe com todos os detalhes o modelo desejado, o tamanho apropriado e o endereço. O pacote deveria ser remetido para Skira, depois confiado a Roger Montandon, o jovem pintor residente em Paris. Tudo estava escrupulosamente anotado e previsto.

Assim foi feito. O pacote chegou ao ateliê através do mensageiro Montandon, espantado ao ver Alberto explodir furioso, quando ele o abriu: não era o par que ele tinha pedido! Ele proferia injúrias contra Annette, essa idiota, que não servia para nada, e precipitou-se para fora, sem mesmo tê-los experimentado, para jogá-los na lata de lixo. Estarrecido pela explosão de Alberto, já tão pobre e que se privava ainda mais ao desfazer-se desses calçados luxuosos, nesses tempos de austeridade, Montandon não queria acreditar no que via e ouvia. A cena transformava-se em psicodrama. Uma maldição tinha tomado o lugar do mensageiro. Alberto, fora de si, tossia, escarrava, gritava, como se tivesse sido mordido por uma cobra.

Cruelmente desfalcado deste par de calçados do qual ele esperava desfrutar, Alberto faz pensar neste "objeto transicional", descrito entre as crianças por Winnicott, brinquedos ou pedaços de cobertor indispensáveis para seu ajustamento subjetivo, mediação necessária entre o "interior" e o "exterior". Toda a potência do fetiche decorre disso, proteção imperativa.

Não há necessidade de um adivinho para compreender a injúria que lhe fez Annette. Ao invés de calçar os sapatos desejados, de moldá--los a seu pé, Alberto se acha trapaceado por sua jovem namorada. O pacote devia aproximá-los um do outro no dia seguinte ao desapareci-mento de Isabel, trazer-lhe esta volúpia entrevista em uma vitrine... Os sinais surgem e desaparecem sem mais nem menos.

Alberto entrando no seu ateliê, rua Hippolyte-Maindron. © Pierre Vauthey/Corbis-Sygma.

Diego no seu ateliê, rua Hippolyte-Maindron, Paris, 1983. © Martine Franck/Magnum Photos.

1945-1956
A Ereção

Sobre esta redução, nascida da visão de Isabel, bem pequena, à meia-noite no bulevar Saint-Michel, com o imenso escuro das casas acima dela, ele se explicou junto de Pierre Dumayet. Voz acentuada e atormentada. Alberto segurava no vão de sua palma uma minúscula escultura, de dois centímetros apenas.

"Além disso, ela está estragada, há uma perna que está partida, mas se vê um pouco o ventre e os seios... Ademais, não somente ela é pequena, esta mulher, mas está danificada, não somente ela é pequena, mas ainda pretende parecer-se com alguém; além disso, para mim é um retrato.

– Quem é? perguntou o jornalista.

– Era uma amiga, uma inglesa."

Staël fala admiravelmente dos estragos "do gênio às avessas". No ateliê onde ele se suicidou, sobre a tela, seus dois *Concerts inachevés* (Concertos Inacabados): uma poltrona, um piano de cauda, uma grande quantidade de estantes de música e de partituras. Ele vai mergulhar no bojo vermelho de seu último violoncelo.

Porém Alberto vai reencontrar seus ritmos.

Por qual milagre? Um acaso transformado em destino, como de hábito.

A Iluminação

O momento revelador espera-o, no bulevar Montparnasse. Um quase irmão de seu bulevar Saint-Michel, onde a visão de uma Isabel minúscula, imersa na noite, tinha-o perturbado. É em uma noite, indo ao cinema, que o choque se produziu. Os trabalhos forçados de Alberto, ligados à sua figurinha, iam desaparecer. Mas deixemos Alberto falar, no limite do tempo, desse misterioso tempo, particular a cada um, dos momentos fecundos de uma vida.

"E então de repente houve uma cisão. Eu me lembro muito bem, era nas Atualidades, em Montparnasse, primeiramente eu não sabia mais exatamente o que eu via na tela; ao invés de figuras, transformavam-se em manchas brancas e negras, isto é, elas perdiam toda significação, e ao invés de olhar a tela, eu olhava os vizinhos que tornavam-se para mim um espetáculo inteiramente desconhecido. *O desconhecido era a realidade em volta de mim* e não mais o que se passava na tela! Saindo, no bulevar, *eu tive a impressão de estar diante de alguma coisa nunca vista, uma mudança completa da realidade... Sim, nunca vista, desconhecida total, maravilhosa"*.

Esta palavra maravilhosa, ele a pronunciara na frente de Isabel, todo entregue à sua felicidade de caminhar, rodopiando nas duas pernas, justamente antes do acidente.

"O bulevar Montparnasse assumia a beleza das *Mil e Uma Noites*, fantástica, totalmente desconhecida... e ao mesmo tempo, o silêncio, uma espécie de silêncio inacreditável. E então isso estendeu-se".

A dimensão do ínfimo, "equivalente em profundidade à imensidão das montanhas", escreverá Bonnefoy, abandona-o. Pela primeira vez ele se separa da visão fotográfica ou cinematográfica. As imagens olhadas pelos espectadores do cinema não lhe falam mais, somente

SUA realidade conta. Ele encontrou, após esse périplo infernal que o conduziu aos limites do desaparecimento, o sentido tão recusado e posto em questão de sua visão.

"Eu, eu comecei a querer representar o que eu vi no mesmo dia... *Eu jurei a mim mesmo não mais deixar minhas estátuas diminuírem nem um centímetro*". Esse juramento a si mesmo, ele pode de agora em diante manter. Fazer-lhe frente. Sua visão decidiu isso, único árbitro e incorruptível para permitir-lhe despontar. *Nuit* (Noite) nasce: frágil figura solitária, pés separados, sem rosto, no seu pedestal.

De manhã, Diego retoma a vigilância. A exultação de seu novo ser domina Alberto.

"Eu tenho um sistema nervoso que é como o do astracã", confiava Cocteau na morte de Radiguet. O ópio, só ele, o acalmava. Alberto tem Diego. Diego, pronto a tudo para interromper este ciclo de destruição vivido por Alberto na sua carne. Ele sabe o preço terrível que paga. E ele possui agora todos os meios à disposição para ajudá-lo e obedecê-lo: gessos, pátinas não têm mais segredo para ele. Nenhum grão de poeira que não tenha sua alma, nos Giacometti. Diego conjura, trabalha, tranquiliza. Entre o remido e o perdido, a gruta de sua memória e a respiração de seu ateliê, o meio termo continua a ser Diego, irmão de trabalho, se assim existe.

"Turbina", dizia Derain. É pelo desenho, em 1945, que tudo recomeçou. Alberto desenhou Diego, claro, Sartre, Aragon, pintou o retrato de seu amigo Tériade, o editor de *Verve*, realizou os bustos de Simone de Beauvoir, Marie-Laure de Noailles e Picasso. Na passagem de seus dedos na massa da terra, a transmutação prossegue.

O Alongamento

Após os paroxismos do minúsculo, seu talismã, não seria preciso crer que as coisas seriam evidentes. Mas uma nova convicção apareceu. A insurreição da matéria provoca-o, sua efervescência iguala sua necessidade.

O desenho leva-o a querer realizar figuras grandes, nus, "mas então, para minha surpresa, elas não eram semelhantes senão na altura e na magreza". Os novos Giacometti são testemunhas de um adelgaçamento extremo das figuras. Ele está em pé de igualdade com seu desbaste, quase filiforme, o achatamento da cabeça e sua redução, enfim, a amplificação volumosa dos pés, esses portadores das raízes de nosso ser.

Sabe-se da paixão de Alberto pela arte primitiva e sua linguagem mágica. Ele trabalha dia e noite. O tamanho não disse sua última palavra. Sequências de energias prodigiosas, meteoros apanhados por Diego, atravessam sua vida e dão corpo a um novo mundo. Mas escutemos Alberto: "A violência me abala na escultura... A escultura das Novas Hébridas é verdadeira, e mais que verdadeira, porque ela tem um olhar". Desde que ele saiu do cinema, onde habitualmente não se exibia nada, a realidade surpreende-o como nunca e fá-lo aceitar sua visão própria. "E nesse momento eu experimentei novamente a necessidade de pintar, de fazer escultura, visto que a fotografia não me dava de modo algum uma visão fundamental da realidade". O processo anuncia uma milagrosa fecundidade.

O inverno de 1946 foi rigoroso: sem carvão para aquecer o ateliê. Alberto mal comia, sem atender à precariedade de seu estômago. A única plenitude que lhe importa, sua criação, lhe dita sua essência: a magreza acompanha a alta estatura de suas figuras, quase exclusivamente mulheres. Ele as coloca de pé.

A Chegada de Annette

Na Páscoa, Alberto voltou a Genebra para visitar sua mãe, e a estadia foi marcada por um acontecimento considerável: pela primeira vez, Annette posou para ele.

Annette vivia com o único desejo de ir a Paris, e ela abriu-se com Alberto. Sem dúvida, ele não a convidou a encontrar-se com ele, mas ela tinha atravessado um grande obstáculo tornando-se seu modelo. Como essa jovem provinciana ia conviver com os íntimos de Alberto, enfim, célebres, como Balthus, Georges Bataille, Sartre? Ele não diz não. Dócil, obstinada, a pequena levou a melhor sobre a estatueta. A abertura afetiva da ausência de Diego tinha-lhe aberto o caminho em direção ao alojamento miserável onde Alberto vegetava no hotel De Rive.

Nenhum conserto fora feito no conjunto arruinado onde vivia Alberto, mesmo se o pseudogerente, Tonio Pototsching, tivesse voltado de sua fuga, com uma sacola de dinheiro, para o Leste, magro, estafado, sofrendo de um câncer de fígado e sem mais sacola junto de Renée Alexis para que ela cuidasse dele. O hotel De Rive não tinha intimidado a pequena, então o ateliê... Era realmente a última preocupação de Alberto, que não mudaria em nada seus hábitos.

No dia 5 de julho de 1946, Annette Arm chegou. Alberto não estava na plataforma para esperá-la, e chegou atrasado na estação. Ela vestia saia cinza e blusa branca, Diego achou-a modesta, agradável. Nem ele nem seu irmão suportavam as pessoas pegajosas, a pequena poderia ser filha deles e não seria demasiado incômoda. Alberto levou-a ao café de Deux-Magots, onde eles encontraram Picasso e Balthus.

Logo a bela Patricia Matta, a esposa americana e afortunada do pintor chileno Matta, grande admiradora de Alberto, tomou-a sob sua proteção, com Simone de Beauvoir, cheia de comiseração, e as duas deram-lhe antigos vestidos ou casacos. Inúmeras noites, Annette jantava um pedaço de pão e um pouco de camembert. Alberto tinha-lhe encontrado trabalho à tarde, como secretária junto de Georges Sadoul, velho amigo surrealista e historiador do cinema. Frequentemente, Annette adormecia no café, e Alberto não ligava, mas havia nela uma resistência granítica. Não vivia seu sonho?

Tonio Pototsching se decompunha, no quarto vizinho ao de Alberto e de Annette. Seu câncer de fígado corroía-o. Às três horas da manhã, no dia 25 de julho, ele exalou o último suspiro e Renée Alexis, desnorteada, veio procurar Alberto no ateliê, certa de encontrá-lo acordado, no trabalho. Mas deixemos Alberto falar.

"Jamais cadáver algum me parecera tão inútil, miserável escombro a se lançar num buraco como os restos de um gato. Os membros esqueléticos, esticados, afastados, projetados longe do corpo, a enorme barriga inchada, a cabeça atirada para trás, a boca grande aberta. De pé, imóvel diante da cama, eu olhei esta cabeça transformada em um objeto, uma pequena caixa mensurável, insignificante. Neste instante uma mosca aproximou-se do buraco negro da boca e desapareceu lentamente no interior".

A visão sensibilizava Alberto com todas as suas fibras, este retorno do cadáver que tanto impressionara sua juventude, à cabeceira de Van Meurs. Ele ajudou Madame Alexis a vesti-lo "da melhor maneira possível, como se ele tivesse de se apresentar diante de uma brilhante assistência, um baile talvez, ou partir para uma longa viagem. Eu levantei sua cabeça, abaixei-a, mexi-a como um objeto qualquer, para lhe dar o nó de sua gravata. Ele se encontrou curiosamente vestido: tudo parecia como de costume, natural, mas ele não tinha nem cintura, nem suspensórios e nem sapatos. Nós o cobrimos com um lençol, e eu voltei a trabalhar até de manhã".

O esforço de Alberto ao respeitar a preparação do morto pertence realmente ao filho de Annetta de Stampa, provinciana e ritual. Seu ritmo não muda apesar disso e ele volta ao ateliê transformado na sua única matriz. Não junto de sua jovem companheira.

Na noite seguinte, voltando ao seu quarto, Alberto percebeu que não havia luz. Ora, sua exigência em manter a lâmpada acesa não se modificara em nada com a chegada de Annette na sua intimidade.

Impossível calar o episódio de terror que vai sobrevir: as palavras de Alberto tornam-no lancinante. "Annette, invisível na cama, dormia. O cadáver estava ainda no quarto ao lado. Esta falta de luz me foi desagradável, e estando prestes a atravessar nu o corredor que conduz ao banheiro e que passava diante do quarto do morto, eu fui tomado por um verdadeiro terror e, mesmo não acreditando nisso, eu tive a vaga impressão de que Tonio estava por toda a parte, em todo lugar, exceto no lamentável cadáver sobre a cama, esse cadáver que me parecera tão inútil; *Tonio não tinha mais limites e, no terror de sentir sua mão gelada tocar meu braço, eu atravessei o corredor com um imenso esforço, voltei a deitar-me e, com os olhos abertos, eu falei com Annette até a aurora. Em sentido contrário, eu acabava de*

128

experimentar aquilo que eu tinha sentido alguns meses mais cedo diante dos seres vivos".

A Morte no Rosto dos Vivos

Após o momento iniciático no cinema de Montparnasse, Alberto se dá conta de que sua visão do mundo fora fotográfica, como ela o é para quase todos. Seu começo, tanto tempo esperado, faz dele o espião da sombra. Daquilo que ele, Alberto, vê.

"Eu me pus a ver cabeças no vazio, no espaço que as cerca. Quando, pela primeira vez, eu percebi claramente como uma cabeça que eu olhava podia se fixar, imobilizar-se definitivamente no tempo, eu tremi de terror como nunca na minha vida e um suor frio me escorreu pelas costas. Não era mais uma cabeça viva, era um objeto como os outros que eu olhava, ou antes, aquilo que não se assemelhava a qualquer objeto, mas a alguma coisa que estaria ao mesmo tempo *viva e morta. Eu lancei um grito de terror, como se tivesse ultrapassado um limite, como se entrasse num mundo jamais vislumbrado. Todos os vivos estavam mortos".*

A visão vai se repetir. No metrô, na rua, no restaurante, súbita e infalível. "O garçom da cervejaria Lipp paralisava-se, no momento em que ele se inclinava na minha direção, a boca aberta, os olhos parados numa imobilidade absoluta". Não somente as pessoas, mas também os objetos se confundem: mesas, cadeiras, roupas, mesmo as árvores e as paisagens... Revelação e exultação surpreendem em Alberto o cego que foi, segundo suas próprias palavras. Sua visão recém-nascida desencadeia um ciclo todo-poderoso no seu ser.

Os Sonhos de Alberto ou
os Frutos do Inconsciente

Skira vinha frequentemente a Paris. Num sábado de outubro de 1946, ele convidou Alberto e outros convivas para almoçar. O assunto abordado, o diário íntimo, apaixonou Alberto, que propôs começar um no mesmo instante... Sua narrativa da morte de Tonio, ainda recente, foi imediatamente recrutada por Skira para o próximo número de *Labyrinthe*.

No mesmo dia, às seis horas, Alberto soube que seu bem-amado Sphinx e outros bordéis, por decisão da Assembleia Nacional, iam desaparecer. Ele correu para o bulevar Edgar-Quinet.

Seu almoço copiosamente festejado e sua emoção diante da notícia acentuaram seu arrebatamento para este último encontro... Ele deixou o Sphinx, convencido de aí ter apanhado uma infecção, mas bem longe de tomar as medidas necessárias, ele mergulha numa passividade ambígua, esperando os sintomas que não deixariam de se produzir. "Antes eu senti vagamente que a dor poderia me ser útil, trazer-me certas vantagens, se bem que eu não soubesse quais".

Ele participou nessa mesma noite à sua jovem companheira sua convicção de ter sido infectado, e Annette se pôs a rir. Estranha reação para Alberto, que não podia deixar-se enganar pelas marcas de pus amarela aparecidas em uma folha branca e gelada. Annette pediu para ver. Sob a inevitável lâmpada acesa velando seu sono, Alberto teve um sonho, tão obsessivo que ele transcreveu-o imediatamente ao despertar. O sonho é um estranho ateliê de restauro. "Mas a maior parte dos sonhos começam porque há em nós ímpetos que sopram e destroçam todos os muros", escreveu Truman Capote.

"Aterrorizado, eu percebi junto de minha cama uma enorme aranha marrom e peluda cujo fio ao qual ela se segurava levava a uma teia estendida bem acima do travesseiro. – Não, não, eu gritava, eu não poderei suportar a noite toda semelhante ameaça acima da minha cabeça, mate-a, mate-a".

O tamanho da aranha negra lembra a escultura gigante que Louise Bourgeois tinha chamado *Mama*, terrível visão do pedículo religando a cabeça ao abdôme, inoculador de veneno pelas redes ventrais.

Alberto acreditou despertar no sonho, e, procurando-a involuntariamente com os olhos, percebeu, como estatelada sobre um monte de terra e de restos de pratos, uma aranha amarelo-marfim, bem mais monstruosa que a primeira, mas lisa, coberta de uma carapaça, com longas patas finas, lisas e duras. Aterrorizado, ele vê a mão de sua amiga aproximar-se e tocar a carapaça da aranha, sem medo. Annette acaricia-a. "Gritando, eu afastei sua mão e, como no sonho, eu pedi para matar o bicho. Uma pessoa que eu ainda não percebera esmagou-a com um longo cajado ou uma pá, batendo violentamente, fazendo ranger as partes moles esmagadas..." Uma velha governanta resmungona à procura da aranha perdida. Ele vê então sobre um fragmento um nome da espécie indicando a raridade do exemplar que ele destruiu, e querendo evitar o mau humor de seus anfitriões colecionadores, sai no parque com o prato contendo os restos. "Eu fui a um pedaço de terra arada oculta por um matagal ao pé de um declive e, certo de não ser visto, joguei os restos num buraco que eu pisei dizendo-me: a carapaça vai apodrecer antes que se possa descobri-la".

A aranha negra e peluda, depois a aranha loira e preciosa refletem fatalmente o sexo da mulher, voraz. Ele lhe assusta tanto... As aranhas fêmeas devoram com frequência o macho, menor, após o acasalamento. Um outro que pode enfrentá-la, fazê-la desaparecer, com a ajuda de um grande bastão, o pênis masculino do qual ele se sente destituído. O buraco bem-amado da infância, o esconderijo supremo onde ele escondia os restos de sua infração, como outrora seu pedaço de pão, de Stampa a Veneza, não o salva do olhar de seus anfitriões colecionadores, que lhe passam por cima, a cavalo. Ele enterra, eles montam.

Seu despertar, inundado de suor frio e encharcado, não pôde acalmá-lo. Sua toalha de rosto pendia numa cadeira, aterradora de silêncio e de imobilidade. Ele teve a impressão, ainda, de vê-la pela primeira vez, suspensa sobre um oceano de vazio... Esta toalha participante da solidão humana. Os pés da cadeira pareceram-lhe não mais tocar o chão. O vivo e o morto se abeiravam, na sua visão simultânea do ser e do nada, como se ele tivesse tido a revelação disso, no cinema de Montparnasse.

Após seu almoço com Roger Montandon, a quem ele narrou seu sonho, tão detalhado, Alberto foi consultar o incorrigível doutor Fraenkel, no outro extremo de Paris. Desta vez o homem da arte não podia enganar-se de diagnóstico, a menos que ele estivesse alucinado. A infecção venérea era evidente, e ele prescreveu sulfamidas. Saindo do consultório, Alberto foi à farmácia central de Montmartre; em seguida, deixando-a, com seus tubos de remédios na mão, ele notou um pequeno café cujo anúncio exibia diante de seus olhos: Au Revê (No Sonho). O destino intervinha sempre, para o supersticioso.

Tudo reviu, nessa estranha coincidência. O quarto contíguo ao seu, no pavilhão ao fundo do jardim em ruínas, onde Tonio, amarelo marfim – a cor da aranha loira e a do pus –, aparece já estranhamente longínquo. Ele o vê, às três horas da manhã, morto, esquelético sob seu ventre inchado, a cabeça jogada para trás, a boca aberta. A realidade da morte interpela-o, novamente, a realidade do cadáver, iniciático, que tanto o perturbou à cabeceira de Van Meurs e repete-se, com intervalos fatídicos.

Assim que retornou, naquela tarde, Alberto se pôs a compor *Le Rêve, le Sphinx et la mort de T* (O Sonho, o Sphinx e a Morte de T), o texto tão lúcido sobre suas fantasias, destinado a Skira e a seu *Labyrinthe*. Seu diário íntimo, o mais íntimo.

Essa visão de um morto selou sua vida. O trauma, tornado endógeno, acrescentou-se à experiência pessoal de Alberto para sempre ligada ao desaparecimento, à anulação do ser: atroz ambiguidade que desfigura a realidade, torna-a vulnerável e sobrevivente. A ameaça se afirma sobre cada rosto humano e a hierática feminilidade dos modelos-mulher de Alberto encontram uma dimensão de eternidade como se somente esta última pudesse apaziguar o drama em suspenso...

A espessura da aranha marrom, a densidade dos pelos evocadora dos pelos do púbis da mulher, a aparição da aranha amarela e de sua carapaça, peça de coleção, sua cabeça e a acuidade da pata, avançada, alucinam-no. Ele se revê, ele que enterra no seu sonho os restos da aranha amarela, num outro prado, cercado por um matagal no limite de uma floresta...

Alberto volta ao anúncio, destinado, buscando-o, em seguida, no templo de Paestum onde o homem surgiu. As dimensões do templo, o homem tornando-se gigante entre as colunas, devolvem-no à dimensão de suas cabeças, às diferenças de objetos de seres vivos. Sentado no seu café de Barbès-Rochechouart, ele toma finalmente a medida de um tempo que não caminha contra a corrente, do presente ao passado, mas realmente de um tempo circular, incluindo sua história em uma simultaneidade dos acontecimentos: o sonho com a aranha, o pus, a curiosidade de Annette, o enterro dos restos do inseto maldito, do pão da infância e do pão no canal de Veneza, após a morte de Van Meurs, a morte de Tonio, seu cadáver vestido, e as cabeças imperturbáveis no vazio. "A liberdade de começar por onde eu quisesse, partir, por exemplo, do sonho de outubro de 1946 para chegar, depois de toda uma volta, a alguns meses mais cedo diante dos objetos, diante de minha toalha".

Desde 1921 e sua abertura na sua vida, em outubro de 1946, ele contou incansavelmente a cena, mas não pôde escrevê-la. "Somente hoje, através do sonho, através do pão no canal, tornou-se possível mencioná-lo para mim pela primeira vez".

Estamos nós tão longe, com a multidão das aranhas, resistente para Alberto desde o desenho da mulher-aranha suspenso por uma tacha noutros tempos sobre sua cama, do povo errante das Amazonas, lunar e noturno, de Osiris despedaçado e lamentado por uma mulher, da embriaguez assassina das Bacantes, e do sangue escorrendo de Adonis, sob a matilha dos cães de Pentesileia? Alberto se alimenta dos mitos desde a adolescência e de suas visões inacabadas e insaciáveis das prostitutas que ele ama.

Na sua grande quantidade de esforços, de incertezas e de dúvidas, de renúncias, de remissões e de achados, Artaud e sua "paisagem de romance de terror, todo trespassado de relâmpagos", como o definia André Breton, adquirem sentido para Alberto. Artaud também se separara de seus amigos surrealistas, publicando *À la grand nuit, ou le bluff surréaliste* (A Grande Noite, ou o Blefe Surrealista). André Gide evocava assim as mãos de Artaud: "Mãos de quem se perde, estendidas em direção ao inatingível socorro, torcidas na angústia, narrando a abominável miséria humana, uma espécie de condenação eterna, sem evasão possível senão num lirismo alucinado".

Artaud não escreve senão por angústias e exalta "sua impossibilidade". A exibição que Artaud realiza nas palavras, Alberto a esculpe. Ele crê, também, nos "aerólitos mentais, nas cosmogonias individuais". Entre risos e desafios, a criação nasce de uma privação vital íntima, para tornar-se uma odisseia mental no singular, salva do naufrágio. Artaud brada: "Eu não amo os poemas do sustento, mas os poemas da fome".

Artaud via no seu próprio patronímico a contração de ARThur RimbAUD. Ele clamava sua fidelidade a Lautréamont, "morto de raiva por ter querido, como Edgar Allan Poe, Nietzsche, Baudelaire e Gérard Nerval, conservar sua individualidade". O mergulho no inferno de Artaud, entre manicômios e eletrochoques, passando por "este tipo de patife do Dr. L.", referindo-se a Jacques Lacan, que o teria declarado "obcecado", perdido para a criação, é ele tão diferente do mergulho noturno de Alberto no seu querido Sphinx e outros locais de prostituição, de onde ele volta torturado e pálido, ao amanhecer? Se não houvesse Diego na saída, o interino do dia, o guarda da alma, o responsável pela imunidade... Se não houvesse Diego para desenhar-lhe com o dedo sobre a bandeja de poeira da mesa sua ordem fraterna: "Você me faz isso". Manicômios, ateliês, onde se ocultam forças geológicas.

Artaud foi encontrado morto, no manicômio de Ivry, "em uma manhã nascente", como ele escrevera dois anos mais cedo sobre Lautréamont. Ele tinha publicado *Van Gogh, le suicidé de la société* (Van Gogh, o Suicida da Sociedade), morto aos trinta e sete anos com um tiro de espingarda no ventre. Sobre seus corvos pintados, dois dias antes de sua morte, Artaud disseca "esse negro de trufas, esse negro de festim de ricos e ao mesmo tempo excrementício das asas dos corvos surpreendidos pela claridade descendente do fim do dia".

Desde o coro das estatuetas-eríneas, sobre a pia de seu quarto no hotel De Rive, em Genebra, Alberto recua mais diante dos detalhes até o desaparecimento... Ele passou do terror à admiração do bulevar Montparnasse. Seu modelo é o desconhecido.

Porém, exorcismos vão liberar Alberto de sua longa, tão longa caminhada na angústia, para permitir-lhe uma nova fecundidade.

Em 1947, *Nez* (Nariz) et *Tête sur tige* (Cabeça em uma Haste) nascem. Este nariz alucinatório que aponta da gaiola, é bem aquele de Van Meurs moribundo, em seguida morto, que tanto o aterrorizou. Já faz mais de vinte e cinco anos, a idade da maioridade de um homem, desde sua descoberta da fragilidade e da precariedade da vida, eminentemente transitória, visto que ela é capaz, de um momento para o outro, de precipitar-se no nada. Nariz tão longo que sua protuberância se reveste de um simbolismo fálico excessivo. A tromba maldita, esse troféu de seu medo, toma a virulência dos crânios supermodelados da Oceania, tão caros a Alberto desde sua juventude.

Tête sur tige não é outra coisa senão a verdade escancarada do cadáver. Não mais a agonia, mas a libertação para Alberto, finalmente exorcista dele mesmo, por esta terrível conjuração de sua escultura, pequena cabeça contorcida e seca, caída sobre seu prego de ferro, impressionante gesso que Ernst Scheidegger fotografará. O aniversário da morte de Van Meurs, pelo aniversário da morte de Tonio, desencadeia em Alberto as mesmas palavras: "Eu olhei esta cabeça transformada num objeto, em uma caixinha, mensurável, insignificante". Não apenas ele não enterra mais, no esconderijo do buraco, mas ele exibe seu pungente fetiche.

Instantes básicos da transmissão de seu trabalho, de sua presença no mundo, iniciada por esses traumatismos terríveis que o tinham mantido prisioneiro. Sua *Main*, perturbador apelo, onde alguns viram um memorial do êxodo e de seus membros retalhados, parece realmente mais o próprio instrumento de sua renovação. *La Main* (A Mão), com cinco dedos afastados, intactos – como esquecer o dedo que falta a Diego? –, esta mão mágica responde, enfim, à sua exigência mais secreta, a de deixar o rasto no deserto do tempo.

Nus de mulheres de pé, cujo tom ousado deixa visíveis as asperezas. *Homme au doigt* (Homem com o Dedo) ou *Pointing Man* ergue-se nu, braço erguido, dedo estendido indicando a direção, no impulso e na sequência, pênis visível pela primeira vez e talvez a única; *Homme qui marche* (Homem que Caminha), gesso fotografado por Patricia

Matta, transformado em bronze entre as mãos de Diego. Os dois irmãos trabalham de mãos dadas.

A exposição Giacometti na galeria Pierre Matisse foi inaugurada em Nova York na segunda-feira, dia 19 de janeiro de 1948. Uma bem-aventurada segunda-feira, após tantas semanas, meses e anos de bloqueio. Foi um sucesso. Pouco depois Patricia desposava Pierre Matisse.

Dentre as obras escolhidas para figurar na sua exposição, Pierre Matisse desejava também um *Buste de Picasso*, fênix para os americanos. Tanto mais que a primeira apresentação mundial das obras recentes de Picasso oferecia-lhe a primeira página dos jornais. Mas era conhecer mal Alberto, sua delicadeza e seu orgulho. Ele afastou o busto em destaque que ele tinha realizado. Nenhuma facilidade podia interferir no seu destino, a publicação tão adiada de seu trabalho. Não, nenhuma identidade falsa, por mais gloriosa que fosse.

Os dois importantes quadros de 1937, *Portrait de la mère de l'artiste* (Retrato da Mãe do Artista) e *Pomme sur un buffet* (Maçã sobre um Bufê), foram também programados, com certo número de desenhos.

No verão de 1937, a última manifestação do movimento surrealista teve lugar na galeria que Aimé e Marguerite Maeght acabavam de inaugurar na margem direita. O futuro estava em andamento.

O Desconhecido Maravilhoso
ou a Revalorização

"É necessário valorizar..." Quantas vezes ouvi Diego dizê-lo a mim, a propósito de uma folha ou de um pássaro de suas próprias esculturas, ou de uma corda de bronze... Ele era sempre tão econômico nas palavras, Diego, que eu não apreendi nessa fórmula a reviviscência, a ressurreição, da palavra de Alberto. E sua única transcendência.

A tirania do fracasso não mais inibe Alberto. Incansável, ele trabalha à noite. O amplo pé de suas figuras enraíza-se, a elevação da pequena cabeça comprime-se na sua "energia formidável". Seus homens caminham: *Homme qui marche, Homme traversant une place par un matin ensoleillé* (Homem Atravessando uma Praça em uma Manhã Ensolarada), tantas obras-primas nos cingem. A verticalidade, o arrebatamento se levanta na sua distensão. *Homme qui marche sous la pluie* (Home que Caminha sob a Chuva)... Sua mimese, sua gênese conduzem-no a composições: *Personnages dans une rue* (Personagens em uma Rua), *Personnages pour une place* (Personagens para uma Praça), *La Place II (quatre hommes et une femme)* (A Praça II [Quatro Homens e uma Mulher]). A mulher se mantém sempre imóvel, braços confundidos, colados ao corpo.

Os pés da fatalidade superaram o desvario do tamanho. Seu povo nasce. "As pessoas na rua, que vão e que vêm – um pouco como as formigas, cada uma parece ir por si, solitária, em uma direção que os outros ignoram. Elas se cruzam, passam ao lado, não sem se ver, sem se olhar. Ou então elas andam em volta de uma mulher. Uma mulher imóvel e quatro homens que caminham mais ou menos em relação à mulher. Eu me dera conta de que *eu não posso jamais fazer senão uma mulher imóvel e um homem que caminha. Uma mulher, eu a faço imóvel, e o homem, eu o faço sempre caminhando*".

Na mouraria de Fez, existe uma rua estreita, tão estreita que os burros carregados de ervas cheirosas não podem penetrar. Os terraços de cada lado quase se sobrepõem. Somente o véu de uma mulher aí pode pôr-se a favor do vento. Desta rua de sua infância, "a rua de um só", Tahar Ben Jelloun fez um ex-voto a Giacometti, às suas estátuas tão magras que só elas poderiam aí andar. Na mouraria de Marrakech, no metrô ou no trem, nos labirintos de nossas cidades e de nossos aspectos exteriores, os transeuntes do infinito de Alberto e suas passantes sem piedade, imóveis, podem pôr-se a andar. A ponte milagrosa une a rua de um solitário e o território de todos, tanto é verdade que Alberto assina a alma. Separada das experiências enganadoras do mundo.

A intimidade de Alberto transparece completamente e ele no-la libera, nestas esculturas tão reconhecíveis e fraternas. Ele erige as sentinelas de nossa condição humana. Dir-se-á logo, na linguagem corrente, "um Giacometti". A pista biográfica que não nos larga e obedece ao comando supremo de Zaratustra: "É preciso ainda trazer o caos em si para poder dar a luz a uma estrela dançante".

Neste inverno de 1948, mãe e filho dirigiram-se juntos a Berna: uma exposição da Escola de Paris apresentava seis esculturas de Alberto, junto de outras de Pevsner, Laurens, Arp. Meticuloso até a obsessão, Giacometti não delegava a ninguém o cuidado de decidir sobre a apresentação de suas obras, mas viram-no obedecer como uma criança às sugestões de Annetta, para surpresa geral e para a de um observador apaixonado, Eberhardt Kornfeld, que ia tornar-se seu colecionador, seu *marchand* e seu amigo. "É preciso colocá-la aí", indicava Annetta, e Alberto acatava sem sombra de hesitação.

Na primavera, o ateliê vizinho ao seu, na rua Hippolyte-Maindron, ficou livre e ele agarrou a oportunidade de poder dormir ao lado de seu local de trabalho. Apesar de tudo, banheiros comuns, primitivos, do outro lado da passagem, a pia no quarto com água fria corrente e um aquecedor a lenha. As refeições não atrapalhariam quase nada Annette... A cervejaria dos Tamiris, na rua d'Alésia, acolhia o casal e Diego. Alberto desenhava febrilmente sobre as toalhas de papel levadas com os cafés.

Bem frequentemente, Annette jantava só. Alberto regressava a Montparnasse em busca de aventuras. Ela era paciente, a pequena de Grand Saconnex, subúrbio de Genebra.

No hospital Boucicaut, o amigo Gruber morria de tuberculose. Diego cobriu-o de atenções diariamente até seus últimos instantes. Ele tinha trinta e seis anos. Seu enterro foi realizado solenemente na sua aldeia, e os dois irmãos Giacometti, em lágrimas, acompanharam seus despojos na modesta igreja rural.

Alberto estabelece uma nova amizade, insólita, com o jovem poeta Olivier Larronde. Belo como um deus, Larronde vive atormentado pelo suicídio, aos quatorze anos, de sua irmã Myriam. Logo, Jean-Pierre Laclocke, o irmão de François, que se torna o favorito do miliardário marquês de Cuevas, apaixona-se perdidamente por ele. O casal de amantes toma posse de um vasto apartamento decadente, cheio de brocados e de peles de tigres, de macacos vivos e de um viveiro de escorpiões venenosos. O ópio mistura seus eflúvios nos sofás escuros, onde Olivier recita os versos de seu mestre, Stéphane Mallarmé. Com vinte e um anos, ele publica, em 1948, *Les Barricades mystérieuses* (As Barricadas Misteriosas), e dez anos mais tarde, sua antologia *Rien voilà l'ordre* (Nada, Esse é o Fim) aparecerá com uma série de desenhos de Giacometti.

Isabel, logo liberada de Leibowitz, casou-se em Londres com Constant Lambert, o companheiro dos anos de guerra. Frequentemente de passagem por Paris, ela continua a rir e a beber, no café onde ela reencontra Alberto e Balthus. A vida noturna de Alberto prossegue como anteriormente.

Todavia, "a pequena", despretensiosamente, vem a ser Annette: Alberto começa a fazê-la posar para ele. A pose persiste implacável, as sessões alongam-se cada vez mais... Annette vai abandonar sua função de secretária junto de Georges Sadoul, para viver, enfim, sua vida. Seu prenome tão próximo daquele da mãe bem-amada, a insubstituível Annetta, a mulher enérgica, vibra entre os dois irmãos e flutua, sem seu "a", como se lhe tivessem cortado a asa. As fotografias reproduzem a graça de Annette, sua modéstia, seu sorriso. Ela se veste tão simplesmente quanto havia chegado, em saia e camisa e sapatilhas. Uma fotografia mostra-a com seu pequeno porta-moedas na mão, entre os dois irmãos. Mas Diego nunca amará as mulheres de seu irmão. Sobre Annette, ele dirá, muitos anos mais tarde: "Ela não era boa nem mesmo para varrer o quintal".

Simone de Beauvoir, escrevendo a seu amor transatlântico, o romancista americano Nelson Algren, descreve a intimidade de Annette, na casa de Alberto: "Ontem, eu visitei sua casa, ela causa medo. Em um encantador jardinzinho esquecido, ele tem um ateliê submerso em gesso, e ele vive ao lado em uma espécie de hangar vasto e frio, desprovido tanto de móveis quanto de provisões, paredes nuas e um teto. Como há buracos no teto, ele dispôs sobre o assoalho, para recolher a chuva, potes e caixas também furados! Ele obstina-se por quinze horas seguidas, sobretudo na madrugada, e não sai jamais sem que suas roupas, suas mãos e sua rica e imunda cabeleira estejam cobertas de gesso; com o frio, suas mãos geladas, ele não se importa, ele trabalha. Eu admiro sua mui jovem mulher aceitar essa vida; após sua jornada de secretária, ela encontra na volta esse domicílio desencorajador, ela não tem casaco de inverno e usa calçados gastos".

Terça-feira, 19 de julho de 1949:
Alberto se Casa

Alberto tinha protestado bastante contra o casamento? Diogo sempre escapara por pouco. "Ela teve que insistir continuamente com ele", vociferava ele. Nem tanto. Annette tinha se tornado seu modelo, e levá-la à casa de sua mãe sem ter-se casado com ela não era concebível.

Naquela manhã, Alberto teve de se levantar cedo. Jean Leymarie, o amigo de sempre, cruzou com ele, na rua: "Como você está bem vestido! exultou ele – É que... eu me caso. – Você se casa? redarguiu Leymarie atrapalhado. – Eu me caso com a pequena...Oh, mas isso não muda nada na minha vida. Naaada".

O contrato, que Alberto queria reunir ao documento de casamento, permaneceu de lado. Diego e a porteira Renée Alexis foram testemunhas na prefeitura vizinha do XIV distrito. A formalidade cumprida, eles almoçaram na sua cervejaria, Os Tamaris. Depois Alberto entrou para deitar-se.

Ele ia dormir tranquilamente e poderia ir ao encontro da casa da família sem preocupação. O verão chegava, e sua temporada em Maloja, na casa de sua mãe. Separar-se de seu novo modelo não se levava mais em consideração. O obstáculo fora transposto.

Um casamento de papel pesava pouco na balança... A tela esperava. Os mais belos retratos de mulher iam surgir, Annette transformada em destinada, recém-chegada inseparável da Caldeia, de Faium e de Bizâncio, ao mesmo tempo em que uma semelhança abrasadora tomava lugar. *Annette à Stampa* (Annette em Stampa) vai nascer...

"A arte não é senão um meio de ver", ele repetiu-o bastante.

"Por mais que eu olhe, tudo me excede e me surpreende, e eu não sei exatamente o que eu vejo. É demasiado complexo. Então, é preciso tentar copiar simplesmente, para se dar conta um pouco do que se vê. É como se a realidade estivesse continuamente atrás das cortinas que se arranca... Há ainda uma outra... Sempre uma outra".

Cortinas da infância. Os mísseis atravessaram tão potentes, após longos desvios e incoercíveis retornos. Annette, Annetta. Não, a mãe não tem nada a temer desta mulher-criança que Alberto trata como garota e chama "minha Zozotte". Estranhas núpcias de seu filho, seu gênio solitário. Ele lhe pertence. Ele lhe pertencerá sempre.

Os Exorcismos

Pierre Matisse voltara ao ateliê da rua Hippolyte-Maindron no começo de 1947. Ele não se enganara quando escolhera no estúdio de Alberto, no outono de 1936, dez anos mais cedo, sua *Femme qui marche* em gesso. Mas ele se tornara, desde 1935, o representante em Nova York de Miró, Tanguy, Balthus, todos os amigos de Alberto, sem que ele se pronuncie mais em relação a este último. Repassando por Paris e pelo ateliê de Alberto onde abundavam as anãs, ele limitou-se desdenhosamente a intimá-lo a fazer esculturas maiores, em seguida foi embora.

Há dez anos, praticamente, Alberto não mais expusera. Jeanne Bucher morrera, Pierre Loeb um pouco antiquado, e Pierre Colle, o *marchand* de sua primeira exposição pessoal, morreu antes de embarcar para a América. Um jovem admirador de Giacometti, Clayeux, transformado em assistente de Louis Carré, não pôde convencer este último. Somente os valores reconhecidos interessavam-no. Quem restava? Kahnweiler, o *marchand* de Picasso, que jamais prestara atenção em Alberto.

Porém Patricia Matta, cujo casamento não ia bem, devotava uma admiração apaixonada pelo trabalho de Alberto, que ela não cessava de fotografar. Pierre Matisse, apaixonado por ela, ia tornar-se seu segundo marido. Por sua solicitação, ele voltou ao ateliê no início de 1947 e foi literalmente conquistado pelas novas obras, altas e esbeltas. Um acordo verbal foi concluído.

O ano de 1947 ia ser para Alberto de uma assombrosa fecundidade. Certamente ele tinha ultrapassado um limite; 1949, 1950 fariam explodir os bronzes e os retratos pintados: Annette, a mãe, Diego. Sem descanso, Alberto impunha sua influência, sua marca indelével. Pondo em fuga o comum dos mortais, antes de se tornar imortal.

Aragon usou de sua influência para que fosse passada a Alberto uma encomenda da prefeitura do XIX distrito, onde a estátua de Jean Macé fora colocada abaixo de seu pedestal. Inutilmente. Alberto compôs uma obra-prima, a figura feminina tão querida, com grandes pés e de alta estatura, o corpo esbelto, à qual ele deu – inovação espetacular – dois longos braços aracnianos, isolados do corpo. Esta mulher-deusa, mantendo-se equilibrada sobre um carrinho, não era outra senão a sobrevivente da armação sobre rodinhas de 1943, desta vez sustentada por uma plataforma de grandes rodas: *Le Chariot*. Delicada, hierática e nua, ela aturdiu os párias e os tolos do distrito municipal, que mandaram passear o escultor e seu *Le Chariot*. Ele ia ocupar um lugar, e que lugar, na segunda exposição de Alberto, em novembro de 1950, na galeria Pierre Matisse em Nova York. *"Le Chariot* poderia se chamar também *Le Chariot de pharmacie* (O Carrinho de Farmácia), porque esta escultura provém do carrinho de ouropel que passeava nas salas do hospital Bichat em 1938 e do qual eu me maravilhara". A visão, a gente se lembra, ocorrera na clínica Rémy--de-Gourmont, para onde ele tinha sido transportado, com seu pé esmagado, aos cuidados de Diego. O escritor americano James Lord observa com toda razão que a aranha designa, em francês, um veículo metálico de corrida com duas rodas reduzido a seu chassi, transportando uma pessoa. *"Le Chariot"*, escreveu ele, "como num sonho, se move sobre si mesmo".

Ele atravessa os anos, e Leiris fá-lo voltar, desde a primeira visão: "Resplandescente carrinho com frascos e curativos do hospital Bichat, surgido em 1938 aos olhos maravilhados do homem de pé quebrado, ressurgindo doze anos mais tarde, quando o escultor teve necessidade de duas rodas para isolar do solo uma efígie e dotá-la ficticiamente de uma capacidade motora apesar de sua ausência de movimento. Empoleirada, acima do eixo do elemento do veículo (ele próprio montado sobre calços), a mulher não tem noção da realidade e é nela que toma forma a admiração diante do carrinho que circulava entre as camas". A lembrança da súbita emoção é finalmente devolvida à destinação: ele tomou forma na nuvem negra do tempo e Alberto molda, erige, salva suas mulheres que não têm noção da realidade, mas tão misteriosamente se enraízam.

142

Sua avidez está intacta. "É sempre sem bengala e muleta que seus escultores se mantêm", observa Leiris. "Sob a coroa de cabelos encarapinhados, um riso de canibal, frequentemente, expõe a dentição. Personagem de uma *commedia dell'arte*, remontando, se se quiser, aos etruscos e na qual Arlequim feiticeiro se defrontaria com Polichinelo comedor de crianças; ou, então, um lobisomem, se se quiser a qualquer custo a aproximação de um animal (é certo, sujeito a transformações singulares)".

Na sua beleza rude, eriçada, Alberto pinta, tripudia, maldiz os pincéis e, principalmente, ele mesmo. Ele está à procura de um sinal desconhecido.

"Para mim, a realidade permanece exatamente tão *virgem e desconhecida quanto na primeira vez que se tentou representá-la*". A série dos grandes bronzes iniciados em 1947 lhe valeu seu primeiro reconhecimento público, mas o fracasso o mantém enjaulado. A febre dos bronzes não fica atrás daquela dos retratos.

Tériade, o amigo grego nascido Efstratios Eleftheriades, cujo prenome remete à tríade dos arcanjos e o patronímico Eleftheria significa "liberdade", voa com suas próprias asas desde sua ilha de Lesbos. Ele iniciou sua carreira com seu compatriota e mais velho Zervos, nos *Cahiers d'art*, em seguida assumiu a página artística do *L'Intransigent* e cria com Skira a *Minotaure*, com capas emblemáticas. O título, encontrado por Masson, designa o monstro híbrido da Grécia. Tériade, no seu estudo *La Peau de la peinture* (A Pele da Pintura), escreveu: "A pintura não tem senão sua pele, uma pele que não a cobre, como ela gostaria de fazê-lo crer, mas uma pele que a completa inteiramente. A pele da pintura tem o valor de uma pele humana... No momento em que a pele atinge o ponto mais agudo e mais exato de sua expressão, ela torna-se ao mesmo tempo misteriosa como uma coisa natural". Essas palavras calorosas poderiam servir de frontispício para a pintura de Alberto.

Alberto ama o arcádico Tériade, conhecido como o amante dos pomares de Lesbos ou de Creta, e dos buquês de noiva da figueira. Chanel, muito ligada ao poeta Reverdy, defensor de Tériade, o faz encontrar, quando ele deixa a *Minotaure*, o gestor das revistas americanas *Esquire* e *Coronet*. Este vai lhe dar carta branca e Tériade vai criar a famosa revista artística *Verve*.

Tériade começa uma verdadeira viagem de Ulisses e os números de *Verve* abrangem assinaturas ilustres, cada número dedicado a um único pintor – Bonnard, Braque, Matisse, Picasso, Chagall. Os maiores fotógrafos Man Ray, Brassaï, Cartier-Bresson e Élie Lotar aí rivalizam. Georges Bataille, nascido no mesmo ano que Tériade e excluído do *Minotaure* pelo fanatismo de Breton, aí publica textos fulgurantes, Michaux, seu "Portrait du Chinois" e "Idoles".

O retrato [feito] por Alberto de seu amigo Tériade mostra-o sentado, atento, joelhos cruzados. Seu óleo na tela, contemporâneo dos desenhos de Sartre, de Pierre Loeb, de Diego, evidentemente, vai preceder os admiráveis retratos de *Annette à Stampa* e *La Mère de l'artiste*, em 1950. Uma e outra, tão prodigiosas de juventude e de eclosão, pernas cruzadas no mesmo assento, no mesmo aposento do grande tapete vermelho, diante da porta do mesmo quarto de dormir: o quarto de dormir dos pais, vindo a ser o de Alberto.

Os enigmas com os quais ele mede forças, no rosto humano, fazem pensar no nascer do dia, após a noite tão temida de Alberto. O erotismo de Bataille não é estranho à sua busca: "O que aparece através da fenda é o azul do céu, cuja profundidade impossível nos chama e nos recusa tão vertiginiosamente quanto nossa vida chama e não aceita a morte".

O retrato de Pierre Loeb, seu *marchand* dos anos surrealistas, Alberto desenha-o no andar de sua galeria, lá mesmo onde Artaud escreveu seu *Van Gogh, le suicidé de la société*, antes de morrer. Loeb, grande colecionador de arte oceânica e africana, está sentado no meio destas obras que Alberto restitui, cada uma tornando-se um Giacometti: gancho de crânios sepik, máscara proeminente da Nova Caledônia, finalmente o *Autoportrait* de Artaud alucinado.

Ele está de frente para ele, ele lhe faz mal, este *Autoportrait*, fraternal. Artaud pertence à família heroica dos artistas, de quem ele dizia diante da fatalidade: "O artista é um atleta afetivo". O autor de *Ombilic des limbes* (O Umbigo dos Limbos), do *Pèse-nerfs* (Pesa-Nervos), separara-se também do surrealismo, excluído bem antes de Alberto. "Artaud zomba da revolução? lhe foi perguntado. – Eu zombo da sua, respondeu ele, não da minha", abandonando o surrealismo, transfor-

144

mado a seu ver em um partido. Nem "as sortes" que ele lançou desde seus hospícios, nem suas "meninas do coração" salvaram-no da temível máquina de eletrochoques, com sua taça de vidro para os vômitos do doente. Nem seu sortilégio de vidente maléfico. "No mundo em que estou não há nem acima nem abaixo: há a Verdade que é horrivelmente cruel, é tudo". Os demônios perseguidores, os vampiros subjugam sua "ávida necessidade de debandada" na qual Blanchot vê a cruel razão poética. Ele morrerá disso, no hospício.

As figuras oceânicas coloridas, as múmias em cor das Novas-Hébridas com seus crânios modelados de acordo, marionetes e deuses de feto, capacetes de iniciação envoltos em teias de aranhas, fascinam Alberto, sempre apaixonado por semelhança. A pessoa viva arrancada à morte, o surgimento do olhar, Alberto copiou-os religiosamente das máscaras moais da ilha de Páscoa com os olhos largos, esbugalhados. Os grandes olhos de Annette, de Diego, iluminam sua segunda vida, aquela que lhes dá Alberto. "É a cabeça o essencial. O resto do corpo está reduzido ao estado de intuição".

Pensa-se nessas figuras sentadas à beira do banco ritual. É realmente de sua cerimônia secreta que se trata, para retomar a Losey o título perturbador de seu filme. Alberto desnuda a aparência e se consagra a isso, faz de cada retrato o portador deste desconhecido tão amado.

"Nunca conseguirei pôr em um retrato toda a força que há numa cabeça. O simples fato de viver já exige muita vontade e muita energia…" Ele reprova em Picasso seu terrorismo em saber sempre para onde vai. Ele, diante do que vê, sente-se desarmado, com seu velho canivete e sua argila. "Eu vejo uma coisa, acho-a maravilhosa, tenho vontade de fazê-la. Não conseguindo ou acertando, depois de tudo, isso se torna secundário, eu vou em frente, de qualquer modo". A emanação, única, conta, nesta profundidade da qual a fotografia não se preocupa… Ele hesita. "O realismo é banalidade", afirma ele. "Eu busco a semelhança absoluta e não a aparência".

Bacon, no desafio do retrato, estripa a carne. "Nós vivemos", diz ele, "quase constantemente através das telas – uma existência atrás das telas, a *screened existence*. E eu penso, às vezes, quando me dizem que minhas obras são violentas, que eu tenho sido capaz, de vez em quando, de erguer um ou dois desses véus ou dessas telas".

Isabel trava amizade com Francis Bacon. Tendo ficado viúva, ela bebe sempre muito e pinta, quando necessário, pássaros mortos ou legumes secos. Ela casa-se com um compositor obscuro, Alan Rawsthorne, e Bacon vai pintar um número impressionante de retratos dela, sob seu novo nome. O virtuosismo de Bacon fascina-a, e também esta desintegração, esta dissolução. Seu alcoolismo faz de Isabel uma presa, já não muito saudável. Bacon gostava de dizer, em um riso irreprimível: "Eu sirvo o champanhe a meus verdadeiros amigos. Aos falsos, eu ofereço verdadeiro sofrimento".

Alberto e Diego se entendem bem com Bacon. Alberto declara frequentemente que, posto ao lado dos quadros de Bacon, os seus parecem ter sido pintados por uma solteirona...

A Monção

A terrível e aracniana *Femme assise* (Mulher Sentada) de Alberto, de 1946, poderia mais aproximar-se das monstruosas aranhas esculpidas por Louise Bourgeois que anunciar a próxima floração. Uma monção misteriosa sopra no espaço de Alberto.

"Eu tenho sempre a impressão ou o sentimento da fragilidade dos seres vivos, como se fosse necessária uma energia formidável para que eles possam aguentar-se". Mulheres frágeis e indomáveis, com "seu ar ao mesmo tempo doce e duro de eternidade que passa", segundo a maravilhosa visão de Genet. *Femme debout* (Mulher em Pé), *Homme qui marche* (Homem que Caminha), *Homme qui chavire* (Homem que Soçobra), *Figurine enfermée* (Figura Encerrada), *La Cage* (A Cela), *Composition aux trois figures et une tête* (Composição com Três Figuras e uma Cabeça) reconduzem-no literalmente ao ateliê. "Alguns dias depois, olhando as outras figuras que, para liberar a mesa, tinham sido colocadas ao acaso no chão, eu me dei conta de que elas formavam dois grupos que me pareciam corresponder àquilo que eu buscava. Eu ergui os dois grupos sobre bases, sem a menor troca, e se em seguida eu trabalhei nas figuras, eu nunca modifiquei nem seu lugar, nem sua dimensão". Sabe-se qual dramaturgia provocante uma e outra – o lugar, a dimensão – têm desencadeado, em Alberto, aniquilando suas forças vitais. Significa dizer se uma verdadeira monção sopra. *La Clairière* (A Clareira) e *La Forêt* (A Floresta) surgem. Era necessário que ele as trouxesse nele, desde os blocos de gnaisse e as árvores de sua infância, que lhe pareciam sempre personagens imobilizados na sua caminhada e se falando...

"Para minha surpresa, a *Composition aux neuf figures* (Composição com Nove Figuras) me parecia concretizar a impressão sentida no outono precedente à visão de uma clareira (era mais um prado um pouco selvagem, com árvores e arbustos, no limite da floresta) que me atraía muito. Eu teria pretendido pintá-lo, fazer alguma coisa, e eu parti com o desgosto de perdê-la".

Segredo do acaso que reata com a percepção inesquecível, indelével. "A *Composition sept figures et une tête* (Composição Sete Figuras e uma Cabeça) me lembrou um canto de floresta visto durante muitos anos de minha infância..."

"As estátuas de Giacometti maiores no pátio da casa ou na rua do que em seu ateliê (atulhado de restos de gesso que por muito tempo ameaçaram invadir o pequeno cômodo onde ele dormia, apesar do frio e da chuva)... É ao ar livre que se avalia o limite humano", observa Leiris. Alberto molda, molda, no seu tamanho natural, nunca no da craveira.

"A base da figura branca sozinha é para mim um barco". Barco funerário egípcio, ou de seu próprio ritual? *L'Homme qui marche* é para uma manhã de sol em uma praça, o outro sobre o pedestal suspenso do ano passado está em uma estrada sob a chuva e era eu, não o da praça".

Um outro acaso vai se aproveitar da epopeia humana nascendo no lodo fértil do ateliê: o encontro com os Maeght. Mas quem eram então os Maeght, surgidos em 1947 na sua galeria da margem direita? Aimé tinha uma formação de litógrafo e de cinzelador, gosto para as artes, e tinha aberto em Cannes com sua mulher, Marguerite, apelidada Guiguite, filha de prósperos merceeiros, um pequeno comércio de aparelhagem elétrica.

Um velho homem tímido, com óculos de aros de metal, entrou um dia e admirou uma litografia: era Bonnard. Ele tinha necessidade de uma colaboração técnica e Aimé tornou-se seu íntimo.

A casa dos pais de Guiguite transbordava de "provisões", raras no após-guerra, e Aimé se pôs a abastecer Bonnard, em troca de algumas de suas telas que se amontoavam nas paredes. Ele fez o mesmo com o velho Matisse, o vizinho de Vence, cujas obras encantaram-no.

Aimé Maeght, seguindo os conselhos de Bonnard, consagra-se a seu novo trabalho: *marchand* de quadros... Ele encontra Jean Moulin, cuja galeria disfarça as atividades de resistente, e prefere deixar Cannes quando Moulin é preso, no verão de 1943, para instalar-se em Vence. Em uma carta a Georges Rouault, sua identidade se revela: "Eu tenho 40 anos. Quando eu era jovem, eu queria ser pintor. Meu pai, morto na guerra de 1914, deixou minha mãe viúva com cinco filhos, dos quais eu era o mais velho (12 anos). Eu prossegui meus estudos até 20 anos graças a títulos ganhos concorrendo (no colégio, estive cinco anos consecutivos em primeiro lugar na minha promoção). Eu tentei ganhar a vida sendo desenhista litógrafo e, assim, à noite poder pintar". Sua tentativa será vã. As poucas telas que ele apresenta aos *marchands* provocam sarcasmos, ou ainda mais doloroso, a indiferença. Sua humilhação revela a própria essência do personagem em que ele vai se transformar, editor e galerista obcecados. A abertura de sua galeria em Paris, na rua de Téheran, em 1945, com desenhos recentes de Matisse, inicia o turbilhão. Sua mania de grandeza jamais será tão suficientemente poderosa para varrer a decepção de sua mocidade nem matar sua sede de ser reconhecido.

Clayeux tinha servido de assistente a Louis Carré, a quem ele mandara em vão visitar o ateliê de Alberto Giacometti. Quando Aimé Maeght lhe ofereceu tornar-se seu diretor artístico, ele se encontrou com o *marchand* na casa de Alberto. Ele já pusera na empresa de seu novo empregador Miró, Braque, Calder, Kandínski e Chagall.

Os dois homens ficaram fascinados pela seara das esculturas, quase todas em gesso. Uma metade da produção do artista iria a Maeght, a outra a Pierre Matisse. Este último, avarento, estava reticente em pagar a moldagem de bronze, e quando Alberto quis saber de quantas

esculturas Maeght financiaria a fundição, ele respondeu: "De todas".
Alberto ficou maravilhado: ele encontrara seu Médici.

Trinta e sete esculturas esperavam para ir à fundição. Diego ficou
assombrado. O dinheiro ia começar a entrar, pela primeira vez na vida
deles... Não que ele mudasse qualquer coisa no seu ritmo de trabalho. O par Alberto-Diego avançava, e as raízes jansenistas de sua educação não se misturavam senão melhor. Mas a penúria, a confusão,
os empréstimos estavam atrás deles.

Alberto, desinteressado entre todos, não pensa senão na expansão
de sua obra. A excitação de Annette, a antiga adolescente do Grand
Saconnex, não conhece mais limites. Diego, bem contente, nada diz.
Eles foram jantar os três, após a promessa de Maeght.

A bela história de amor de Diego soçobrara. Nelly passava cada
vez mais noites em Montparnasse e dormia de dia. Ele devia chegar
ao ateliê para trabalhar ao romper do dia. Em seguida, ela deixou a
vida [de Diego] tão discretamente quanto nela entrara.

Dois antigos colegas de ginásio de Schiers organizaram uma exposição
em Bâle, na primavera de 1950, e Alberto lhes propôs convidar Masson
para ir com ele. O jovem Ernst Beyler ficou transtornado ao descobrir seus
primeiros Giacometti. Ele ia tornar-se seu mais ardoroso *marchand*.

O convite francês para expor na Bienal, junto de Laurens, seu caro
Laurens, encantou Alberto. Mas, chegando a Veneza, no pavilhão
francês, ele viu as esculturas de Laurens relegadas, para promover as
de Zadkine. Indignado, ele deixou Veneza.

Em novembro de 1950, sua segunda exposição em Nova York na
galeria de Pierre Matisse foi confirmada... A América tinha consagrado Alberto.

Diego

Somente Diego podia moldar, com cordas
de piano, a frágil armação das estatuetas de
Alberto. A moldagem dos gessos, a pátina dos bronzes, as montagens

sobre pedestais, ele assumia tudo. Alberto se encolerizava se um detalhe lhe desagradava e dispensava uma atenção meticulosa às suas produções. Frequentemente, acrescentava um toque de pintura a seus gessos.

Foi no início dos anos de 1950 que Diego começou a compor móveis de bronze patinado que o consagraram. Mesas baixas etruscas, cadeiras de braços em cruz, poltronas com castões de bengala, em seguida apoios de braços com cabeça de leão, molduras e bases de abajurs, lampadários, enfeites vão se suceder, compor uma única obra, assinada por um simples Diego, ou cunhada por um duplo triângulo.

Porque eles são dois, os irmãos, invertidos, entretanto tão diferentes. Como não surpreender-se com a forma dos pés de *Fauteuils aux embouts de canne* (Poltronas com Pontas de Cana), tão semelhantes às extremidades das muletas? A bengala de Alberto ecoa para Diego como uma batida de coração, que martelou sua vida.

Pensa-se na bengala presenteada por Antonin Artaud, "coberta de nós e guarnecida de pontas", segundo Roger Blin, fetiche que ele mandou ferrar para que faíscas daí irrompessem, espada de efervescência.

Os colecionadores vão apoderar-se das produções de Diego, ainda confidenciais. Já não há mais Jean-Michel Frank, "o cavalheiro arrombado", de Cocteau, o dândi triste da *Art Déco* e o amigo caloroso, para patrocinar suas novas estreias. Mas oficiosamente revela seu gênio. O humilde milagre do mobiliário tão querido da infância em Stampa renasce.

Móveis indestrutíveis, como Diego o foi, ele mesmo, para Alberto. Só ele sabe o quanto seu irmão mais velho é ameaçado por dúvidas contínuas, sua insustentável fragilidade. E, apesar disso, a modéstia primitiva de Diego deixa-o mudo… Um desconhecido cruzando com ele na passagem da rua Hippolyte-Maindron perguntou-lhe se ele era o senhor Giacometti. "Não," respondeu Diego, "o senhor o encontrará no café, na esquina da rua Didot".

O miliardário americano de Pittsburgh, David Thompson, colecionador obstinado desde a compra de seus primeiros Giacometti na galeria Pierre Matisse, chega um dia com sua intérprete alemã no ateliê onde Diego se encontrava sozinho: ele o abraça excitado, pondo-lhe uma echarpe de caxemira no pescoço, abastece-o com um pacote de Camel, voz trêmula de alegria com a honra de seu encontro. Mal a intérprete lhe comunicara que tinha havido um engano sobre sua pessoa, sua conversa fiada parou bruscamente, e ele lhe arrancou a echarpe e o maço de cigarros. Nunca mais este tipo reles, frequentemente em visita ao ateliê por sua mania de colecionar, cumprimentou Diego.

O retrato brutal que Alberto fará do magnata, frontal, em mangas de camisa, o rosto duro, as mãos separadas sobre as coxas grosseiras, coxas de matador de boi, fala: "Olhe essas mãos enormes", exclamava Alberto. "Você pode vê-las surripiando dinheiro. Mãos fortes para roubar o dinheiro!" Nunca Alberto se deixaria enganar por quem não respeitasse Diego.

O acaso Maeght deu um golpe duplo, porque Guiguite ia tornar-se uma espécie de egéria para Diego. Ela começou a passar-lhe encomenda sobre encomenda, e Diego preparou-lhe até um toucador, seu banquinho, seu espelho e o seu suporte de colares. Ele adorava ser reconhecido e ganhar seu próprio dinheiro. Eu revejo sua pequena agenda na qual ele anotava suas instruções de trabalho, com sua bonita caligrafia, e o calendário ia tornar-se o de expectativa para os apreciadores, sempre mais numerosos, de sua obra.

A primeira exposição de Alberto abriu o verão de 1951, na galeria Maeght, revelação para Paris de suas quarenta esculturas, de uns vinte quadros e de numerosos desenhos. Sua rotina noturna conduzia Alberto ao Chez Adrien, onde inúmeras prostitutas animavam o bar de colunas enrodilhadas antes de arrastar o cliente a um hotelzinho desconhecido, que em Montparnasse transbordava. As moças chamavam-no pelo prenome, e o *barman* negro tratava-o "senhor Alberto". Frequentemente, ele retornava ao ateliê, onde Diego encontrava-o lívido, esgotado com seus cigarros noturnos, suas mãos modelando a argila, na aurora. Diego indignava-se. "Vá deitar-se". Ele era o único a cuidar dele.

A situação financeira de Beckett, catastrófica, acentuava mais sua aparência de lobo solitário. "As histórias de sucesso não me interessam, é o fracasso que me interessa", reivindicava o escritor. Ele dormia de dia, trabalhava à noite, depois vagueava... Alberto e ele eram feitos para se entender.

Clayeux tornava-se um amigo próximo. Os preços subiam, Alberto gostava de se queixar de ter sido explorado. "É sua culpa", censurava-lhe Clayeux. Alberto, sempre sádico consigo mesmo, gostava cada vez mais dele.

Naquele verão, Stampa comemorou. Annetta estava tão orgulhosa que seu filho bem-amado atingisse, enfim, o reconhecimento. "Pintor ou escultor", respondera ele a seu pai, quando Giovanni perguntara-lhe sobre seu futuro. De agora em diante, ele era os dois.

No caminho da volta, Alberto parou com Annette na casa de Tériade, na vivenda Natacha, em Saint-Jean-Cap-Ferrat, casinha 1900, com seu caramanchão vergando sob o peso das glicínias. Tériade encontrou Alice e, depois de ter alugado a vivenda, ele a compraria. Lódãos-bastardos, cor de barro, e árvores de olaias, laranjeiras, limoeiros e palmeiras despontam na lavanda, com a alfena, a araucária e a iúca. O fervor egêico de Tériade se sustenta de sua mãe Mediterrânée. Ele não pode esquecer sua infância perto de Mytilène, na casa de campo de Varia, entre as oliveiras, onde um burriqueiro conduzia-o à escola. As romãs, os frutos solares não podem morrer na efervescência cinzenta de Montparnasse.

Novembro chegara e Alberto ficou em um tal estado de excitação diante da profusão das flores que ele queria desenhá-las todas, mas lhe era necessário renunciar a seu arrebatamento, porque ele devia ir ver Matisse pai, depois Picasso. Este último vivia com a jovem companheira Françoise Gilot e seus dois filhos, em Vallauris. Acamado devido a um lumbago, ele se revelou de um humor detestável, queixando-se de que Alberto abandona-o e reclamando que ele demora-se em Vallauris. Annette não tinha senão que descer no hotel e Tériade ir buscar sua mala.

Seu capricho arrogante não teve nenhum sucesso. Alberto ia afastar-se do mestre, cujas exigências narcisistas ultrajavam seu *alter ego*. Alberto não lhe perdoava seu silêncio de morte quando chegado inesperadamente, como sempre fazia, ao ateliê da rua Hippolyte-Maindron, onde ele estava certo de encontrá-lo – e de acordá-lo – por volta do meio-dia, cruzando aí com Zervos, vindo sem se anunciar, com um colecionador italiano, de Angeli. Para Alberto, uma venda tinha importância e Zervos empreendeu um elogio ao artista, voltando-se seguidamente para Picasso, cuja colaboração parecia-lhe ser evidente. Não aconteceu nada disso e Picasso, ostensivamente, permaneceu mudo.

Um dia, Alberto chegou ao ateliê de Raymond Mason: "Eu venho à sua casa olhar um pouco o trabalho porque ao meio-dia, quando eu voltei do café, havia um recado de Picasso enfiado por baixo da minha porta: 'Passei. Volto de tarde'. Isso, eu não quero, porque Picasso, no ateliê, não olha seu trabalho com dois olhos, mas com dois aparelhos fotográficos e no dia seguinte faz a mesma coisa multiplicada por dez".

Na vivenda Natacha, Alberto confeccionou para Tériade a taça para as frutas e o lustre de teto com três lâmpadas de sua pequena sala de jantar com mesa de mármore branco e com poltronas de cana-da--Índia. Matisse inscreveu com pincel preto sobre as duas paredes o desenho da *Arbre*, iluminado pelo seu vitral mais radioso, *Poissons chinois*. A felicidade estava à mesa.

Outra Vez, Ainda

O ritmo binário dos dois irmãos amplia-se, sem nada mudar nos hábitos noturnos de Alberto. As mulheres o fascinam. Promiscuidade e separação conduzem-no, e o pavor se mantém. Fechar sua escultura em uma gaiola, ou subi-la em um pedestal permite-lhe, de agora em diante, a ereção maravilhosa de suas figurinhas. Quando se pensa nos miseráveis vestígios, demasiado frágeis para sobreviver, que escorriam de suas mãos, em Genebra, sem Diego, elas tornam-se ainda mais impressionantes. No Sphinx, por volta de 1950, *Quatre femmes sur socle (rue de l'Échaudé)* (Quatro Mulheres sobre Pedestal [Rua do Échaudé]): seus bordéis. "Eu as vi frequentemente, principalmente em uma noite,em um pequeno cômodo da rua de l'Échaudé, bem próximas e ameaçadoras".

Como as Três Jovens Moças de Pádua. Caracterizadas. Elas atraem--no, mas lhe repugnam, e não suspendem nem o enigma nem sua angústia. "Mulheres que eu vi algumas vezes na realidade, sedutoras e repugnantes ao mesmo tempo".

Diabos jorrando de uma caixa, diz ainda Alberto sobre essas senhoras de l'Échaudé. "Se eu quiser tentar realizar uma coisa que me é externa, digamos uma mulher, ao natural, então aí a questão do tamanho se apresenta inteiramente diferente, porque eu não sei o que vou fazer". Ele sabe que a escultura torna-se uma reprodução, e objeto de adoração. "As primeiras esculturas egípcias que se introduz na Grécia faziam o movimento de caminhar. Os Gregos prendiam--nas à noite para que elas não fossem embora. Eles acreditavam que talvez elas pudessem criar vida".

Ele se compara a si mesmo a este *Chien* (Cão), singular, pálido, farejando o chão, mais vivo que ao natural, seu autorretrato. *Le Chat* (O Gato) sucede, bronze desarticulado, evocação do quintal e das ruas vizinhas. Cachorro e gato, poderia se dizer, tão próximos da espécie humana e dos dois irmãos. Mas o animalista continua a ser Diego.

"O cachorro de bronze de Giacometti", escreve Genet, "é admirável. Ele era ainda mais belo quando sua estranha matéria, gesso, barbantes ou estopas misturadas, desfaziam-se. A curva, sem articulação marcada e contudo sensível, de sua pata dianteira é tão bela que ela decide sozinha o modo de andar suave do cachorro. Porque ele flana, farejando, seu focinho alongado rente ao chão. Ele é magro". A curva da noite, poder-se-ia dizer, de Alberto, sua vagabundagem, sua inquirição, fungam com o animal. Genet prossegue: "Como eu me espanto de que haja um animal – é o único entre suas figuras –, ELE: – Sou eu. Um dia, eu me vi na rua assim. Eu era o cachorro". Ele também flana e fareja, seu olhar servindo-lhe de focinho. "As voltas e voltas sobre si mesmo, de um cachorro, antes de achar seu lugar", confiava Cocteau a seu jornal, volteando sobre si mesmo há noventa e seis horas... Em Alberto, as voltas e contravoltas duravam noites.

Genet vê o gesso prodigioso do gato: "do focinho à extremidade da cauda, quase horizontal e capaz de passar pela toca de um rato. Sua horizontalidade rígida restituía perfeitamente a forma que mantém o gato, mesmo quando ele está *enrodilhado*".

A exaltação que Alberto põe no seu trabalho vem em linha reta de seu inconsciente.

"A semelhança? Eu não reconheço mais as pessoas de tanto vê-las". "Você reconhece bem seu irmão, apesar disso?" pergunta-lhe um jornalista.

– Ele posou dez mil vezes para mim: quando ele posa, eu não o reconheço mais. Eu tenho inveja de mandá-lo posar para ver isso que eu vejo. – Depois que Annette posou longas horas, eles vão juntos ao café. Alberto se põe a fixar Annette com tal intensidade que a jovem o interroga: "Por que você me olha assim? – É que eu não te vi hoje".

Mais seu modelo é conhecido, mais ele se torna desconhecido. Sua obsessão pela revelação exige o desconhecido que está nele.

Seu horror pelos cabelos, tanto ele é obcecado pela cabeça e pelo olhar, vai levá-lo a pedir a Annette para tosar sua cabeleira. Horrorizada, sua companheira recusa. Ele insiste, põe toda a sua tenacidade para convencê-la: ela deve tosar a cabeça para agradá-lo. Ele lhe comprará todas as perucas que ela desejar. Esgotada, Annette acaba por dizer: "De acordo, Alberto, de acordo. Se você quiser, eu mandarei tosar a cabeça". Alberto não a forçou a raspar o cabelo.

Com frequência, ela tinha crises de choro. Ela devia posar nua, durante horas, vigiar o aquecedor a carvão, impassível. Annette não era cega e via realmente que vida de rico levavam Picasso ou Balthus. Picasso rodava num Hispano-Suíza[8]; Balthus, retirado no castelo de Chassy, era servido por um mordomo, ao passo que o adolescente Fréderique, filho de um primeiro casamento da mulher do irmão de Balthus, o escritor Pierre Klossowski, inspirava-lhe suntuosos retratos. Ela, Annette, não tinha direito a nada, nem mesmo a tocar nos envelopes de notas trazidas por Clayeux. Alberto dividia com Diego, depois os enfiava debaixo da cama em uma caixa de sapatos.

Ele contou o porquê da atitude a Raymon Mason: "Sua mãe, compreendendo que seu filho começava a ganhar dinheiro, perguntara-lhe o que ele fazia com isso. 'Eu ponho-o no banco, mamãe'. 'No banco! Fora de questão', responde a velha senhora da província. De

---

8 Referência à marca espanhola de automóveis de alto luxo do período pré-
-Segunda Guerra Mundial (N. da T.).

agora em diante, ele deixava a maior parte no seu *marchand*, ou ele o guardava na sua casa. Ele mesmo me mostrou o tonel no ateliê onde se julgava conter terra argilosa, mas que alojava também dinheiro em cédulas".

Como Jean Genet refere: "O quarto, o de Annette e o dele, está enfeitado com um bonito mosaico vermelho. Outrora, o chão era de terra batida. Chovia no quarto. É contra sua vontade que ele se resignou ao mosaico. O mais bonito, porém [também] o mais humilde que fosse. Ele me disse que não terá nunca outra morada senão esse ateliê e esse quarto. Se fosse possível, ele os queria ainda mais modestos".

Jean Genet deu um dia a Annette um retalho de brocado para fazer um vestido. Alberto pregou o tecido na parede de seu quarto de dormir.

Alberto ficou fascinado quando ele encontrou pela primeira vez o escritor num café... Ele voltou superexcitado ao ateliê. Jean Genet era calvo e seu crânio abaulado e nu arrebatava-o. Sob a abóboda do crânio, um nariz quebrado de boxeador, olhos celestes, azul miosótis. Assim, o olhar, ao mesmo tempo denso e doce, iluminava o rosto. Nem Olivier Larronde, o amigo poeta de Alberto, que tinha sido o amante de Genet, nem Sartre, com quem ele discutia horas inteiras no café, tinham apresentado um ao outro. O emocionante encontro ia fecundar em Genet um texto prodigioso, *L'Atelier d'Alberto Giacometti*.

A Glória

Henri Matisse escolheu Alberto para realizar o medalhão com sua efígie, encomendado pelas autoridades.

Entrevado, ele cortava com tesoura imensas folhas de papel colorido e compunha recortes. Mas o velho pintor, exausto, teve que interromper as sessões de pose. Alberto foi chamado a Nice, Matisse tinha dificuldade em respirar, e Alberto soube a hora fundamental: "Eu estava desenhando, e observava ao mesmo tempo o que o desenho não pode captar". Esse inatingível que ele captava melhor que ninguém.

Laurens, o mestre tão amado por Alberto, ia morrer. Desde então, Alberto tinha redigido seu elogio, prometido a Skira para a *Labyrinthe*, e sua perturbação para escrever tinha sido na medida de sua afeição: "Ontem eu soluçava interiormente de raiva diante da limitação absoluta de meus meios de expressão, diante destas frases sem peso, sumárias e não dizendo absolutamente o que eu quero". Que escritor poderia melhor dizê-lo?

Neste mesmo mês de maio de 1954, em que Laurens morre, a segunda exposição Maeght da obra de Alberto – quarenta esculturas, vinte quadros, numerosos desenhos – é inaugurada. É o arrojo, e a revelação do pintor, através dos retratos de Annette e de Diego. Não é mais apenas o novo Rodin. Sartre publica seu ensaio sobre as pinturas de Alberto no catálogo. O *Nu assis dans l'atelier* (O Nu Sentado no Ateliê), o de Annette, é um dos mais belos. *Buste aux grands yeux* (Busto com Grandes Olhos), *Diego au manteau* (Diego com Sobretudo), *Diego au chandail* (Diego com Pulôver), *Buste de Diego* (Busto de Diego) arrebatam o ser ao nada. Jacques Dupin, seu amigo, escreveu sobre Alberto: "No café, ele desenha sobre seu jornal, seu dedo curto novamente sobre o mármore da mesinha e, se sua mão está ocupada, seu olho desenha dormindo. Que ele não se detenha, isto significa também que Giacometti não pode nos propor senão o esboço de uma empreitada inacabada, infinita. Um reflexo, uma aproximação do real – deste real absoluto que o atormenta – e que ele persegue com uma espécie de furor amoroso ou homicida".

Este furor homicida só se comparava à fidelidade absoluta de Alberto na amizade. Derain, idoso, foi atropelado por um motorista e Alberto visita-o várias vezes no hospital de Saint-Germain-en-Laye. Ele se enfraquecia e, duas horas antes de sua morte, à pergunta – você deseja alguma coisa? – ele respondeu: "Uma bicicleta e um pedaço de céu azul". Só o céu o esperava.

O Retrato de Jean Genet

O romper da fama não separa Alberto de sua tarefa invencível. Sua importância torna-se mundial. Em 1955, museus estrangeiros anunciam suas três grandes retrospectivas: Nova York, o museu Salomon Guggenheim; Londres, a galeria Art's Council; os museus de três cidades importantes da Alemanha do Oeste.

Sua ligação secreta entre o desconhecido e o belo anima, reanima sua alquimia. "Mais eu trabalho, mais eu vejo de outra maneira, isto é, tudo cresce dia a dia, no fundo, isso torna-se cada vez mais desconhecido, cada vez mais belo. Mais eu me aproximo, mais aquilo aumenta, mais se distancia..."

O encontro entre o filho de Annetta e Genet, criança enjeitada, alimenta-se do mistério da solidão e da glória. Genet foi ter com Alberto no seu ateliê-caverna, onde as paredes gravadas e rabiscadas de grafito fazem dele uma catacumba. "Como nesses tempos", escreveu Genet, "as estátuas são muito altas, de pé diante delas – em argila marrom – seus dedos sobem e descem como os de um jardineiro que corta ou enxerta uma roseira trepadeira. Os dedos brincam ao longo da estátua. E é todo o ateliê que vibra e que vive".

A aura libera imediatamente a Genet esta região secreta onde as coisas, por sua vez, se refugiam, e não somente os seres. "A solidão, como eu a entendo, não significa condição miserável, mas, antes, realeza secreta, incomunicabilidade profunda, porém conhecimento mais ou menos obscuro de uma inextinguível singularidade".

Os dois homens se reconhecem. É dessa singularidade que Alberto se apodera. Assim descreve, por sua vez, esta solidão dos objetos para Jean Genet: "Um dia, no meu quarto, eu olhava uma toalha colocada sobre uma cadeira, então eu realmente tive a impressão de que não somente todo objeto era solitário, mas também que tinha um peso – ou melhor, uma ausência de peso – que o impedia de pesar sobre o outro. A toalha estava sozinha, e tão sozinha que eu tinha a impressão de poder tirar a cadeira sem que a toalha mudasse de lugar. Ela tinha seu próprio lugar, seu próprio peso, e até seu próprio silêncio. O mundo era leve, leve..."

Sozinho no existir, insubstituível. Giacometti, ou a escultura para cegos, diz Genet. Ele reconhece o prazer de seus dedos, quando há dez anos ele percorrera seus lampadários. "Sem dúvida, disse a mim mesmo, toda estátua de bronze dá aos dedos a mesma felicidade. Na casa de amigos que possuem duas pequenas estátuas, cópias exatas de Donatello, eu quero recomeçar nelas a experiência: o bronze não responde mais, mudo, morto".

Genet fecha os olhos de felicidade quando ele sente, sob seus dedos, a estátua de Giacometti. Fascinado, ele toca o pescoço, a cabeça, a nuca, o ombro "com uma força requintada".

Três quadros dele serão realizados, de 1954 a 1957. O aquecedor a carvão Godin atrás dele, Genet posa sentado, mãos unidas, braços postos sobre as coxas, pernas afastadas. De frente. Dir-se-ia a posição do *Scribe accroupi* (Escriba Agachado), a escultura egípcia do Antigo Império tão amada por Alberto, no museu do Louvre. Os primeiros desenhos mostram Genet com a cabeça inclinada, ovoide. Sua unção de prelado atravessada por cintilações, de que fala Sartre, deixa brotar a violência. O escritor está em plena crise e evoca-a em uma entrevista. Desde o *Journal du voleur* (Diário de um Ladrão), em 1949, ao *Balcon* (Balcão), em 1956, Genet não publica nada. "Eu vivi em um estado medonho durante seis anos, nessa imbecilidade que é a realidade da vida, abrir uma porta, acender um cigarro. Não há senão algumas horas na vida de um homem. Todo o resto é monotonia". A obstinação de Alberto impressiona-o. Logo Jean Genet vai encontrar Abdala, o malabarista, e vibrar novamente. Ele tem quarenta e seis anos, Abdala, dezoito, e Genet vende *Rêves interdits* (Sonhos Proibidos), seu velho roteiro cinematográfico, para pagar aulas de malabrismo para Abdala. O fio transcedente maravilha-o. "Teu fio te suportará melhor, mais seguramente que uma estrada". As lantejoulas, as roupas colantes, a maquilagem exagerada das pálpebras cor de malva, as unhas douradas dançam com a morte. "Se você cair, você será digno da mais convencional oração fúnebre: poça de ouro e de sangue..."

Le Balcon será publicado com uma litografia de Alberto no frontispício. A aventura, entre eles, começa, aquela mesma que invoca Alberto: "E a aventura, a grande aventura, que é ver surgir alguma coisa do desconhecido todo dia, no mesmo rosto, é maior que todas as viagens ao redor do mundo". Alberto não gira em volta, ele está sempre de frente. Frontal, igual ao toureiro no forcado.

Fazer, desfazer, refazer, o carrasco nele conduz sua fascinante e obcecante batalha. A travessia do deserto, "a exasperante região" de que fala Genet, Alberto conhece... Trevas e deslumbramento os animam, os unem. Sem contorno, no desenho de Giacometti, mas uma multidão de traços reconstituem sua visão sem cessar recomeçada. Genet admira a precisão do traço, sua rigidez.

Cézanne trabalhava na matéria, diante do quadro, Alberto trabalha no ser, diante do quadro. Ele delimita seu campo de visão através de uma moldura imaginária, traçada com o pincel, e libera seu combate: cabeça ligada pelas pinceladas, densidade fantástica, alvo sulcado de traços. A solidez do torso, base suprema, o fixo, a extrema redução da cabeça enterra-o no olhar: "Se eu tenho a órbita, eu tenho a raiz do nariz, eu tenho a ponta do nariz, tenho as narinas, tenho a boca". Nariz fatal, conjurado com a morte de sua aterradora metamorfose: recorda-se o exorcismo do *Nez*, de 1947, a morte de Tonio, o inverno antigo em que Alberto, o estudante, permanece fechado no seu quarto de hotel pintando um crânio, "tentando achar a articulação, o nascimento de um dente", e desesperando-se.

Alberto repetia: "Eu tenho o hábito de olhar as pessoas de frente". Genet de frente, meio-corpo, a camisa amplamente aberta, posa. No quarto de fantasia, dir-se-ia que o monólito do passado surgiu, como humano. Pose frontal, aura da noite que cai no cosmos do ateliê.

"Eu ainda tenho nas nádegas a palha da cadeira de cozinha sobre a qual ele me mandava sentar durante quarenta e alguns dias para fazer meu retrato", confiará Genet a Antoine Bourseiller. "Ele não me permitia nem me mexer nem fumar, virar um pouco a cabeça, mas daí uma conversa de sua parte tão bela!"

A cabeça surge do vazio. Os pincéis finos e delgados constróem, com a ajuda de pequenos toques sobrepostos, em seguida Giacometti molha o pincel em um prato de terebentina, pressiona-o nos seus dedos, põe-se a trabalhar com branco e cinza. O outro pincel, maior, torna-se impetuoso por cima daquele que ele já pintou, com branco. A desintegração vai entrar em ação: apagar os detalhes. Com o pincel fino, Alberto recomeça, usa o preto. A aparição surda.

"É preciso que o trabalho apague o trabalho", dizia Jean Cocteau. Alberto confia a Genet: "Jamais conseguirei pôr num retrato toda a força que há em uma cabeça". Fascinado, Genet olha seu quadro, tira-o para fora para melhor vê-lo: ele o sensibiliza. Impõe-se, vem a seu encontro. As esculturas? Relevo, aresta, ponta despedaçada do metal, "cada um deles continua a emitir a sensibilidade que os criou. Nenhuma ponta, aresta que corte, rasga o espaço, está morta". Entre os dois homens, raia o indizível, a singularidade de cada um: Genet, filho proscrito, considerado enjeitado, não viveu adulto senão no hotel ou em prisão. Ele morrerá no hotel, nem mesmo será no Rubens, onde ele habitualmente desce, misteriosamente cheio. A maternidade, fosse ela a de um quarto, lhe será recusada até o último minuto. Ele vai parar num hotelzinho insignificante, o Jack's, deposita as provas de seu *Um Cativo Apaixonado* sobre a mesa de cabeceira desconhecida. É aí que ele vai morrer.

Genet, este outro viajante sem conhecimento das noites, permanecerá por toda a sua vida o prisioneiro do amor da mãe, esta Gabrielle que ele jamais viu. Ele não poderá senão enfeitá-la com as flores de seu nome. O G de Gabrielle será recoberto de giesta, a flor dos matagais.

Toda vez que Jean Genet cruza com uma horrível mendiga, andrajosa, ele é atravessado pelo pensamento: "se fosse minha mãe?" Alberto, na sua própria acuidade, adivinha todas as dores, e é dilacerante que ele tenha falado a Genet, precisamente, de seus amores por uma velha mendiga, "fascinante e maltrapilha, suja provavelmente e, até onde ele podia ver, quando ela o distraía, os lobinhos apontarem no seu crânio desprotegido. – Eu gostava muito dela, hein. Quando ela tinha ficado dois ou três dias ausente, eu saía na rua para olhar se ela vinha... Ela tinha tanto mérito como todas as prostitutas, não?"

Genet escreveu: "Não existe na beleza de outra origem senão a ferida, singular, diferente para cada um, oculta ou visível, que todo homem guarda em si, que ele preserva e para onde ele se retira quando ele quer deixar o mundo para uma solidão temporária, mas profunda... A arte de Giacometti me parece querer descobrir esta ferida secreta de todo ser e, até mesmo, de tudo, a fim de que ela os ilumine".

Ninguém foi mais sensível a Alberto, com sua cabeça cinza desgrenhada, cabelos cortados por Annette, sua calça cinza que cai sobre seus sapatos e seu culto pela poeira. "Ele sorri. E toda pele pregueada de seu rosto se põe a rir. De uma maneira estranha. Os olhos obviamente riem, mas também a testa (toda sua pessoa tem a cor cinzenta do ateliê). Por simpatia, talvez, ele tomou a cor da poeira. Seus dentes riem – afastados e cinzentos também – o vento passa através deles".

Alberto caminha claudicando na rua d'Alésia, junto a Genet, para ir tomar algo, e confia-lhe ter estado muito feliz quando ele soube, após seu acidente, que sua operação o deixaria coxo.

As mulheres de Giacometti, Genet as vê como deusas. Ele se torna eloquente, falando dos bustos de Diego: "O busto de Diego não chega jamais a esta altura, até agora ele nunca recua – para daí voltar a uma velocidade terrível – desta distância de onde eu falava. Seria antes o busto de um padre pertencente a um muito alto cléro. Não deus. Mas cada estátua tão diferente se prende sempre à mesma família altiva e sombria. Familiar e muito próxima. Inacessível". Genet, pelo misterioso poder da poesia, reconheceu em Diego este grande sacerdote de seu irmão, graças ao qual o ritual de sua criação pode prosseguir. O *Captif amoureux* (Cativo Amoroso) não pode ter segredo para ele.

Genet atinge o mistério obcecante das esculturas de Alberto. "Esse incessante, ininterrupto vaivém da distância da mais extrema à mais próxima familiaridade". Nenhuma nota a mais, como em Mozart. As notas se amam.

A borra dos cinzentos, a paleta colocada no meio das velhas garrafas amansa o escritor: "Parece-me que para ele uma linha é um homem: ele a trata de igual para igual".

O dialógo, irresistível, desaba sobre nós:

Giacometti: "Quando eu passeio na rua e vejo uma puta de longe e toda vestida, eu vejo uma puta. Quando ela está no quarto e toda nua diante de mim, eu vejo uma deusa".

Genet: "Para mim uma mulher em pelo é uma mulher em pelo. Isso não me impressiona muito. Eu sou realmente incapaz de vê-la como deusa. Mas suas estátuas, eu as vejo como você vê as putas nuas".

É permitido perguntar-se se a homossexualidade de Jean Genet não divinizaria, ela também, a visão de um nu macho, efebo ou malandro. Genet ama a frescura de fera e as presas para o milagre. "Um assassino tão belo que faz empalidecer o dia…" Em todo caso, ele percebeu "esse povo de sentinelas douradas" de Alberto na sua emotividade a mais absoluta: "Ao lado delas, como as estátuas de Rodin ou as de Maillol estão preparadas para arrotar, depois dormir..."

Enfim, ele atinge o mundo da magia quando evoca os pés das estátuas: "Estranhos pés ou pedestais!... Parece que aqui Giacometti – que ele me perdoe – observa um ritual íntimo segundo o qual ele dará à estátua uma base autoritária, rústica, feudal... A inquietude, a fascinação que nos vêm desse fabuloso coxo não é da mesma ordem que o resto. Pela cabeça, as espáduas, os braços, o quadril, ele nos ilumina. Pelos pés, ele nos encanta".

Com seus óculos quebrados baixados sobre o nariz, Alberto não cessa de perscrutar seu modelo, sentado bem reto, rígido, prestes a ser repreendido se ele se mexer. Ele olha-o, maravilhado: "Como você é belo!" E Genet prossegue: "Ele dá duas ou três pinceladas na tela, parece, sem cessar de me trespassar com o olhar. Ele murmura outra vez como para si mesmo: 'Como você é belo'". Em seguida, ele acrescenta esta constatação que o maravilha ainda mais: "Como todo mundo, hein? Nem mais, nem menos".

Genet pressente que a obra de Giacometti, desde os milenários egípcios, assemelha-se ao povo dos mortos. Talvez pela infinita solidão que o rosto humano, captado pelo arrebatamento de Alberto, reflita o inexorável.

De Giacometti, o homem que ele mais admirou, Genet dirá: "Alberto me ensinou a sensibilidade diante da ninharia, diante das coisas em geral". O ingênuo frescor do objeto, ele jamais o degrada. "Parece-me que, para abordar os objetos, o olho, em seguida o lápis de Giacometti, se despoja de toda premeditação servil". Como um ser único, ele encontra em si o insubstituível.

Alberto atravessa do território gélido dos mortos àquele dos vivos. Muitos anos mais tarde, Genet irá querer rever o corpo daquele que ele tanto amou, Abdala, o acróbata caído. "Teus saltos", escrevia-lhe, "não tema considerá-los como um rebanho de animais. Em ti, eles viviam no estado selvagem... Graças a teus encantos, eles estão submissos e amestrados". Abdala caiu do arame no Kuwait, executando um salto mortal. Seu suicídio atormenta o escritor. No seu quarto de aluguel barato, Abdala engoliu Nembutal e cortou os pulsos, deixando as páginas de Genet cheias de sangue… Genet dirige-se à morgue onde ele descansa. As lantejoulas de ouro extinguiram-se e o equilibrista maravilhoso tornou-se um Giacometti: "Olhando este rosto de Abdala morto, eu o reconheci o mais próximo e incalculavelmente, escandalosamente, distante das esculturas de Giacometti".

Genet vai tornar a enfiar seu blusão lendário e reencontrar sua solidão. "Nós não tínhamos terminado de nos falar de amor, nós não tínhamos terminado de fumar nossos Gitanes", escreveu ele no *Le Condamné à mort et d'autres poèmes* (O Condenado à Morte e Outros Poemas). A camaradagem do retrato termina. Ele e Alberto vão logo se deixar. Maçã, garrafa, mesa, palmeira impedem também o enlevo. A interrupção manda dizer a Alberto, antes que ele a deite sobre a folha de papel na sua ingênua nudez: "É uma interrupção, é Ela". E nada mais, acrescenta Genet.

Sim, mas o lustre tão amado de Stampa, no ateliê, sob o qual os pequenos Giacometti aninhavam-se crianças, o lustre que tudo ilumina, é a mãe. Sua despedida permanece interrompida sob os ombros tutelares de Annetta e de Gabrielle, mães deles. O que aconteceu, mas também o que não aconteceu, liga-os.

Frequentemente, diante dele, Alberto repete esta ordem da qual eu encontrei, graças a Genet, a origem, uma vez que eu a tinha descoberto nos lábios de Diego: "É necessário valorizar…" E Genet, acrescentando: "Eu não penso que ele tenha dirigido uma vez, uma única vez na sua vida, a um ser ou a uma coisa um olhar desprezível. Cada um deve aparecer-lhe na sua mais preciosa solidão".

Mulheres de Veneza

No outono de 1955, Alberto recebe o convite oficial para a sala principal do pavilhão francês na Bienal de Veneza, em junho do ano seguinte. Uma grande retrospectiva de sua obra terá lugar em Berna ao mesmo tempo.

Neste ano de 1955, Alberto, mergulhado no seu trabalho, queixa-se: "Eu quero fazer Marylin Monroe e eu prorrogo, prorrogo..."

Dez *Femmes de Venise* nascem. A pequenez desproporcionada das cabeças, seus corpos esticados, a enormidade dos pés obedecem ao ritual íntimo de Alberto. De seu arrebatamento, o mistério permanece intacto, ao mesmo tempo em que uma imorredoura proximidade cai sobre nós. Desenhos soberbos, estudos de interior, Stampa, Paris, transformam cadeiras, mesas, panelas, garrafas. Os retratos pintados de Diego, Annette e a mãe resplandecem, ininterruptamente, na aura dos retratos de Fayoum.

Era preciso ver Alberto, cigarro nos lábios, carregando, como a uma criança, uma escultura de bronze destinada à exposição, ou disfarçando-se sob um impermeável que lhe recobre a cabeça, estranha figura escondida sob a chuva – duas fotografias entre os mais belos retratos que Cartier-Bresson tirou dele. Ele continua seu regime infernal, café em cima de café, uma fatia de presunto e um ovo duro engolido às seis horas no café da esquina, com um copo de vinho tinto, antes de se entregar ao trabalho, um jantar tardio na Coupole, em seguida a eterna vadiagem noturna. Ele fuma até quatro maços de cigarros por dia.

A irreverência jamais agradou aos dois irmãos. Alberto usará sempre uma gravata. Certamente Diego e ele passaram à ofensiva contra o preconceito, mas esta é uma outra questão. A reverência deles à mãe durará para sempre. Eles preferem ser homens de paradoxos que homens de preconceitos. Esses dois filhos de uma mãe adulada permanecerão tão misóginos tanto um quanto o outro, à sua maneira. "Há sempre alguma coisa que não vai", resmunga Diego a propósito das mulheres. Mas ele agrada-as. E a sedução de seu irmão, à flor da pele, quase no nível do sexo, tranquiliza Alberto no mais obscuro de si mesmo. Diego é seu par. Seu espelho. Diego põe de lado o dinheiro, como a aranha bem-amada de seu passado, suas presas. Alberto dá punhados de dinheiro às moças e, sempre, o mínimo a Annette.

Esta se queixa sem parar, de recriminação em recriminação, a "pequena" Zozotte perde sua graça. Diego antipatiza ostensivamente com ela, por irritar seu irmão. O que agrada a Annette é jantar à noite com Olivier Larronde e Jean-Pierre Lacloche, quando eles convidam

Alberto: seu luxo decadente, seu refinamento fascinam-na. Ela se irrita com a falta do conforto mais elementar.

Raymond Mason gostava de entrar no corredor da rua Hippolyte-Maindron, 46, e respirar o odor do gesso úmido e ouvir o ruído do aquecedor Godin preparado. Sua primeira visão de Alberto voltou a ser no café de Flore: "Cabelos embranquecidos em desordem, roupas amarfanhadas, mãos que gesticulam, ele falava incansavelmente... todos os seus traços dominados pelas linhas profundas de uma pele gretada como a de um velho Sioux". Mason via-o bancar o fanfarrão com Annette e conta comicamente: "Por solidariedade com seu público, ele podia jurar aos céus que esta ou aquela exposição de um outro artista da galeria de Maeght, aberta na véspera, estava 'muito, muito bem'. Então Annette, com seus olhos redondos e cândidos, dizia: 'Mas ontem à noite você me dizia que era uma merda'. 'Você, cale-se!' berrava Alberto, contente, eu pensava sempre que a verdade fosse assim respeitada".

Alberto e Annette tomam o trem para Stampa, onde Alberto vai deixar sua mulher e sua mãe a sós, e partir para Veneza. A colocação de suas estátuas espera-o. Ao final de uma semana, antes da abertura da Bienal, ele se encontra na solene retrospectiva de Berna. Annette encontra-o na inauguração da exposição, organizada por Franz Meyer, conservador de museu, casado com Ida, a filha de Chagall. Uma jovem e bonita admiradora veio expressar sua emoção a Alberto, que a beijou expontaneamente nas duas faces. Annette se pôs a berrar como um cabrito e teve que se retirar em um quarto vizinho. Seus nervos não a deixavam em paz. Não era senão o início da tempestade.

O poema de Aragon é mais que oportuno:

> O tempo passa passa passa
> Com sua corda faz nós,
> Em volta daqueles que se beijam
> Sem vê-lo girar em volta deles
> Quem então matou o pássaro azul
> Retirou de sua juventude
> Aquilo que se pode e é bem pouco.

Annette não é Elza, e o mundo da sombra e do espectro está por vir. Os que chegam e os que sobrevivem vão se matar uns aos outros.

Último Amor

> Deve existir um vínculo entre essas figuras severas e solitárias e o gosto de Giacometti pelas prostitutas. Graças a Deus tudo não é explicável, eu não vejo claramente este vínculo, mas eu o pressinto.
>
> JEAN GENET

O Recém-chegado, Yanaihara

Isaku Yanaihara vai posar de 1956 a 1961 para Alberto Giacometti: duzentos e vinte e oito dias, durante suas estadias sucessivas em Paris, relatadas no seu diário, publicado em japonês. Ele inspira a Alberto o que a japonesa Sashiko Natsume-Dubé chama no seu ensaio, com a mesma palavra utilizada por Alberto, "a catástrofe", de novembro de 1956.

Quem é então esse recém-chegado? Por carta, um escritor japonês tendo escrito sobre Alberto em uma revista de arte, apresenta-o a este último. Os dois homens se encontram, pela primeira vez, no Café des Deux Magots. Yanaihara se encontra no ateliê, primeiramente com a concordância de Alberto, em seguida, sem avisar, ou no café da esquina, na rua Didot. Espontaneamente, Alberto convida-o para jantar, com Annette, Jean-Pierre Lacloche e Olivier Larronde. Inverno e primavera se escoaram, em seguida Yanaihara resolveu parar no Egito, no caminho de volta ao Japão, onde mulher e filhos esperam-no.

Filho de um eminente professor de economia política, Yanaihara tornou-se professor de filosofia e ensinou em diferentes universidades, no Japão, antes de obter uma bolsa do CNRS para prosseguir estudos na Sorbonne. Ele traduziu *O Estrangeiro* de Camus e se interessa pelo existencialismo na pessoa de seu dois arautos, Sartre e Simone de Beauvoir.

Ele vê Annette posar, e Jean Genet. Em seguida, Alberto decide tomar Yanaihara como modelo, que deve, então, mudar-se de seu quarto de estudante no hotel Raspail, próximo da rua Hippolyte-Maindron. Jean Genet vem frequentemente ao ateliê enquanto o jovem japonês posa para Alberto, enamorado de seus modelos, no dizer do escritor. O que Giacometti chama de "aventura", a do retrato, fascina Genet. "Que paixão!", exclama ele, diante de Yanaihara imobilizado.

A catástrofe ocorreu em novembro: Alberto trabalha em três telas de Yanaihara ao mesmo tempo, uma à tarde, outra das duas às cinco, de seis às oito, em seguida à noite, de oito até meia-noite.

"E de repente, gritando 'Merda! Merda!', ele retirou subitamente seu braço estendido em direção à tela. 'Merda!' Os dentes cerrados, fixando-me com um ar aterrador, ele tentava, com o braço estendido, tocar a tela. No momento em que o pincel estava prestes a tocar a tela, ele retirou o braço como sob o efeito de uma descarga elétrica. Ele gemeu: 'Não, eu não tenho a coragem de tocar a tela'. No início, eu acreditei que ele o fazia de propósito. Mas não era o caso. Ele bateu com o pé, praguejando antes de estender de novo o pincel em direção à tela. Mas seu braço foi outra vez retirado, como empurrado por alguma coisa. Esse movimento se repetiu três ou quatro vezes. 'Não', gemeu ele. Tendo parado de pintar, ele ficou muito tempo sentado, a cabeça nas mãos, imóvel".

Alguns instantes mais tarde, Yanaihara se levanta e se aproxima dele: "Para minha grande surpresa, ele chorava. Ele se mordia os lábios, as mãos contra os olhos. 'O que você tem Alberto?' eu repeti, e, no momento em que pus minha mão sobre seu ombro, ele começou a soluçar".

Após uns poucos instantes, Alberto recobrou sua calma e desculpou-se. "Seu rosto sobre a tela me parecia uma bomba que podia explodir ao menor contato e que ia desmoronar... Tudo vai desmoronar. Tudo vai se afundar e arruinar-se num abismo inacessível. Olhe, não há olho nem nariz nem orelha, não há senão uma neblina. Se eu continuar esse trabalho, não ficará mais nada sobre a tela, que fazer?"

Yanaihara torna-se esquivo. Alberto atira seus pincéis, arruma-os à tarde, depois à noite.

"Tudo desaba, não somente esta tela, mas minha pintura inteira. O mesmo para a escultura, eu não poderei mais fazer nem pintura nem escultura. Não somente meu trabalho, mas minha vida também afunda, ela desintegra-se e tudo escapa".

Lembremo-nos dos psicodramas famosos que assinalaram a vida de Alberto e seus ciclos, desde a crise de 1925. No dia seguinte, a mesma cena, integralmente, se reproduz e nos próximos dias. Alberto berrou, soluçou. Annette, habituada a esses tormentos, também jamais o vira em um tal estado, confiou ela a Yanaihara.

Este adiou pela quinta e última vez sua partida, em meados de dezembro, e o desgosto de Alberto foi imediato: "Seria demasiado cruel se você tivesse de partir depois de amanhã. Meu desespero, minhas dificuldades e minha falta de coragem desses últimos dias eram devidos à iminência de sua partida. Se eu tenho ainda quinze dias pela frente, eu posso trabalhar com muita coragem. Você não pode imaginar como eu estou feliz".

Falaria ele à mulher amada como as mesmas palavras poderiam parecer tão perturbadoras. Ele se esforça, apesar de tudo, e recomeça, raspa as camadas de pintura acumuladas no lugar do rosto, com seu canivete de escultor. "Aqui está o deplorável resultado de nossos esforços. Mas eu não poderei avançar sem passar por aí, eu não tenho escolha".

Alberto é hiperconsciente dessa inevitabilidade. "Não se pode progredir senão através de uma catástrofe. Se há alguma coisa de notável no retrato de 1956, é devido à catástrofe". E ele profere esta palavra tão bela: "O verdadeiro trabalho começa quando nos encontramos".

Na véspera e na própria manhã da partida, eles trabalharam. Alberto diz a Yanaihara: "Graças a você, que posou com paixão, eu fiz muitos progressos, o que se verifica em duas coisas: primeiramente, o fato de que eu posso trabalhar como de hábito na véspera de sua partida, isto é, destruir como de hábito, porque estou destruindo o que fiz ontem. Eu não era capaz disso antes. Em segundo lugar, o fato de que ultrapassei o limite do possível para poder continuar o trabalho que me parece impossível… O que é pena é que somente agora o verdadeiro trabalho começa, enfim, e eu começo a compreender como fazer. Merda, eu avanço demasiadamente devagar. Se eu tivesse ainda alguns dias, eu faria certamente muitos progressos…"

Chantagem de uma criança, de um amante, de um artista? A aventura não está senão à espera. À espera até o verão seguinte.

A Outra Aventura

Uma outra aventura, e de porte, liga Yanaihara a Annette. Em uma tarde de novembro, Alberto anunciou a seu modelo que ele o liberaria para seu sarau à noite, tendo um compromisso. Annette propôs a Yanaihara acompanhá-lo ao concerto, sala Gaveau, para ouvir um recital de *negro spirituals* por negros americanos. Eles deviam se encontrar com Alberto no café de Flore.

No táxi, Yanaihara enlaçou o ombro de Annette. Eles se abraçaram. Do café de Flore, onde eles tinham ido encontrar-se com Alberto, eles se encontraram os três em Montparnasse, onde Alberto abandonou-os de novo. O hotel de Yanaihara era ao lado…

Um pouco ansioso, no dia seguinte, ele procurou junto de Alberto saber se ele estava furioso. "Absolutamente," respondeu Alberto, "eu estou muito contente". Nas noites seguintes, foi o mesmo.

A ambivalência de Alberto não pode deixar ignorar seu ciúme – afinal de contas, ele fora o grande homem na vida de Annette. Ela se desdobrava com sua impotência crucial no seu trabalho. "Eu acreditei, com o tempo, ter feito progressos, um pequeno progresso, até o momento em que eu comecei a trabalhar com Yanaihara. Desde então as coisas foram de mal a pior". O reinado cujo príncipe é uma criança, algo nele permanece seu. Ele pode afirmar-se feliz conquanto Annette esteja feliz, ele não é nada. Sua inteligência pode tudo dissimular. Diego se enfurece. Ele nunca gostou deste impecável estrangeiro que Alberto obriga a almoçar ou a jantar com eles, para integrá-lo em suas longas discussões nos cafés, nos seus passeios. Seu segredo com sua cunhada o revolta.

Yanaihara ensina algumas palavras em japonês a Annette, que repete a Alberto. Este último diz a seu novo amigo: "Estou certo de que ela te adora".

Seu masoquismo disfarça o ultraje. Ele mergulha, após a partida de Yanaihara, num novo retrato de Annette, e quer realizar outro busto de Diego. Impossível para ele, nessas condições, ir a Nova York, onde o Chase Manhattan Bank apela a ele e a Calder: a construção de um novo imóvel de sessenta andares em Manhattan para sua sede central e a área espaçosa que vai se estender ao pé do edifício exigem algo de monumental. Alberto jamais viu um arranha-céu na sua vida e trabalha sobre suas maquetes. Com quatro grandes figuras de mulheres, dois homens a caminho e uma cabeça monumental de Diego.

Morto de cansaço, Alberto permanece infatigável. O retrato de Stravínski decidido, o ritual é tomado por uma pose a cada passagem do ilustre compositor por Paris. Ele posa no hotel para seu amigo. Suas afinidades são profundas. Descobrindo Alberto na multidão à saída de um de seus concertos, Stravínski precipitou-se para abraçá-lo.

Na manhã da inauguração da terceira exposição Giacometti na galeria Maeght, em junho de 1957, Diego, chegando ao ateliê, achou quatro novas esculturas de seu irmão com o seguinte bilhete: "Você pode me fazer uma moldagem de cada uma para esta tarde? Senão, a exposição é inútil". O monstro sagrado tem a paixão de um iniciante. Diego rendeu-se.

O insubstituível Yanaihara voltou em julho e tudo recomeçou. Annette, enamorada, atirou-se no verão. No último dia, Yanaihara posou uma hora e meia antes de alcançar o aeroporto, acompanhado por Annette e Alberto.

Ele não devia retornar no verão seguinte, e o caldo aguado da bruxa reapareceu na rua Hippolyte-Maindron, entre uma Annette cada vez mais nervosa, insônica e empanturrada de tranquilizantes, e Alberto, enfurecido. Uma jovem mulher de vinte e oito anos, nascida em Nápoles, Paola Carola, vai posar durante oito meses para Alberto. Seu marido, idoso e rico, desejava seu retrato por Balthus, mas Paola entrevira a obra de Alberto, aos dezoito anos, na Bienal de Veneza, e ela insistiu. Matta deu o endereço desejado de Giacometti. "O que o interessava", lembra-se ela, "era a cabeça, não fazer a cabeça de Paola". Sua ideia fixa, a cabeça.

Aimé Maeght, em uma bem-aventurada mania de grandeza, deseja realizar seu projeto de museu, nas colinas de Saint-Paul de Vence. *La Jambe* (A Perna) sai do ateliê, entre os projetos para o Chase: perna de bronze seccionada na base do quadril, ela se apoia sobre o famoso pé que Alberto esteve a ponto de perder, o pé plantado como uma árvore transformada em base transcendente de todas as suas estátuas. Pé fatal que completa a famosa série de já uma década: *Le Nez, La Main, Tête sur tige* e sua boca aberta. Os exorcismos de Alberto no seu corpo.

Seus escritos foram publicados do outro lado das montanhas, em Zurique, onde vivem Bruno e Odette, parentes e amigos. A montanhesa Annetta não deixa mais Stampa. Ela se compara naturalmente à mãe dos Gracos, que chamava seus filhos suas joias. Annette tem horror desse templo de amor, que ela gosta cada vez menos de encontrar. Mas como fugir disso?

A Recém-chegada:
Caroline

Em 1959, morreu o doutor Francis Berthoud, o marido de Ottilia Giacometti, a irmã morta. O pequeno Silvio, de quem Alberto fizera o busto em Genebra, entre suas senhoras do Perroquet, tem vinte e dois anos. Ele se parece, como duas gotas de água, a seu tio Alberto, a quem ele vem frequentemente ver com Diego, em Paris. Médico, ele se casa com a filha de um pastor evangélico de Genebra.

Amante despeitado, Michel Leiris tenta o suicídio engolindo um frasco de fenobarbital. Tempo perdido, porque ele não morreu e escreveu *Vivantes cendres innommées* (Vivas Cinzas sem Nome), confiadas a Alberto para que ele as ilustre. Yanaihara voltou naquele verão e retomou os implacáveis horários de pose. Cada vez mais, Alberto tendia nas suas pinturas à monocromia, o famoso cinza Giacometti. "Eu tento pintar com cores," dizia ele, "mas eu não posso aplicar cores sem ter previamente uma estrutura. E construir esta estrutura na tela já é uma tarefa interminável. E chegar daí ao colorido parece-me equivaler ao impossível. Eu não sei como se faz isso, eu simplesmente não o vejo".

Alberto vai participar da admiração pelo cinza. "Uma após outra, as cores deixaram o baile; para acabar não restou senão cinza, cinza, cinza! Minha experiência: a cor que eu sinto, que eu vejo, que eu quero representar, que significa para mim a própria vida, pois bem! eu a destruo, eu a destruo completamente quando eu coloco deliberadamente uma outra cor".

O destino não espera. Em uma noite de outubro, Alberto jantou tarde na Coupole e foi tomar um drinque no Adrien. Abel, o *barman* negro, o acolheu com seu habitual "Senhor Alberto", em seguida, Dany e Ginette, suas íntimas, foram ter com ele à sua mesa. No bar, uma moça bem jovem, cabelos e olhos castanhos, despertava a curiosidade de Alberto, e Dany teve muito prazer em fazê-la vir à mesa deles. Ela se chamava Caroline.

Na identidade civil, ela se chamava, realmente, Yvonne Poiraudeau. Este duplo, com o qual tantas mulheres sonham, Alberto iria transfigurá-lo na sua *Caroline*.

Eles se encontraram, os quatro, no [hotel] OK vizinho, onde era possível comer. Quando Dany e Ginette tiveram que ir embora, Alberto colocou um punhado de notas em um pires. Isto era evidente para ele: seu tempo estava em débito. Ele ficou sozinho com Caroline.

Ela tinha vinte e um anos, Alberto, cinquenta e oito. Sua linguagem deslumbrou a jovem mulher. Caroline era espontânea, ela gostava de falar de si, embora suas companhias fossem suspeitas. Infeliz na sua família, ela passara por um reformatório. A extrema juventude de Caroline poderia fazer pensar no encontro de Charlie Chaplin com aquela que será sua segunda esposa: ela tem doze anos e representa o Anjo tentador em *O Garoto*.

O altruísmo de Alberto não pertencia senão a ele. Nunca foi mercenário. Jovem, nada lhe era mais estranho que o Avida Dollars, o apelido dado a Dalí por Breton. Hoje, ele se diferenciava totalmente de um Charlie Chaplin cuja trouxa transformada num lingote de ouro tinha-o transportado com mulher e filhos a uma casamata suíça...

Quando a empregada de sua mãe em Stampa chegou à mesa de jantar com o anúncio, para Alberto, de que ele acabava de receber o prêmio Carnegie, ele lhe presenteou com o montante desse prêmio para agradecê-la pela sua gentileza para com sua mãe.

O ambiente das moças e dos proxenetas, seus Bubus de Montparnasse, não é para amedrontar Alberto. Ele se entretém com narrativas de Caroline, e, quando às seis da manhã eles saem para o boulevar, a aurora tão cara a Alberto desponta.

O café da esquina, o Dupont-Parnasse, estava aberto e Caroline diz a Alberto: "Entremos. Eu te ofereço uma xícara de café". Até as nove horas da manhã, eles falaram, falaram... Pressentiam que apesar de tudo iam se tornar indispensáveis para sempre? Fazê-los inseparáveis, eles que, segundo toda lógica, poderiam não mais se rever. Mas as centelhas entre aqueles dois tinham sido demasiado ardentes, elas os iluminavam. Desde então, Caroline tinha sede de ouvir, de novo, a palavra resplandescente de Alberto. Ele subjugava-a.

Marlene Dietrich tinha adorado *Le Chien*, de Alberto, sua ondulante silhueta melancólica, com flancos salientes. Ela quis encontrar o escultor. Alberto fê-la vir ao ateliê, entre suas paredes gravadas, grifadas e pintadas. Pontas de cigarro e fósforos queimados cobriam o chão, a grande mesa coberta de garrafas vazias, dezenas de velhos pincéis, de paletas e de alguns gessos quebrados. A deusa sentou-se aos pés de Alberto: "Ele trabalhava, então, sobre estátuas de mulheres tão grandes que ele tinha de subir em uma escada para atingir o topo. O ateliê era frio e nu. Ele estava aí empoleirado na sua escada, eu acocorada olhando-o, esperando que ele descesse ou que pronunciasse algo. Ele falou. Mas o que ele disse foi tão triste que eu teria chorado se eu tivesse sabido chorar no momento adequado. Quando ele ficou à minha altura, nós nos abraçamos".

A cena, emocionante, do encontro entre aquela que chamavam *As Pernas* e Alberto, cinéfilo fascinado, ia se cobrir de rosas, de enormes buquês de rosas vermelhas que Marlene enviava em seu lugar, quando ela não podia vir, com mensagens escritas às pressas. "Penso em você. Marlene.", ou um telegrama.

Marlene, com prenome de meiguice, e cujo nome estala como um chicote, dizia Cocteau, amava os homens rudes. Sua ligação com Jean Gabin é testemunha disso. O escultor de beleza selvagem excitou a estrangeira? A atriz colecionava as aquarelas de Cézanne na sua casa e sabia realmente que encontrava um dos maiores criadores de seu tempo. Natural, ela dizia-lhe preferir o gesso de seu *Chien*, com sua estopa, ao bronze. No café da esquina, ninguém se preocupava com ela, Alberto podia falar até fartar-se.

Alberto deixou no Lancaster, o hotel de Marlene na rua de Berri, em um domingo, uma pequena escultura de gesso antes de sua partida de Paris. Eles não se reviram mais. A madura sedutora fora eclipsada pelos vinte anos de Caroline.

Caroline veio, pela primeira vez, ao ateliê. Era inverno. Ela morava no hotel de Sèvres e chegava à direção de um enorme veículo americano. Desde o primeiro olhar, Diego detestou-a. Ele recomendou ao irmão que desconfiasse, seu carro dava-lhe a impressão de ter sido roubado. De vez em quando, Caroline desaparecia. Ela tinha a paixão do jogo... Perder ou ganhar contava menos que a excitação: seu próprio prodígio, sua necessidade de esbanjar.

Alberto decidiu ir ter com sua mãe, em Stampa, no vale sombrio de fim de fevereiro; encontrou-se ele, em Zurique, com Caroline? Annette, cada vez mais irritável, não o acompanhava. Não obstante, ele esperou sua namorada em vão. Ela chegou tarde demais, deixou uma nota para Bruno, o irmão de Alberto, que fê-la seguir para Stampa.

Rapidamente de volta a Paris, Alberto procurou Caroline. Ela não estava em lugar nenhum. No seu hotel, não se sabia de nada. Seu desaparecimento prostrou-o. Fora de si, interrogava sem cessar Abel, o *barman* extremamente informado sobre usos e costumes de seus jovens hóspedes, no Adrien. O desaparecimento de Caroline abrasava Alberto. Oito dias em Roma, para onde ele não retornara desde sua juventude, passaram como um sonho. "Diego em Stampa, Annette em Roma, Caroline, desaparecida. O telefone toca na sala de trás do bar, se fosse ela? Não, ninguém veio me chamar.

Eu acreditava vê-la no meu retorno, não, silêncio, onde está ela? Que ela volte! Que ela volte! Eis tudo o que sei escrever nessa noite aqui, nesta mesa do OK, às quatro horas da manhã".

Seu diário não mente. Todo seu ser não é senão súplica para seu retorno. A famosa cristalização, sem igual para o apaixonado que ele se tornou, subjuga-o de corpo e alma. Dany tem compaixão dele e consegue para ele o endereço [de Caroline]. Alberto escreve-lhe, na mesa de café onde se encontraram pela última vez.

Furiosa por ter sido descoberta, Caroline respondeu-lhe asperamente, já com ciúmes de Dany. O meio das moças não é indulgente com ninguém. Alberto frequentara-o toda a vida. Chez Suzy, o bordel da rua Grégoire-de-Tours, fotografado por Brassaï, seu querido e familiar Sphinx, tinham sido encerrados, mas o bando de prostitutas não tinha mais sentido para ele. Os irmãos Goncourt escreviam, no seu *Journal*, a propósito das mulheres da vida e de sua impessoalidade. "O eu desaparece delas, isto é, a consciência e a propriedade de si, a tal ponto que, nos bordéis, as moças comem indistintamente com os dedos no prato de uma ou da outra: elas não têm mais senão uma alma na marmita". Alberto foi transportado em um outro registro, o do amor próprio. "Um único ser te falta e tudo está vazio".

Annette pode ranger dentes, Diego praguejar às escondidas, Caroline tornou-se a única. No dia vinte de maio, ela reapareceu. Na Coupole, onde estava encomendando seu jantar, e Alberto entrou, acompanhado de Pierre Matisse, que abandonou imediatamente para ir ter com ela.

Ela tornou-se, então, seu modelo principal e se pôs a posar à noite. As noites. Os gemidos de Alberto sobre a impossibilidade de pintá-la tal como ele a via deixavam-na categórica. Ele a tomava realmente para seu prazer. Ele não lhe pedia nada mais a não ser ela mesma. "Eu era seu delírio", dirá ela, num resumo comovente de sua paixão.

O paciente Diego não está senão cada vez mais inquieto. Não estando o carro de Caroline em condições, ela quis uma Ferrari. Alberto comprou-lhe um MG conversível vermelho. Caroline tinha o arrebatamento da velocidade, e Alberto gostava de rodar depressa, sem saber dirigir. Jean Leymarie guardava uma lembrança inesquecível de Caroline chegando ao volante de seu carro vermelho sangue. Devendo fazer uma conferência sobre arte e sexualidade, Leymarie interrogou Picasso. "É parecido", falou bruscamente Picasso.

O condutor de ordens, para Alberto, torna-se o capricho de Caroline. Eles se encontram frequentemente em um hotel obscuro da rua Jules-Chaplain, Villa Camellia. O gosto de olhar caracteriza os hábitos sexuais de Alberto e a presença de um terceiro, no estreitamento amoroso, permite à impotência transformar-se em cerimônia... O dinheiro é também uma força carnal de envergadura, meio de possessão que se põe no lugar da libido enfraquecida, no cenário erótico. Frequentemente esta troca pode se comutar em esperma. A impotência se consolida em prazer recíproco, do dar e receber, indispensável dupla face do sexo. O dinheiro, meio fálico de acolher favoravelmente um para o outro, um pelo outro. O dinheiro está aí para consertar, senão, para que ganhá-lo?

Quando, no passado, Alberto tinha buracos nos seus calçados, isso o constrangia muito, mas desde que ele tinha todo esse dinheiro que o esperava na galeria, esses buracos ele não os sentia mais absolutamente, confia ele à esposa de Raymond Mason.

Livre como o ar, Caroline é experiente e segura de si. As vociferações de Annette são substituídas pelo encantamento. Por nada no mundo Alberto renunciaria a isso. Deslumbrado por Caroline, ele não é mais ambivalente. Ele espreita-a, deseja-a. Ele contempla-a.

Naquele verão, Yanaihara voltou e retomou a pose de dia. Fascinado por Caroline, ele encontra-a frequentemente com Alberto a altas horas em um bar ou em uma boate. Annette não pode esconder sua amargura. A depressão lhe é latente. Zozotte passa seu tempo a insultar e subscreve seus bilhetes a Alberto, exasperada com o novo apelido com o qual ele a interpela: "o barulho e o furor".

Giacometti fez uma escultura de Yanaihara antes de sua volta do outono ao Japão. A agitação iniciática é Caroline que a provoca.

Cada Vez Mais

Alberto quer desesperadamente possuir uma parte do corpo de Caroline que não pertença senão a ele. Não importa qual, óbvio: ele tem em mira o espaço retro-maleolar, bem acima de seu salto direito, ali onde o tendão de Aquiles desenha dois vazios. Caroline consente em vendê-lo. O dinheiro pertence ao corpo dos amantes.

Gaiatos apresentaram-se no ateliê, dizendo que Caroline aí passava tempo demais. Alberto compreendeu imediatamente o que ocorria e convidou-os a se encontrarem com ele no café da esquina, onde eles estariam mais à vontade para falar. Um preço foi fixado.

A irresistível necessidade de ser o provedor de Caroline alimenta a fantasia de Alberto e "o barulho e o furor" de Annette. No fim de 1960, ele compra para sua mulher um pequeno apartamento a três minutos de Montparnasse, na rua Léopold-Robert — ao qual Annette não se acostumará jamais – e a Diego o pavilhão e seu limite de jardim, na esquina da rua Hippolyte-Maindron e da rua do Moulin-Vert. Diego aí viverá até o fim de seus dias, e aí eu o encontrei inúmeras vezes.

Quando se deseja uma mulher, dormir com uma outra é muito duro. O abajur aceso à noite, as explosões de tosse de Alberto colocam Annette fora de si. Mas ela não consegue ir embora.

Para Caroline, sua rainha, Alberto oferece o dinheiro necessário para que ela compre um amplo apartamento na avenue Maine. O velho ateliê de Alberto não veria nenhuma mudança.

Seu amigo Beckett confia-lhe o cenário de *Esperando Godot* para nova representação no Odéon, em maio de 1961: é uma árvore singular, que sugere também que se pode enforcar-se em um de seus ramos. Assistido por Diego, Alberto realizou uma criação arbórea, de gesso, depois pôs-se a retocá-la, interminavelmente. Entre ele e Beckett, a insatisfação rivaliza. "Toda noite, nós tentamos fazer esta árvore de gesso maior ou menor, e tornar seus ramos mais finos. Não era nunca exatamente assim. Cada um de nós dizia ao outro: talvez". Um dia, exausto com seu diálogo de surdos, Diego, não querendo mais brincar de jogar o perde-ganha, mandou vir um caminhão para transportar a árvore ao Odéon.

Uma cena de grande beleza vai interpor-se, por ocasião de uma sessão de pose de Marguerite Maeght para seu retrato por Alberto. Eles estão, todos os dois, absorvidos por essa tarefa, quando Caroline empurra a porta do ateliê. Alberto pousa seus pincéis e fixa-a. Nenhuma palavra foi trocada, e Guiguite Maeght, proibida de manifestar-se pelo olhar incandescente que os dois direcionaram-se, mantém-se muda. Com seu instinto infalível, a partir da carroça onde ela vendia legumes ao Rolls-Royce que a transporta hoje, ela sente bem a ligação dos dois amantes a um outro planeta do qual ela está excluída. Isolados no mundo, durante esses dez minutos após os quais Caroline volta a atravessar a porta e vai embora.

No dia dois de junho, para a quarta e última exposição de Giacometti, na galeria Maeght, o local conheceu um triunfo. Tudo foi vendido em vinte e quatro horas. Vinte e quatro quadros, vinte e duas esculturas, naturezas mortas, maçãs, uma paisagem. Os retratos de Yanaihara, Annette, Diego e da senhora Maeght não podiam destronar a acuidade perturbadora das seis visões de uma misteriosa *Femme assise*. Caroline. Aquela que Alberto chamava "la Grisaille" tornava-se célebre. A fina flor de Paris contempla a nova egéria.

O prêmio Carnegie fora atribuído à escultura de Alberto, em Pittsburgh. Paris descobre um imenso pintor. O ciúme de Annette está no seu auge. A intrusa no ateliê exposta nas paredes é o cúmulo! A intensidade das obras-primas que ela inspira a Alberto destrói, desafia sua esposa. Não, ela não permitirá jamais eclipsar-se. Enfurecida, ela não pode combater a aparição.

Os noventa anos de Annetta aproximam-se, e, no dia 5 de agosto de 1961, toda a família se reúne em volta da dama da montanha, em Stampa. A refeição teve lugar no Piz Duan. Alberto pintara para sua mãe um ramalhete de flores que ela pendurou acima de sua cama. Annette só tinha uma pressa, deixá-los para encontrar Yanaihara, que chegara a Paris. Seria seu derradeiro verão, porque o japonês não voltaria mais.

"O vento é um doce arrepio das coisas que escapam", escreveu Baudelaire. Cuno Amiet, o padrinho de Alberto, o mais íntimo companheiro de seu pai, o amante de Gauguin, acabou de morrer naquele verão, com noventa e três anos. Sua *Paysage au clair de lune* (Paisagem ao Claro da Lua) acalentou sua infância. Alberto vai completar sessenta anos. Ele concordou em expor um conjunto de suas obras no pavilhão principal, e nos preparativos de Veneza, onde ele se encontra. Quarenta e duas esculturas, quarenta quadros, desenhos são confiados a Diego, como de costume, para arranjar o espaço concedido. À luz da laguna, Alberto torna-se insuportavelmente exigente, fá-lo modificar pátina sobre pátina. Diego obedece. Os operários da Bienal são italianos e consideram os dois irmãos como dos seus. Alberto quer um prêmio atribuído *simultaneamente* à sua pintura e à sua escultura, e martela com seu discurso a mesa do Harry's Bar. Ele passa aí noitadas, com Pierre Matisse, Patricia e Clayeux. Diego, concluído seu trabalho, vai deixá-los, dois dias antes da abertura, e encontrar a mãe em Stampa. Os discursos e as obsessões contínuas de Alberto irritam-no. Ele, tão calmo, sente-se ferver. A inauguração? De quê, de quem? De sua tarefa invisível, sempre.

Caroline, no seu automóvel escarlate, decidiu viajar para a Sardenha. Maldita seja Veneza! Mas Alberto insiste para que ela dirija-se ao berço de sua iniciação, em Paestum e Pompeia. Inculta, os lugares antigos e seus afrescos deixaram-na indiferente, mas Príapo, representado em uma pintura no vestíbulo da casa dos Vettii, com um pênis enorme, fascinou-a.

Seu cachorro, suas pérolas – Alberto lhe dá as mais belas –, seus cartões rabiscados às pressas, tudo dela seduz Alberto. Ele disse-lhe um dia, a propósito de uma de suas cartas, que ele não conhecia nada mais belo. O idílio deverá resistir a outras intempéries, pois Caroline anuncia, no outono, a Alberto, estarrecido, que ela acabou de se casar. Trata-se de um marginal conhecido da prisão, de quem ela se divorciará muito cedo. Seu casamento será um fogo de palha.

Annette se refugia na casa de Olivier Larronde, cada vez mais exangue entre a bebida e a droga, para encontrar Jean-Pierre Lacloche, seu novo confidente. O apartamento da rua de Lille aparecia-lhe como um refúgio, ela não podia adaptar-se ao seu e mudou-se para um outro, também pequeno, na rua Mazarine. O divã de um psicanalista recolhia suas inúmeras queixas sem que ela aprendesse a servir-se dela mesma.

Alberto trabalha continuamente. Sua grande retrospectiva no Kunsthaus de Zurique coroa o ano de 1962 e a apoteose do filho da terra natal. Quarenta cigarros por dia, inúmeros cafés, os acessos de Annette duplicam seu cansaço, e as dores abrasadoras de estômago devastam-no. Resta o amor feiticeiro, sua magia branca, sua magia negra. Diego conhece bem demais seu irmão para ignorar que ele é um condenado pela fatalidade. "Desconfie", repete-lhe ele. "Eu não sei quem sou, ou quem eu era. Eu me identifico e eu não me identifico comigo mesmo. Tudo é totalmente contraditório, mas talvez eu tenha me mantido exatamente tal como eu era garoto de doze anos", afirma Alberto.

Aristófanes dizia-o melhor? Cada homem era uma esfera, em seguida Zeus o cortou em dois. A mendicante Pobreza, passando por aí para recolher as migalhas, mandou fazer um filho através do deus Poros, adormecido "embriagado de néctar" no jardim de Zeus: assim nasceu o descendente Amor, pobre pela sua mãe, ávido do bom e do belo pelo seu pai, Eros, e sua carência seria o intermediário obstinado entre os deuses e os mortais.

Uma noite, em Londres, para onde Alberto viajara tendo em vista sua futura exposição na Galeria Tate, Isabel convidou-o para jantar em um restaurante com Bacon e o amante do pintor, George Dyer. Cada vez mais embriagado, Bacon lançara-se em um monólogo incoerente sobre a pintura e, não obtendo de Alberto senão um "Quem sabe?", cínico, pôs-se a puxar o canto da toalha, provocando a queda de todos os talheres e copos no chão. Encantado, Alberto soltou pequenas risadinhas, entre dois violentos acessos de sua tosse crônica.

O Prazo

Reto Ratti, originário de Maloja, fazia um estágio de medicina no hospital Broussais, na rua Didot, e passava com frequência para ver os dois irmãos. Diante do aspecto patibular de Alberto, ele insistiu para que ele fizesse uma consulta.

Alberto dirigiu-se ao consultório de seu velho parceiro, o doutor Fraenkel, que, por uma vez, diante de suas torturantes dores de estômago, não lhe prescreveu aspirina, mas uma visita a um cirurgião.

Assim foi feito. O doutor Leibovici estava ainda trabalhando na clínica Rémy-de-Gourmont, onde tinha tratado Alberto e engessado seu pé fraturado. Ele diagnosticou rapidamente, a partir dos negativos do estômago e do intestino, que seu célebre paciente tinha um câncer. Conhecendo-o, achou melhor não angustiá-lo mais e falou-lhe, negativos na mão, de úlcera gástrica. A intervenção impunha-se.

Alberto se precipitou no consultório de Fraenkel, e fê-lo jurar pela saúde de sua mãe e de sua mulher que não era um câncer. O doutor Corbetta, de Chiavenna, vindo a ser o médico de Annetta e, tendo assumido as responsabilidades de toda a família, estava de passagem por Paris e foi ver Leibovici.

A gastrectomia de 6 de fevereiro de 1963 obrigou o cirurgião a tirar quatro quintos do estômago. A operação durou três horas, o três maldito de Alberto. Diego, desesperado porque Fraenkel prevenira-o, tinha achado necessário participar a Annette, Bruno, Pierre Matisse e aos Maeght.

Uma vez retirado o tumor, Alberto reagiu bem e sua tez clareou. Ele tinha trazido ao hospital, em uma caixa de madeira, uma estatueta envolta em panos úmidos e tirava-a para tocar a argila. Seu roupão de lã, o primeiro de sua vida, dizia ele a seus visitantes, encantava-o. Leibovici recomendou uma grande regularidade, um regime e a suspensão do fumo. Não lhe convinha nem cansaço, nem ansiedade.

"Continue a fumar", disse-lhe o inigualável Fraenkel. Alberto passou três semanas em convalescença no hotel do Aiglon, mais confortável que sua residência, desejoso de regressar a Stampa o mais depressa possível. Fazia ardentemente questão de realizar um retrato de sua mãe.

Ele partiu com Annette no trem noturno para Milão. Um táxi os conduziria para Stampa, e, passando por Chiavenna na hora do almoço, eles pararam no consultório do doutor Corbetta, muito feliz em recebê-los.

As efusões não faltaram. "Depois de todas estas inquietudes", insistiu Serafino Corbetta. "– Quais inquietudes?", perguntou Alberto, cuja tenacidade não largaria facilmente sua presa. Ele pressentia o embuste. "Se você não me disser a verdade, eu vou-me embora imediatamente e você não me verá nunca mais". A severidade de Alberto podia ser impiedosa.

O médico, cauteloso, não se arriscaria. Diante da insistência vampírica de Alberto, ele gaguejou e perdeu o sangue-frio. Em seguida, mostrou a Alberto a carta que Leibovici tinha enviado: uma recaída não estava afastada.

Fraenkel, seu amigo de trinta anos, tinha ousado adulterar a verdade. Sua verdade, era isso que Alberto mais considerava no mundo. Cada um dos instantes futuros de seu destino assumia um preço incomensurável, insuspeito. Dividido entre a fúria e a lucidez, Alberto tentou acalmar-se antes de chegar à casa de sua mãe. Era necessário sobretudo não inquietá-la.

Annetta ficou aliviada ao vê-lo finalmente com uma tez mais fresca. Alberto esperou vinte e quatro horas para telefonar a Fraenkel e comunicar-lhe que ele traíra sua confiança. Tudo estaria para sempre acabado entre eles. Fraenkel ia morrer alguns meses mais tarde de uma hemorragia cerebral. "Eu estou contente que ele esteja morto antes de mim", dizia Alberto.

Uma outra ruptura, implacável, vai acontecer na vida do artista. Sabemos que amizade ligava-o a Sartre, suas intermináveis conversas nos cafés onde o escritor derramava seu mel. Sartre lhe consagrara um texto, "La Recherche de l'absolu" (A Busca do Absoluto), no catálogo de sua importante primeira exposição em Nova York na galeria Pierre Matisse. "No espaço", disse Giacometti, "há excesso. Este excesso é a pura e simples coexistência de partes justapostas. A maior parte dos escultores se deixava apanhar… Ele sabe que o espaço é um câncer do ser, que tudo rói; esculpir, para ele, é comprimir o espaço, é comprimi-lo para fazê-lo escorrer toda sua exterioridade". Em seguida, Sartre publicará um artigo sobre suas pinturas em *Temps modernes*: "O Real Fulgura".

A reação de Alberto ao novo livro de Sartre, *As Palavras*, deu-lhe náusea. Como? Sartre ousava apoderar-se de um dos acidentes mais significativos de sua vida, como falsificador: "Há mais de vinte anos, em uma noite em que ele atravessava a place de Italie, Giacometti foi derrubado por um automóvel. Ferido, a perna torcida, no desfalecimento lúcido em que ele caíra, ele sentiu uma espécie de alegria: 'Enfim, alguma coisa me acontece!' Eu conheço seu radicalismo: ele esperava o pior; esta vida que ele amava, a ponto de não desejar nenhuma outra, fora atropelada, destroçada, talvez pela estúpida violência do acaso. 'Portanto, dizia ele, eu não tinha sido feito para esculpir, nem mesmo para viver; eu não tinha sido feito para nada'".

O sangue de Alberto gelou-lhe nas veias: ele, feito para nada! Ele que tinha dado um sentido, uma diretriz, a cada etapa de sua vida. Todo mundo sabia que seu acidente ocorrera na praça des Pyramides, e não na praça Italie! Este malabarista com o destino dos outros, o filósofo de olho ameaçador, desfigurara-o.

E Sartre prosseguindo:

"O que o empolgava era a ordem ameaçadora das causas de repente exposta e de fixar, nas luzes das cidades, nos homens, no seu próprio corpo largado na lama, o olhar petrificante de um cataclismo: para um escultor, o reino material nunca está longe. Eu admiro esta vontade de tudo acolher. Se se ama as surpresas, é preciso amá-las até aqui, até essas raras fulgurações que revelam aos apreciadores que a terra é feita para eles".

"Aos dez anos", proclama Sartre, "eu pretendia não amar senão elas. Cada elo de minha vida devia ser imprevisto, cheirar a pintura fresca".

Era demais. De agora em diante, ele não teria mais nada a ver com este escroque da verdade. Sartre foi informado de sua indignação e telefonou ao ateliê. Alberto recusou-se a falar com ele. Nem ele, nem Simone de Beauvoir, que na sua autobiografia tinha ridicularizado Alberto com um carrinho de mão para melhor jogar suas obras no rio Sena, não mais privariam de sua intimidade. Truman Capote fê-los reaparecer, afundados no bar do Pont Royal. "Um olho vago, o outro à deriva, esse zarolho de Sartre, cachimbo na boca, pele terrosa, e sua toupeira de Beauvoir, cheirando à moça solteirona, geralmente escorados, num canto como dois bonecos de ventríloquo abandonados..." Inflexível, Alberto afastou-se. As pontes estavam interceptadas.

A família se reencontrou em Stampa, à cabeceira de sua mãe. Era janeiro e sua escuridão profunda, onde sombreava o vale. Odette, com seu bom coração, agitava-se. Annetta dormitava no nevoeiro de sua consciência, em seguida ela os viu em volta dela. "O que vocês fazem aqui?" Então ela deixou escapar esta palavra admirável: "Céticos!"

Ela faleceu às seis horas da noite de 25 de janeiro de 1964. Giovanni esperava-a sob a lápide há trinta anos. Alberto perdera sua mãe, a indestrutível Annetta, talhada na rocha, como ele.

Ele se precipitou dentro do ateliê, seu abrigo de sempre, em seguida usou a voz de sua mãe quando ela o chamava e fez ressoar seu grito: "Alberto vem comer! Alberto vem comer!" Annette se precipitou, acreditando que seu marido tinha perdido o juízo.

Bustos admiráveis de Annette, perdida, surgiram, outros de Diego, resignado. Caroline, livre como o ar, vinha buscar seus maços de papéis. Sombrios indivíduos puseram-se a seguir seu rasto. Alberto, inquieto, permanecia pronto a tudo para não perder sua deusa. Em uma tarde, quando ele voltou, o ateliê, de pernas para o ar, tinha sido saqueado. Nada faltava, mas era uma advertência. Ele falou disso ao amigo Leymarie. "Eu estou bloqueado. Bloqueado", repetiu ele. Depois ele se abriu com Clayeux, que sugeriu uma proteção policial discreta. Era impossível. "Que eles quebrem tudo se isso lhes agrada!", rugiu Alberto com sua combatividade habitual. "É tanta dificuldade que eles me poupam, porque não há nada a preservar aqui". Mas Alberto assustava-se, senão por ele, por Diego. Diego, sua proteção, exposto a esses malfeitores. Esta simples ideia lhe revolvia as entranhas.

Paris Sem Fim

Tériade tinha finalmente obtido de Alberto seu consentimento para uma publicação reunindo cento e cinquenta litografias originais.

Paris, sua Paris. No frontispício, uma mulher nua mergulha no espaço. A cidade está nua, ela também, e é uma mulher para Alberto. Não se saberia sonhar penetração mais secreta na Paris de Alberto: sua ligação com a cidade, seu *Reflet dans un oeil d'or* (Reflexo em um Olho de Ouro). Diego, Annette, Caroline, a torre Saint-Jacques, as pontes sobre o rio Sena, a travessa Montebello, Notre-Dame, as moças da casa Adrien transfiguram sua vagabundagem na cidade que lhe deu o máximo no mundo. Seu dia após dia, suas noites após noites, essas mesas carregadas de livros, os terraços de café, as árvores. O ateliê de Mourlot, o impressor de litografias, os bares, os hotéis, salas do Muséum e os esqueletos de pé na penumbra. "Noite de novembro nas alamedas desertas do Jardin des Plantes, toda paisagem já sombria…" Ele, "arrastando-se de cansaço contrafeito em direção à saída". O inatingível, sempre. "Tudo o que eu tinha perdido e as grandes vidraças que brilhavam ainda com os últimos vislumbres do dia, estriadas pelas esferas negras da estrutura". O apartamento de Annette, na rua Mazarine, de Caroline. Seu corpo: o buraco na garganta, o tubo da gastroscopia, ele "como um vitelo, a cabeça invertida, os dentes apertados, a sentir-se como uma besta mugindo, prazer…" O amigo Stravínski, o relógio na rua, o aquecedor do ateliê. Seu labirinto íntimo, aquele no qual ele vagueou. O lápis litográfico não volta no seu traço. É um novo mundo para Alberto reconstruir, que liberdade!

As noites, as auroras, os quartos de hotel irrompem no seu efêmero, seu ponto de fuga, aliviados com este ser que se disfarça. Uma árvore lhe basta, duas angustiam-no, gostava ele de dizer.

"Parece-me infinitamente longe o dia em que, em direção à noite, vindo da casa Mourlot, na rua Saint-Denis, o céu claro, a rua como uma rampa entre falésias negras, altas e já negras e o céu amarelo, o céu amarelo da noite, eu me vi impaciente por aí estar, desenhando o mais depressa possível tudo o que afetaria meu olhar e isto por toda a parte e toda a cidade que se tornava repentinamente uma imensa incógnita a correr, a descobrir, esta riqueza ilimitada por toda a parte, por toda a parte". A emergência, no lugar da hipnose, sua aproximação hipnótica dos retratos.

Ele se viu, ele se vê, ele viu. Tal como Malaparte, que intitulava suas novelas *Cane come me, Donna come me, Citta come me*, ele se viu como cachorro, como mulher ou como cidade. Malaparte, deprimido, sentia falta de tudo e o cachorro chega para viver para ele, cheirando a montanha com seu faro, devolve-a para ele. Como esquecer este cachorro espantosamente vagabundo, miserável e com faro, de quem Alberto fez seu autorretrato? Macilento, faminto, este cachorro era ele.

Um outro célebre caminhante, o destilador de uísque Johnnie Walker, fascinava Alberto. "Mais de uma vez," relata Mason, "bebendo com Giacometti, eu o via fixar com olhar pouco sutil a estatueta de Johnnie Walker sobre a prateleira do bar. 'Aí está como seria preciso fazer a escultura', dizia ele ainda".

Alberto, na sua febre, não se destrói. "Quando eu passeio, jamais penso no meu trabalho", confia Alberto a Genet. Ele, que o mundo inteiro conhece, ou não conhece, caminha com o tempo, contemporâneo, *contemporaneus cum tempus*. "Com o tempo, vai, tudo vai embora", canta Léo Ferré. Mas Alberto se expõe inteiramente em Paris, seu salvo-conduto, seu segredo: bairros sobrepostos, intercambiáveis, periféricos interiores de seus novos começos e seus recomeços. Ele busca sua marca, toda de lágrimas e de ganâncias, persegue sua osmose com a cidade. Fazer com ela a semeadura, nada vai embora.

Ele rastejou, espreitou, atravessou, emergiu, conquistou seu lugar ao sol no invisível e no visível de Paris? Seus primeiros passos, seus últimos passos, se misturam, reconhecem-se. A película original de sua vida desenrola-se aqui na noite tetânica, desde sempre para sempre... Quem o ilumina? Qual falena de delicadas asas o precede? Ele ama tanto esta tela de Balthus, *La Phalène* (A Falena), mulher nua acendendo uma lamparina a óleo contra o escuro. Alberto caminha.

Todavia o tempo ameaça, fantasma escancarado. Ele atormentava Baudelaire, da bela alvorada à triste noite, e Mandelstam vibrava com seu barulho e sua germinação:

> Os botões crescerão ainda,
> Os rebentos verdes irromperão
> Mas quebradas estão tuas vértebras
> Ó meu belo, meu triste tempo!

Alberto caminha. E, em seguida, qualquer que tenha sido sua noite, em branco, selvagem, ou deserta, ele "volta" ao ateliê: o ateliê, seu abrigo, sua caverna de montanha autentica para ele o nascer do dia. Suas estátuas, suas vestais, espreitam-no. E seu dia seguinte, sua flor humana, sua inesgotável metamorfose. "No homem também", escreveu Rilke, "há a maternidade, me parece, carnal e espiritual: procriar é nele uma maneira de gerar e ele gera quando de sua mais interna plenitude, ele cria".

Seu ateliê, ele tem necessidade de deixá-lo para longas fugas noturnas. Logo ele não será mais senão a estátua orante, o amante de sua missão. Genet, abaixando-se para recolher sua ponta de cigarro, descobre sob a mesa a mais bela estátua de Giacometti: "Ela estava na poeira, ele a escondia, o pé de um visitante arriscava lascá-la..." Mas Alberto conhece a canção... "Se ela é realmente extraordinária, ela aparecerá, mesmo se eu a esconder".

Todas as velhas garrafas de gasolina atravancam a mesa, a poeira recobre-as; no meio, sua paleta, a poça de lama de seus diferentes cinzas. Este minúsculo lugar, atulhado de vida, constitui um tabernáculo. Genet apropriou-se do mistério, tão caro desde sua tenra infância, quando ele ajudava a missa, criança de coro aturdida pelos paramentos roxos, o lírio de esmalte branco dos candelabros dourados, o incenso e o cerimonial da hóstia, antes de perder a fé e descobrir que as roupas do culto eram vazias. Mas ele guardará para sempre o sentido do sagrado. "Uma de suas estátuas em um quarto e o quarto é um templo", disse ele a Alberto, sempre inquieto, que resmunga: "e você acha que está bem?"

Passagem das mãos de Giacometti à massa de terra: ele faz aflorar o ser. Limo vertiginoso de uma mulher-topo, despida, próxima e, no entanto, tão distante. Distância e proximidade, o irredutível vaivém, sua passagem na própria vida. "O que foi preciso vencer, Giacometti, e de tão ameaçador?" A acuidade perturba, é visionária: "Tanto parece", escreveu Genet, "que este artista tenha sabido afastar o que incomodava seu olhar para descobrir o que permanecerá do homem quando as máscaras forem retiradas".

O Retrato de James Lord

"Deixa ver", diz ele a James Lord, de quem ele começa o retrato. O cavalheiro colocado na sua cadeira vai ver-se com todas as cores. Em alguns segundos, o olhar de lince de Alberto avalia e desmembra sua presa. "Você tem uma cabeça de bruto... Você tem a aparência de um verdadeiro malandro. Se eu pudesse pintar como eu te vejo e se um policial visse a tela, ele te prenderia imediatamente". O escritor que é James Lord, em *Un portrait par Giacometti* (Um Retrato por Giacometti), nos exprime as manias e as verdades de Alberto Giacometti como ninguém. A ladainha se desenrola seguindo o mesmo ritual. "Perto de uma hora se passara. Ele parecia evitar desesperadamente o momento em que ele deveria enfrentar algo de novo. Ele se ressente de maneira tão pungente da dificuldade de tornar visível aos outros sua própria visão da realidade que ele perde inevitavelmente coragem quando é forçado a dedicar-se a isso uma vez mais. Igualmente adia tanto quanto possível o gesto decisivo de começar.

Para concluir, ele colocou seu cavalete no lugar e pôs, junto de um pequeno tamborete do qual ajustou cuidadosamente, os pés dianteiros nas duas marcas vermelhas pintadas sobre o cimento do ateliê. Havia marcas semelhantes destinadas aos pés dianteiros da cadeira do modelo que ele me convidou a pôr no lugar com igual precisão".

James Lord não cruzou as pernas para evitar o entorpecimento, deixou-as afastadas, os pés sob a cadeira, suas mãos naturalmente caídas: ele tinha instintivamente encontrado a mesma posição de Jean Genet. Olhos nos olhos com Alberto, senão ele reclamava através de um "olhe-me!" ou um "ei!" ressonante.

Beyeler, passando pelo ateliê por ocasião da segunda sessão, achou o retrato soberbo. Alberto replicou: "Espere um pouco, vou atirá-lo ao ar".

Logo ele ia vociferar: "Isso vai tão mal que, não, eu não consigo que haja esperança". Mas ele trabalhou, obstinadamente, até que quase anoitecesse. Lord deixou-o no café, voltado sobre si mesmo, sem ler os jornais da noite que ele acabava de comprar.

O encontro fora marcado para o dia seguinte. Seriam todos os dias seguintes.

"Eu notei não somente que, de rosto, você tem o ar de um bruto, mas também que seu perfil é um pouco degenerado".

Ele riu com vontade, acrescentou:

"– De rosto, você vai para a prisão; de perfil, você vai para o hospício".

Eles riram os dois, mas Alberto permanecia acabrunhado:

"Já são trinta anos que perco meu tempo. A raiz do nariz me excede, eu não tenho nenhuma esperança de terminar…"

James Lord deverá adiar sua partida para a América, sem imaginar que ele será encurralado inúmeras vezes. Consciente da ansiedade de Giacometti, ele ouve-o explodir "sob a forma de arquejos melancólicos, de palavrões furiosos, às vezes até mesmo com gritos de raiva ou de tristeza". Às vezes, ele o vê prostrar-se, a cabeça nas mãos. "Logo ele se pôs a ofegar muito intensamente, mantendo a boca aberta e batendo com o pé".

"– Sua cabeça vai embora, exclamou ele. Ela vai embora completamente… Amanhã, virá! Eu atingi o pior atualmente. Amanhã é domingo. Muito bem. O pior será para amanhã".

O encadeamento das inúmeras metamorfoses do quadro tropeçava sempre na mesma declaração de Alberto: "É preciso abolir tudo novamente. Não há mais nada a fazer". Seu forte grito ressoava: "Eu morrerei disso!"

A interminável luta liga os dois protagonistas num desafio íntimo sem remissão, empolgante e aterrador. Às vezes, Alberto decide: "Há uma abertura". Até o fim do dia, em que o ateliê escurece.

"Você pensa alguma vez na sua juventude com nostalgia? interrogou-o James Lord.

– Não, respondeu ele, é impossível, porque minha juventude é agora".

Alberto acompanhou Lord no táxi para o aeroporto. Era um dia cinzento e frio, e ele não tinha jamais visto o novo terminal aéreo. Ele propôs tomar um café no bar. "Seu dedo indicador ia e vinha, como se fosse um lápis, sobre a fórmica brilhante da mesa fazendo o gesto insistente de desenhar". Não podia haver adeus entre eles de agora em diante. Eles se escreveram.

Destino

As noites escuras reconduziram Alberto na pegada do fotógrafo indigente, Élie Lotar, tendo se tornado alcoólatra, no Dôme ou no Adrien. Seu pai, de oitenta e cinco anos, célebre na Romênia, ainda lhe pesa, para esse filho ilegítimo? Que esforço inútil quando se pensa em certas fotos mágicas de Lotar, aquelas dos matadouros da Villette, zoológico da morte, cruel e prodigioso. O matadouro de animais adquiria a inquietante estranheza de um lugar mitológico, série de patas cortadas e arrumadas em ordem, e, um pouco mais longe, pernas de mulher interceptadas por uma cortina de palco no Moulin-Rouge.

Ele vai tornar-se o modelo de Alberto, e passa por tudo e por nada no ateliê para pedir dinheiro emprestado. No fim de contas, ele o informa sobre Caroline, que Alberto persegue. Com frequência Lotar assiste às poses noturnas de Caroline para Alberto, depois os acompanha nos seus bares.

Alberto analisa-o até o fundo de seu fracasso. O parasita torna-se Pietà. Será sua derradeira visão. Alberto dizia: "Para Michelangelo, com a *Pietà Rondanini*, sua última escultura, tudo recomeça. E durante mil anos Michelangelo teria podido esculpir sem se repetir, sem voltar atrás, sem nunca acabar nada, indo sempre mais longe..." Logo é Alberto quem passará para a outra margem.

Grandes acontecimentos se preparam. Alberto não adotou nunca nenhuma disposição testamentária. Afinal, seus pais tinham morrido sem testamento. E Alberto sempre teve horror de ser apanhado no laço.

Ernest Beyeler expôs, na sua galeria de Bâle, a antiga coleção de Thompson, de quem ele comprou seus Klee e seus Giacometti.

Aimé Maeght decidiu que o pátio central de sua fundação, em Saint-Paul-de-Vence, seria inteiramente consagrado a um grupo de esculturas de Giacometti. Alberto retirara-se espontaneamente da competição para o Chase Manhattan Plaza, demasiado consciente de um espaço que ele jamais vira. Várias de suas grandes esculturas concebidas para o projeto americano foram instaladas em Saint-Paul, no lugar de Manhattan, bem como *Femmes de Venise*.

A grande noite da inauguração ocorreu no dia 28 de julho de 1964, sob as estrelas. André Malraux se lançou em uma de suas odisseias líricas entre os faraós, Bizâncio e a corte do Rei-Sol. Alberto resmungou entre dentes: "Ele fala como um touro".

Maeght entoou sua alocução solene, e seus agradecimentos. Alberto ressentiu-se de uma descarada omissão, neste elogio, a do nome do artífice permanente de toda essa exibição, Clayeux. Seus esforços desenfreados foram deixados no esquecimento. O ultraje vexava seu defensor de sempre e seu amigo.

No dia seguinte, Alberto se encontrou com Annette na casa de Pierre e Patricia Matisse, na sua luxuosa vivenda do Sul, La Punta, e declarou: "Se Clayeux for embora, eu vou embora". Foi o que ele fez. Na volta de Clayeux, da Grécia, para onde ele fora gozar alguns dias de férias para refletir, sua decisão de se separar de Maeght, o senhor do mercado de arte, era irreversível. Nenhum artista da galeria deixou-o. Exceto Alberto.

Ele escreveu uma longa carta a Aimé Maeght, anunciando sua partida. Diego encontrava-se em Zurique a fim de decorar o famoso Kronenhalle, do qual todo o bar lhe fora confiado: seus tamboretes, suas mesinhas de um só pé e seus suportes de abajurs de louro tornaram-se um culto. Alberto telefonou-lhe e Diego, sempre calmo, disse-lhe para esperar sua volta no dia seguinte. Tempo perdido, Alberto enviou sua carta semeando o pânico entre os Maeght e não desisitiu.

Diego tornara-se o escultor preferido de Guiguite: seus bancos de bar, suas poltronas, suas mesas povoavam a fundação com seu florescimento. Ela estava apaixonada por ele e Diego, no seu pudor e em sua necessidade intensa de ser reconhecido, devotava-lhe uma verdadeira afeição. Mas ele não pôde mudar a direção da borrasca: Alberto permaneceu intratável. Pierre Matisse tornava-se o único senhor a bordo.

Três bustos de Lotar se sucederam, onde a fatalidade triunfa sobre a resistência. Pungente realidade da qual Alberto tornou-se o mestre. O ninho das unhas enterrado na argila, ele recomeça.

A Tate, em 1965, em Londres, reunia sua retrospectiva do primeiro busto de Diego a um busto recente de Lotar. Alberto entregou-se ao preparo da instalação de suas esculturas com Diego e Clayeux. Sem se preocupar com a retrospectiva, Caroline fez uma aparição insólita no St. Ermin's, o hotel onde se hospedavam os Giacometti, e Diego se inquietou.

Essas telas perturbadoras onde ela resplandece, René Char celebra-as: "Neste fim de tarde de abril de 1964, a velha águia déspota, o ferrador ajoelhado, sob a nuvem de fogo de seus insultos (seu trabalho, isto é, ele próprio, não cessou de fustigá-lo com ofensas), me descobriu sobre a laje de seu ateliê, a figura de Caroline – seu modelo, o rosto pintado na tela de Caroline – depois de quantas unhadas, feridas, hematomas? – fruto de paixão entre todos os objetos de amor".

Caroline não viu seus oito retratos pendurados na Galeria Tate e desapareceu como viera. A inauguração foi triunfal.

Eu gostaria de relatar uma conversa de René Char, de quem fui muito próxima, sobre Caroline. Ele a conhecia e ela lhe confiou que sua mais bela noite de amor, ela a tinha passado com Alberto. Ansioso por vê-la, desde Stampa na casa da mãe, onde evidentemente era impensável fazê-la vir, ele a reencontrou na estação mais próxima. A noite toda eles caminharam ao longo da via férrea. "Esta foi minha mais bela noite de amor", disse ela a René Char. Desde sua primeira noite, em que eles tinham falado o tempo todo, a linguagem mágica irradiava-os...

A retrospectiva no Museu de Arte Moderna de Nova York esperava Alberto. Foi decidido que ele chegaria no início de outubro, e, recusando-se a pegar o avião, partiria com Annette no Queen Elizabeth[9]. Pierre Matisse e Patricia os acompanhariam na ida, eles voltariam os dois no France, oito dias mais tarde.

Alberto percorreu às pressas os grandes museus de Nova York. "Eu não estou mais em bons termos com Rembrandt, neste momento, os museus acabaram para mim". Mas o que o apaixonou foi encontrar-se na praça diante do Chase Manhattan Bank... A escultura ainda não tinha sido selecionada, e ele voltou aí várias vezes, tanto de dia como de noite. A partir de sua volta a Paris, ele pediria a Diego

9 Famoso transatlântico da época, assim como o France (N. da T.).

para construir-lhe uma armação, de uma altura alucinante, a maior que já fora feita.

Alberto tornou a viajar ainda mais sombrio, desvairado diante do oceano. "Impossível concentrar-se sobre o que quer que seja, o mar tudo invade, ele para mim não tem nome, se bem que o chamem de Atlântico. Durante milhões de anos ele não tinha nome e um dia ele não terá mais nome, mar sem fim, cego, selvagem, como ele é para mim hoje. Como falar aqui de cópias de obras de arte (tinham-lhe pedido uma introdução para um livro a ser publicado sobre as cópias que ele fizera de obras, a começar pelo seu caro *O Cavaleiro, a Morte e o Diabo*, de Dürer, obras de arte efêmeras e frágeis, que existem aqui e ali nos continentes, se estragam, se atrofiam, degradam-se dia após dia e, das quais muitas, e dentre aquelas que eu prefiro, já estavam sepultadas, enterradas sob a areia, a terra e as pedras. E todas seguem o mesmo caminho".

Ele tinha adorado, quando criança, o Dürer tão ligado a seu despertar no ateliê de seu pai, em seguida, por toda a sua vida, o pequeno Van Eyck da National Gallery com o turbante vermelho, de quem ele confiava: "Ele me parece mais próximo de uma cabeça que vejo do que todos os retratos em tamanho natural que se fez a partir de então".

Ele me disse também de seu querido Louvre, onde quadros e esculturas davam-lhe uma impressão sublime: "Eu os amava na mesma medida em que eles me davam mais do que aquilo que eu via da realidade. Hoje, se eu vou ao Louvre, eu não posso deixar de olhar as pessoas que olham as obras de arte. O sublime, hoje, para mim está mais nos rostos que nas obras... A tal ponto que, nas últimas vezes em que fui ao Louvre, eu fugi, literalmente fugi. Todas essas obras tinham o ar tão miserável – uma atitude bastante miserável, tão precária, uma aproximação hesitante através dos séculos, em todas as direções possíveis, mas extremamente rápidas, elementares, ingênuas, para contornar uma imensidão fantástica, eu olhava com desespero as pessoas vivas. Eu compreendia que nunca ninguém poderia compreender totalmente esta vida..."

Sua confidência de viagem se fez dolorosa: "Eu mal olhei o mar desde que o vi, há dois dias, e a extrema ponta de Nova York dissolver-se, desaparecer, fina, frágil e efêmera no horizonte, e é como se vivesse o início e o fim do mundo. Uma angústia aperta meu peito, eu não sinto senão o mar que me cerca, *mas há também o domo, a abóboda imensa de uma cabeça humana"*. Três meses mais tarde, ele estaria morto.

Mal voltara, tornou a viajar para Copenhague, onde um museu retomava a retrospectiva de Londres. O viajante de Stampa, seu itinerário único durante tão longos anos, acabava de realizar três viagens distantes. Em Paris, Caroline esperava pelo momento de posar e de tirar proveito do dinheiro. Lotar envenenava também o ateliê. Olivier Larronde, o poeta que se tornou travesti e vagabundo, foi encontrado morto no dia de Todos os Santos em 1965. Jean-Pierre Laclocke mandou enterrá-lo ao lado de seu ídolo, o poeta Mallarmé, no pequeno cemitério próximo de Fontainebleau. Alberto acompanhou seu corpo e foi até a beira da fossa olhar fixamente a pá recobrir com terra seu jovem amigo: Olivier só tinha trinta e oito anos.

No fim de novembro, Alberto aceitara seguir, a convite de seu *marchand* suíço e amigo Eberhard Kornfield, para Berna, para aí receber um doutoramento honorário da universidade. Ele se sentia esgotado, mas tomou o trem. Na chegada, chovia a cântaros. Alberto acreditou receber uma cacetada no peito descendo na plataforma, deixou cair a mala e sentou-se em cima. Nada de Kornfield, que se enganara de plataforma. A via tinha mudado no último minuto e ele finalmente o encontrou.

Odette, sua cunhada, acompanhou-o ao longo das cerimônias, preocupada ao vê-lo esgotado. O alerta era inquietante... "Aborrecer-me-ia muito morrer agora... Eu tenho tanto ainda a fazer", disse Alberto.

De volta a Paris, ele rabiscava sem sucesso em *Paris sans fin*. Onde estava sua vadiagem, quando ele imergia na cidade? Ele se deixava cair, em seguida, no primeiro táxi e ouvia "O Senhor de volta?" do motorista, porque todos conheciam seu endereço.

"O silêncio, eu estou aqui sozinho, lá fora é noite, tudo está imóvel e o sono se apossa de mim de novo. Eu não sei nem quem eu sou nem o que faço nem o que quero, se sou velho ou jovem, tenho talvez algumas centenas de milhares de anos para viver até a minha morte, meu passado se perde em um abismo cinzento, eu era serpente e me vejo crocodilo, a goela aberta; era eu o crocodilo rastejando com a goela aberta. Gritar e berrar para que o vento estremeça; e os fósforos cada vez mais longe no chão como navios de guerra no mar cinzento".

Como não evocar os palácios de fósforos que ele construía com Denise, prontos para desabar? Ele se viu serpente, após se reconhecer em um cachorro vadio. René Char escrevia da serpente, um de seus *Quatre fascinants*, com o touro, a truta e a cotovia: "príncipe dos contrassensos". Alberto o foi. Mas crocodilo, rastejando para sua presa? A boca aberta lembra estranhamente as visões de cadáveres que martelaram sua vida. A pele enrugada de Alberto aproxima-o do crocodilo? A mandíbula de ferocidade sobre o gnu trêmulo não fica atrás da presa viva do artista.

Era-lhe necessário tornar a viajar para fazer um exame geral no hospital de Coire. As últimas noites, ele as passou com Caroline, fê-la ainda posar: sua Caroline brasonada no tornozelo direito com seu sonho de possessão, bem junto de seu tendão de Aquiles... Eles jantaram com Lotar e acabaram muito tarde em Montparnasse. No último sábado, Alberto foi fazer algumas compras de abastecimento: os pincéis finos fabricados especialmente por Lefebvre-Foinet, o comerciante de cores mais célebre e o mais antigo de Montparnasse. "Enquanto ele pinta, tinha notado Yanaihara, ele segura, com a paleta, quase dez pincéis na mão esquerda, sem cessar de amaldiçoar a si próprio: "Evidentemente, não é o pincel, mas eu mesmo que sou ruim".

No táxi que o reconduzia ao ateliê, caminhando ao longo do cemitério de Montparnasse, James Lord acrescenta: "Alberto martelou o joelho com um murro e exclamou:

– Parece impossível!

– O que, ainda?

– Fazer uma cabeça como eu a vejo. Parece impossível. Todavia, antes de amanhã, é preciso que eu consiga".

Alberto passou sua noite com Caroline e Lotar. Eles se deixaram às quatro horas da manhã. Alberto trabalhou um pouco, neste domingo à tarde, no busto de Lotar, e Diego sugeriu modelá-lo em gesso. Com o frio que castigava o ateliê não aquecido, a argila corria o risco de romper. "Não," disse Alberto, "eu não o terminei".

Às dez horas da noite, Diego acompanhou-o para tomar seu trem na Gare de l'Est. Seria a última vez.

A Derradeira Cena

No hospital cantonal de Coire, um quarto lhe foi concedido no último andar. Sua sacada estreita dava para as montanhas. Montanhas celestes... As árvores nuas do inverno e os telhados de Coire estendiam-se a seus pés.

Alberto apresentava sinais visíveis de insuficiência cardíaca, e o oxigênio foi-lhe imediatamente prescrito com digitalina. Não havia volta de seu câncer, e, com sua voz áspera, Alberto telefonou alegremente aos seus.

Diego veio, depois Caroline. Seu estado agravou-se, pouco antes do Natal. Furiosa por ter de dirigir-se a Coire, Annette planejava regressar a Viena, onde um amigo poeta esperava-a para servir-lhe de alcoviteira. O tempo estava glacial, e ela se refugiava nos bares e nos cafés. Alberto foi informado e lhe observou que ela não estava em Montparnasse. Gritos e rangidos de dentes se sucederam, portas batidas, o que desagradou soberanamente ao pessoal paramédico.

Diego retomou o trem noturno para passar um dia junto de seu irmão. Sua aparência cor de cera assustou-o. Ele chamou Patricia Matisse, que entrou em contato com seu marido, ainda na América, para dizer-lhe que se apressasse.

Caroline voltou no início do ano e inquietou-se. Alberto não tinha mais senão a pele sobre os ossos de um corpo arruinado, a tez cinzenta, os olhos amarelados. Ele chamou Bruno para que este apressasse Pierre Matisse para vir. Ele pedia também insistentemente que o deixasse voltar uma semana a Paris para pôr ordem nos seus negócios.

No seu retorno de férias, o médico-chefe de Coire operou uma punção, para drenar o líquido da caixa toráxica. Mas Alberto sufocava. Quando ficou sozinho com o doutor Markoff, médico-chefe local, cujo irmão tinha sido condiscípulo de Bruno, murmurou-lhe nesta tarde do dia 10 de janeiro de 1966: "Logo eu tornarei a ver minha mãe".

Dois anos mais cedo, exatamente, ela falecia em Stampa. Na hora da morte, no derradeiro momento, quem Alberto relembra, chama? Não importa qual mulher, a única com quem ele deseja se encontrar, aquela de sempre, a mãe. Nem Annette, nem Caroline. Nem Diego, o irmão vivo. Assim Colette reencontrou Sido, seu amor maior, antes de morrer: "Tender para o consumado, é voltar para seu ponto de partida".

A mãe morta? Não, Annetta vive em Alberto até seu último suspiro. É a ela que ele devotou sua arte, seu talento, para ela telefonou todo dia. Seu fio, indivisível, depois do cordão umbilical. O ser amado entre todos os outros. O elemento primordial no qual sua vida de homem reflui. O atravessador de vidas e de paisagens que ele sempre foi volta a ela.

Esse amor, primitivo entre todos, evoca a ligação, a impregnação, entre uma fêmea e seu pequeno varão. Que me perdoem, mas esta figura de mulher hiperdominadora me parece ser a de Annetta, deusa-montanha para seus filhos. A montanha não tem idade. E as trevas do amor nunca lhe tomaram Alberto. O ritual de submissão de um Alberto célebre e obsessivo, diante do ou dos desejos de sua mãe, para a colocação de suas obras na exposição de Berna, é eloquente. Annetta reina. Jamais algum de seus filhos teve filho: nem Alberto, pela razão que se sabe, o dano pela caxumba de seus testículos, nem Diego. Nem Bruno.

Bruno passou a noite em uma cadeira, ao lado da cama de seu irmão. Eles falavam no dialeto da infância, o bregagliotto. Diego chegou de manhã. Alberto insistiu para que ele e Bruno fossem juntos buscar Odette em Maloja, pelas estradas da montanha. Annette chegou por sua vez. Emaciado, Alberto recebia oxigênio trazido por tubos nas suas narinas, e uma perfusão intravenosa de glicose. Quando Annette saiu do quarto, deparou-se cara a cara com Caroline, que chegara no mesmo trem que Diego. Petrificada quando teve conhecimento da supressão do telefone no quarto do doente, ela correu à estação.

As duas mulheres agrediram-se com virulência, em seguida entraram simultaneamente no quarto de Alberto, "Caroline, Caroline", disse ele em um murmúrio. Ele lhe tomou a mão e pediu que os deixasse a sós.

Pôs-se a nevar. Annette, tendo regressado no crepúsculo, encontrou Caroline à cabeceira de Alberto. Em seguida, os cinco, sem faltar ninguém, mantiveram-se junto dele. Juntos. "Vocês estão todos aí. Isso quer dizer que eu vou morrer".

Diego saiu no corredor, seus olhos castanhos inundados de lágrimas. "Não é possível. Impossível que ele morra aí dentro como um cachorro". Ele chamou Patricia Matisse. Pierre Matisse ia jantar no hotel Baur-au-Lac de Zurique com um outro *marchand* de arte de Nova York, mas sua esposa preveniu-o. Ele logo pegou uma limusine com motorista e a estrada de Coire, apesar da tempestade de neve.

Diego quis ficar ao lado de seu irmão, mas Alberto opôs-se a isso. Annette ficou sozinha no quarto. Alberto, cansado, desejava repousar. "Até amanhã", disse-lhe. Amanhã não voltaria nunca mais.

Foram suas últimas palavras. A neve tombava, impalpável. Esta neve tão amada, onde se refugiavam as horas mortas, seu primeiro amor, seu derradeiro amor, viera ela sepultá-lo? Tão branca. O clima de outrora. "O puro, o vivaz e o belo hoje" desaparecera. Cai a neve, oh, já me basta…"O céu também é impalpável. Somente o buraco o esperava. Não o buraco bem-aventurado da infância, nem o buraco do ateliê, mas o outro, o final, para entregar-se à terra que ele não pode mais modelar. Laje tumular da neve. Às sete horas da noite, ele entrou em coma.

Por volta das dez horas da noite, Caroline desceu para telefonar. Para qual sedutor? Ela estava perdendo seu único provedor. Os outros se mantinham no quarto. Às dez horas e dez, o corpo de Alberto teve um espasmo e ele cessou de respirar.

Caroline, voltando, tomou conhecimento da morte no corredor. Ela correu. Annette quis interpor-se, porém Caroline foi mais forte e apropriou-se dos dedos gelados de Alberto. Os outros se eclipsaram, e, diante da boca aberta de Alberto, Caroline, muito docemente, fechou-a. Uma enfermeira veio colocar a proteção do queixo.

Pierre Matisse chegou após onze horas. Era tarde demais. Diego fez uma ida e volta a Paris, no dia seguinte, para salvar o busto de Lotar. Ele aqueceu docemente os trapos gelados. A argila não tinha arrebentado.

O serviço fúnebre teve lugar, na aldeia natal, sob um céu azul glacial. A homenagem do mundo irrompia de repente. O caixão onde repousava Giovanni Alberto Giacometti – ele usava o mesmo nome que seu pai, seu pai gemelar e tão amado – fora colocado no seu ateliê de Stampa. Sobre a tampa de carvalho, um pequeno painel deslizava sobre um vidro, deixando ver o rosto do morto.

A velha empregada da família, Rita, custava a crer: "Mas eu jamais vi Alberto sem gravata".

O caixão foi colocado sobre um furgão atrelado a um cavalo, e a procissão seguiu-o, acompanhada pelo conjunto de homens, em direção à igreja de Borgonovo, a um quilômetro, através da neve: San Giorgio. Muros caiados e bancos de pinho esperavam as celebridades, vindas do mundo inteiro. Gaétan Picon representava André Malraux.

Caroline, toda de preto, não se entregara à exortação rancorosa de Annette, e assistia à cerimônia. Os oradores sucederam-se, depois o primo Rodolfo Giacometti, em nome dos habitantes do vale e no seu dialeto. O pastor de San Giorgio tinha sido solicitado a ser tão breve quanto possível, mas ele não aguentava mais ouvir os outros e as autoridades, e ele dedicou-se a um longo sermão sobre a presunção da glória. Diego empurrava o cotovelo de seu amigo Kornfeld, soprando-lhe: "Ele aproveita, ele aproveita..."

Um bufê esperava, em Piz Duan, em Stampa, segundo a tradição. Caroline teria sido aí uma intrusa. Jean-Pierre Lacloche, com sua cortesia habitual, propôs-lhe reconduzi-la no seu táxi para Saint-Moritz. Sozinha, rejeitada, entregue à própria sorte.

A longa caminhada de Alberto não saberia acabar sem uma prece: é a mais bela prece humana que eu conheço e nos seus termos.

A Longa Caminhada

"Eu penso que eu me adianto todos os dias.

Ah, eu creio nisso, mesmo se é pouco visível. E cada vez mais eu penso que eu não avanço todos os dias, mas que eu avanço exatamente todas as horas. É isso que me faz andar cada vez mais rapidamente. É por isso que eu trabalho mais do que nunca. Eu estou certo de fazer o que ainda nunca fiz e que vai tornar ultrapassado o que já fiz em escultura até ontem à noite ou até essa manhã. Eu trabalhei nessa escultura até as oito horas da manhã, eu trabalho agora; mesmo se não existe absolutamente nada, para mim ela está avançada naquilo que ela estava definitivamente. Isso não volta nunca para trás, nunca eu farei o que eu fiz ontem à noite. É a longa caminhada. Então tudo se torna uma espécie de delírio empolgante para mim. Exatamente como a aventura mais extraordinária: eu partiria em um barco em países nunca vistos e encontraria ilhas e habitantes cada vez mais inesperados, e isso me surtiria exatamente aquele efeito.

Esta aventura, eu a vivo completamente. Então, que haja ou não um resultado, o que você quer que se faça? Que na exposição haja coisas bem sucedidas ou fracassadas, isso me é indiferente. Como está perdido de todo modo para mim, eu acharia normal que os outros até mesmo não me olhassem. Eu não tenho nada a pedir, senão continuar desesperadamente".

△ De Diego: Mesa de bronze com folhas e coruja. © ADAGP, Paris, 2007.
△ *Le Chat maître d'hôtel*, de Diego. © ADAGP, Paris, 2007.
▷ Castiçal com cabeças de cavalos e a máscara de sua raposa bem-amada, Mademoiselle Rose, elaborado por Diego para os cinquenta anos de Alberto. © ADAGP, Paris, 2007.

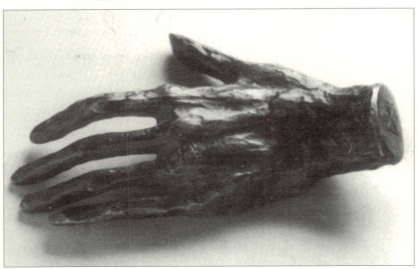

△ *Le Couple*, escultura de Diego Giacometti. © ADAGP, Paris 2007.
△ *Main de Claude Delay*, por Diego Giacometti. © ADAGP, Paris 2007.

Diego
ou o Salvador Preservado

A qualquer um que perdeu o que não se reencontra.

BAUDELAIRE

" Irmão do Precedente

u vi morrer Alberto, eu estava sentado à sua cabeceira, eu lhe segurava a mão. Alberto me olhava, de preferência escrutava os contornos de meu rosto, desenhava-me com os olhos como ele desenhava com os olhos e transpunha em desenho tudo o que olhava".

Diego se dá conta, com sua economia de palavras e sua lucidez, da última cena entre eles, lancinante por ter sido repetida tantas vezes... Sua conversa a sós continua. Diante do rosto de seu irmão mais novo, que ele conhece de cor, Alberto não pode terminar o enigma, perseguido por toda a sua vida. Acabar, ele nunca pôde acabar. Nem na sexualidade, nem na criação. Diego, visual e sombra de Alberto, sabe e cala-se. Cena de amor entre todas com seu derradeiro olhar. O futuro, o futuro deles não tem mais que alguns minutos.

Seu irmão, Diego, servira-o, sem jamais se rebelar contra sua sujeição, ou uma cólera secreta se refugiara no seu coração? *Frère du précedent* (Irmão do Precedente), a fórmula notarial ou civil, na sua secura, inspirou o título do livro de Pontalis. Em razão de. Por mais próximos que fossem, como Alberto e Diego, a rivalidade ocorre sempre.

Javé, tendo preferido a oferenda de Abel – cordeiros – àquela de Caim – cereais –, Caim matou seu irmão. O par fraternal pode tornar-se fratricida. "O conflito é o pai de todos os homens", anunciava Heráclito. Pontalis se interroga: "É preciso que um dos dois irmãos triunfe sobre o outro? Que o arruine, para existir? É um infeliz destino ou um destino invejável o de ser irmão do precedente?"

Rivalidade rompida desde a infância, no amor pelos pais. O mais velho detesta o recém-nascido, o intruso quando vem ao mundo e rivaliza com ele. O desejo daquele nascido depois quer eclipsar o outro, e o ciúme os mantém apertados no duplo nó. A guerra infantil no amor e na preferência da mãe é perene. Rodogune celebra-a: "Oh, irmão mais querido que a claridade do dia!", para acrescentar no verso seguinte: "Oh rival!" O inconsciente não conhece o não, nem o tempo, só a máquina de produzir sonho e indícios. Como esquecer a automutilação de Diego, sua mão de criança estendida sob o cutelo? Anos se passarão antes que ele confie sua verdadeira história a Alberto, ainda perturbado pelo episódio da mão mutilada de seu irmão. Diego guardou ciosamente seu segredo.

Alberto imobilizou-se definitivamente... Diego fazia par com ele. Jamais ele estará no começo de sua história, esta é Alberto. Como se desprender deste que fez sua vida, para recomeçar por si mesmo? Par sem equivalente, sem precedente, do primogênito e de seu irmão mais novo. Alberto se amarrou a Diego. Noite e dia. Diego não pode se deixar enganar: sem ele, Alberto teria ficado desnorteado. Alberto sabia-o melhor que qualquer um que estivesse ligado a Diego como ele próprio a um outro. Ele sempre tinha na boca: "É preciso perguntar a Diego".

A simultaneidade que reina entre Alberto e Diego vem em linha reta de seu inconsciente de criança. As flautas e os apitos que criaram pequenos, os joelhos doloridos, os esconderijos comuns na gruta de Pepin Funtana, e os *nostos*, o retorno à casa da mãe, única para cada um deles, alimentaram seu debate. O inconsciente não conhece o tempo. Nenhuma mulher, jamais, substituiu Annetta, para os dois irmãos.

"É bonito…" Essa palavra voltava também para Diego, sempre um pouco estranha neste homem de rosto marcado. Ela lhe vem de Stampa. O que reverte para eles habita o ateliê, a outra gruta. E o que dizer da mão de obra, fornecida continuamente por Diego a seu irmão, alquimia invisível? Diego, irmão de trabalho, seu ambidestro, sua sentinela…

Por toda a sua vida, Diego sujeitou-se. Estoico. Devotado, até a plenitude, ele preencheu a missão confiada pela mãe. Não, ele não quis fugir, ele permaneceu subjugado ao par, sua missão de confiança, sua missão de poder. Na verdade, se Alberto não tivesse tido tal companheiro, presença entre todas benéfica, o único capaz de colaborar na intimidade criadora, de fazer o trabalho, da mais leve armação ao mais pesado dos pedestais, e de conjurar seus demônios destruidores, suas derrotas e seus desesperos, eu penso que Alberto não teria podido executar sua obra. Vencer a dor profunda da fatalidade. A orquite. Com seus milhares de olhares, Alberto fez sua descendência e seus genes. Tão reconhecíveis quanto filhos se assemelham a seu pai. Seu esperma. Alberto fecundou-o na argila. Sua fraternidade com seu verdadeiro irmão de sangue regenera-o. Há vampiro em Alberto. O mestre e seu auxiliar, o destino e o sucessor. Consanguinidade que não pode ser traída entre eles.

Cézanne, durante quarenta anos, não cessou de pintar a montanha Sainte-Victoire. "Não se deveria dizer modelar, dever-se-ia dizer modular", explicava ele. A escultura telúrica de Alberto modulou a vida de Diego. Modelo magnânimo, cotidiano, resignado à obstinação de seu irmão, Diego foi sua montanha Sainte-Victoire. Alpinista nato, ele vai tornar-se seu ícône, no abismo do tempo.

Dupla Cena

Para este par fraterno, a cena oculta e a cena aparente ignoram-se, desafiam-se, unem-se. Apoiam-se um no outro e separam-se.

No palco iluminado da dívida e da herança, qual luz se acende? É o preço a pagar? O poema de Rilke encarna-se na mão direita martirizada de Diego: "O gemido solitário adverte ainda, e, sobre seus dedos de criança, avalia ao longo das noites a antiga dor". Diego não recebeu nem sequer uma escultura ou uma tela de seu irmão, após sua morte. Nenhuma porçãozinha. Naquilo que ele trabalhara sua vida inteira, no cotidiano de Alberto, volatiliza-se na ausência de disposição testamentária de Alberto a seu respeito.

"Você sabe bem que, sendo o mais novo, eu não tenho direito à herança", escrevia André Gide, outro que protesta. Era pueril da parte de Alberto morrer sem testamento, como seus pais, ou mais pérfido, ou fosse ele a vítima do tempo, o último ator? A verdade é que Diego não foi favorecido, ele, o protetor principal de seu irmão. Nós voltamos à cena do início deste livro, onde eu captei intuitivamente a perturbação de Diego e pronunciei, pela primeira vez, o prenome de Alberto, o outro Giacometti. Eu instintivamente fizera questão de que Diego se sentisse o único para mim.

De qual contestação íntima a ausência do mínimo papel protegendo-o – ou melhor, fazendo justiça a seu trabalho ano após ano – tornava-me eu a testemunha? "Tudo é de Annette, até a velha fazenda da mãe". Com essas poucas palavras, com sua discrição, Diego dizia tudo. Annette tornava-se a única herdeira. Diego, ele era o mutilado.

Toda a cólera reprimida, por tantos anos, recua no tempo até o garoto que via todas as glórias voltarem a seu irmão mais velho. Diego, tendo permanecido tão perto da natureza que ele amava e para onde ele se refugiava, me fez pensar em Colette, quando ela faz confidências: "Eu cresci, mas jamais fora pequena. Eu jamais mudei. Eu me lembro de mim com uma clareza, uma melancolia que não me iludem. O mesmo coração sombrio, pudico, o mesmo gosto apaixonado por tudo o que respira ao ar livre e longe do homem... Tudo aquilo sou eu criança e eu agora".

Diego e Alberto partilharam o pão e a proteção da alma, o abrigo do passado e o ateliê do presente. De seu rosto apreendido milhares de vezes por Alberto, não resta a Diego nenhum exemplar. Esses dois irmãos lembram esses pássaros que são nomeados os inseparáveis. Alberto e Diego adoravam os pássaros, aqueles que levantam voo um depois do outro, em seguida retornam ao ninho. Diego esculpiu um pássaro para a sepultura de Alberto. O pássaro foi roubado, o que o indignou. Ele me comunicou com este misto de resignação e de revolta que o caracterizava.

Diego recebeu simplesmente um dos bronzes da última obra, que ele tinha salvado, o busto de Lotar. Ele o colocou sobre o túmulo de seu irmão. Pensa-se no pequeno cemitério de Auvers-sur-Oise, onde os irmãos Van Gogh repousam em seus túmulos encostados em um campo de trigo, encolhidos um contra o outro: sobre suas pedras tumulares, seus nomes e suas datas, Vincent (1853-1890), Théodore (1857-1891). Théo não terá sobrevivido mais de seis meses a seu irmão, nem mesmo umas poucas estações. Théo, que escrevia a Vincent: "Come todo pão que teu estômago deseja".

Eu não sei que resignação secreta, mais forte que a reivindicação, em Diego, salvou sua veneração por Alberto. Ele o conhecia melhor que ninguém, servira-o melhor que ninguém, avaliava também, talvez, pondo de lado a frustração terrível de ofuscar-se atrás de seu irmão genial, a certeza de ter sido um autor de pleno direito de seu sucesso. Como a mulher amada pode orgulhar-se de ter conduzido e reconduzido a realização de seu parceiro, Diego não podia fechar os olhos para seu papel.

Mas, de repente, ele existia por inteiro. Sem o outro. Segundo nascimento, estranha primavera, à qual eu assistia.

Primavera

Tudo continuou, aparentemente, como no passado. "Pronto para uma nova vida ou a continuação da antiga, é a mesma coisa", escrevia Alberto nos seus apontamentos. Mas, a partir de agora, Diego não trabalhava mais senão para ele próprio. Seu fabuloso paraíso terrestre, fugido dos humanos, desde a infância. Tão indestrutível quanto o bronze de suas criações. Aliás, se bater em uma de suas mesas ou em uma de suas cadeiras, seu mobiliário hierático machuca e provoca equimoses nas peles delicadas: é esse o preço a pagar pelo indestrutível?

Eu não posso mais voltar a passar por d'Alésia sem que meu coração se aperte: Diego não está mais. Ele que estava sempre aí, por cada trabalho executado. Eu assistia à eclosão de Diego. Elegante, calmo, misteriosamente presente, um pouco secreto, insubstituível no seu talento e calor, seu silêncio era habitado. Mas eu vi o operário tornar-se o artista: ele emergia, como um meristema faz sua flor, na sua floração de gesso.

Entregue à pobreza essencial – vivia tão somente de suas encomendas –, ele desmontava, refazia suas descobertas, suas flores, suas mulheres. As suas, tão elegantes também, mas felizes. As rãs, seus filhotes, os cavalos, as megeras esperavam diante das fadas.

Eu me diriga à rua do Moulin-Vert, ou à rua Hippolyte. Meu pastor alemão Zelda me acompanhava. Ela se aninhava frequentemente sob seus joelhos, no restaurante ou na casa, ela o cheirava, reconhecia-o. "Eu queria fazer o retrato de Zelda", disse-me ele um dia. Ele me repetiu. Eu respondi, rindo: "Francamente, você exagera, você poderia me pedir para fazer meu retrato…" Como eu era ignorante, como teria podido fazê-lo transpor o muro que o separava dos retratos de Alberto? Inconsciente, Zelda estaria a meu lado para sempre, ela poderia me acompanhar no além, como no íntimo de uma tumba egípcia. Sua ternura tinha feito de minha loba uma corça e Diego extasiava-se: "Ela se assemelha a Anubis".

Eu o revejo erguer o nariz sobre a vidraça do ateliê, na rua Hippolyte-Maindron, quando eu tamborilava. Seu velho chapéu de feltro todo deformado, ou sem chapéu. Seus olhos me sorriam sobre uma camada de barba, tornada cinza como toda essa poeira, esta pobreza que ele tornava feérica. Seu Gitane na boca, aceso ou apagado. O pacote azul de sua única marca de cigarros espalhava-se infalivelmente sobre a bancada, com o *France-Soir*, seu radinho em surdina. A gata, furtivamente, afastava-se.

Jamais ela derrubou um dos velhos potes de pincéis, as garrafas de terebentina, os gessos delicados, a confusão de instrumentos onde pontificava sua caixa de memorandos, um pote de iogurte esvaziado. Era a senhora dos lugares.

Por acaso eu encontrava inesperadamente um elemento maravilhoso no qual ele trabalhava, óculos abaixados sobre o nariz: folha, coruja ou pata de pássaro. Obras-primas me apareceram, sempre por acaso, no pequeno pátio da rua do Moulin-Vert, onde ele se alojara. No interior, uma manta escocesa sobre sua poltrona arredondada: era para a gata.

Assim pude descobrir a mais bela das mesas de sala de jantar, lá fora, ao ar livre, bandeja de vidro erguida sobre pés de folhas, destinada a Hubert de Givenchy. Assim como as Vitórias de Samotrácia escolhidas por Romain Gary para Jean Seberg, como sentinelas do destino sobre suas vitrines-bibliotecas. Sempre esta concepção etrusca e cruel, que vinha viver em um sapo, numa megera, na macaca e seu filhote. "É necessário valorizar", repetia-me ele. Seus pés de abajurs de mulheres com cabelos desfeitos, um animal aninhado sob um seio, não teriam desnaturado um palácio.

É aí que eu vi nascer os lustres com flores de lótus para o museu Picasso. Maravilhada, eu me detinha na soleira antes de entrar. "Diego, como isso é belo... – Você acha?" respondia-me ele. Eu pensava, olhando para esses pássaros de seu amigo Braque, cujo voo ofusca todas as liberdades. E ele recomeçava. Sua sinceridade absoluta repunha tudo em dúvida. Ele tornara-se Alberto.

Mistério da mimese. Um dia, sem motivo, inclinado sobre sua bancada onde ele modelava uma pata, ele disse: "Minha sorte foi Alberto". Ele mexeu a cabeça e repetiu-me, como se falasse a si mesmo, na solidão de seu Gitane parcialmente consumido nos seus lábios.

Nada se perde, tudo se cria. Tudo se transforma. Tudo recomeça. É a alquimia da vida. Ela não conhece um senhor.

A nobreza de Diego, na sua velha calça manchada e sua malha esburacada, seu rosto mal barbeado que se suavizava diante da gata, nada os devolverá a mim. Algumas coisas fazem parte da vida e as palavras se calam. O silêncio de Diego era assim. Um silêncio partilhado, consciente. Creio que se chama pudor.

Florestas surgiam com uma agilidade de elfo. O cipreste sob a lua, a *Promenade des amis* (Passeio dos Amigos) em que o cão ergue a pata, para urinar, e o outro fareja, o cavalo príncipe, o rato visitante, a ratazana inseparável se uniam. Eu lhe trouxe um dia um *coco-fesse*[10], da ilha Maurício. Alberto fez para ele uma base em forma de mão, que o sustém, entre ramos. É um dos objetos mais eróticos que existe, ele tem a incandescência da poesia. Sua gota de fogo.

O idílio de uma folha com o pássaro não tinha segredo para ele. O lustre, esse era seu mundo. Como esquecer a palavra de Alberto, a propósito do castiçal sobre a mesa da *Famille de paysans* (Família de Camponeses) de Le Nain: "O castiçal sobre a mesa é grande como um monumento em uma praça romana". Diego criou os mais belos lustres, candeeiros do mundo materno. O lilás e a silindra, as flores dos campos dos buquês de Annetta, suas compoteiras cheias de frutas, o serão nunca ofuscado sob o lustre, cada um dos filhos sentado na sua cadeira com espaldar esculpido pelo pai com seu nome – Alberto, Diego, Ottilia, Bruno, – viviam nele. Amaram-se, aqueles quatro, mas os cabritos monteses atravessaram. "Ao se voltar em direção ao passado que arde," escreveu Jean Cocteau, "arrisca-se a ser transformado em estátua de sal, ou seja, em estátua de lágrimas".

Diego, não. Ele brilhava. Ancorado na sua memória, o ninho florestal onde ele espreitava os cervos e as corças, os chifres emaranhados dos que se dilaceram, no outono. Os gaviões, os milhanos captavam seu olhar, a partir dos topos que ele escalava. É a montanha que fez dele esse filho da natureza? É o Egito? Entre as beiradas do rio, ele descobriu o Nilo, a vida perseverante da inundação do verão, portadora de lodo. Jamais ele esqueceria seu Egito, quase sua única viagem, Ptah, o deus-ferreiro, a alegria das colheitas, as ilhotas onde dormem

---

10 Literalmente "coco-nádega" (ou coco-do mar"), devido à sua forma. É considerada a maior semente do mundo, e tida como afrodisíaca (N. da E.).

os crocodilos e a floresta de palmeiras. Os palmitos e o bestiário, até os animais fabulosos, esfinges e hárpias, inspiravam-no sempre. Os enfeites que ele compôs para Guerlain estão muito próximos dos capitéis coptas recobertos de folhas e de uvas.

Ele anotava seus pedidos na pequena caderneta de poupança. Afinal, era-lhe necessário viver disso. Não se via nada nunca, e depois chegavam a mesa-berço, a avestruz carregando seu ovo, o refletor nas tartarugas, o console com as rãs. Ele deixava a Alberto os crânios e as cabeças, trazia-lhe seu paraíso e seus pares se davam as mãos. Seu *Chat maître d'hôtel* (Gato Maître de Hotel), bandeja incluída, tem a nobreza daqueles que celebrava Baudelaire "os gatos poderosos e suaves..." Mas os pássaros não resistem a isso.

Um dia, na rua do Moulin-Vert, Diego me levava de volta. Eu me detinha diante da vinha verde que crescera sobre sua mureta. A gata não deu senão um salto em direção ao pássaro nas folhas, ele caiu, ferido. "Desgraçada", vociferou Diego. Dir-se-ia que ele se dirigia a uma mulher. Com suas mãos deformadas, ele agarrou o pássaro. "É preciso que você o leve," disse-me, "caso contrário ela recomeçará". Sem dúvida ele apercebeu-se de minha hesitação. "Ela vai recomeçar", afirmou-me. Eu não ousei dizer-lhe não.

Eu retornei à travessa des Grands-Augustins, onde eu morava então, e o pássaro escapou na alta parede envidraçada do ateliê. Não sabendo como recuperá-lo, porque ele esvoaçava fracamente, mas cada vez mais alto, não sei por qual milagre ele se rendeu após acrobáticos esforços. Devendo ir a um jantar naquela noite, fechei-o na minúscula cozinha. Quando voltei, ele se afogara na água da louça. Não se escapa a seu destino.

Diego tinha um luxo: ele trabalhava para quem lhe agradasse. A agitada condessa Volpi, Lili, avistou na minha casa um par de cadeiras com braços em cruz, de Diego, "É bonito isso," disse ela, "estaria bem para minha casa de Circeo". Muito contente, eu lhe dei o endereço de Diego. Ela lhe encomendou quarenta... Ele não lhe fez nem mesmo uma.

Ele tinha suas razões e suas preferências. Eu fi-lo conhecer meu amigo grego, o professor Stratis Andreadis, armador e banqueiro, apaixonado por Paris e pela rua Saint-Guillaume, onde ele fora estudante em ciências políticas. Dorette, a mulher que ele amava, apaixonou-se por Diego. Original, magra como um fio, ela devorava e convidou Diego para todos os seus bistrôs. Eu o revejo ainda a rir e a sentir-se feliz no La Marée... Ele fez para eles os móveis mais deslumbrantes, destinados à sua casa na Acrópole, e concebeu lampadários com estrelas do mar. Qual não foi minha consternação quando Dorette me telefonou de Atenas para me anunciar que ela ia cortar as pontas porque "via-se fios elétricos aparecendo", após a vinda do instalador.

Havia em Diego algo de inexpugnável, restituído pelo indestrutível de sua escultura. Sua modéstia profunda aproximava-se da folha, como a folha se protege, fortifica-se. Nada o tornava mais feliz que ver suas criações viverem, na casa de seus amigos e de seus colecionadores. Ele gostava tanto de jantar fora e da força do vinho tinto. Eu suspeitava que ele não comera nada durante o dia, um iogurte como sua gata e o eterno café. À noite, ele se descontraía. Eu o via encantado entusiamar-se, após sua longa jornada de trabalho, tornar-se o convidado. Bistrô ou jantares que ele sempre aceitava, chegando como italiano refinado, colarinho de camisa impecável e largo, lencinho de seda no seu terno azul escuro, calçados resplandescentes. Quem, então, tinha feito sua toalete, a gata? Uma espécie de compensação entre a roupa diária, a calça larga, presa a dois suspensórios usados até o fio, enlameado e sujo de gesso, seus velhos sapatos, e a cerimônia da noite. Ele voltava a ser o belo Diego.

Sem dúvida, ele amava beber. Contudo nada perturbava sua exatidão, sua cortesia e sua sedução silenciosa. Envelhecido e menos forte, ele foi derrubado por um malandro, na rua do Moulin-Vert, e não pôde se levantar. A noite toda ele teve de ficar na rua. Ninguém para socorrê-lo.

Ninguém tampouco, quando uma inspeção fiscal o atacou. Arrasado, Diego não tinha para se defender senão sua pequena caderneta de economias... Além disso, foi uma inspetora. Ele teve que superá-la, porque ele não fazia parte dos tubarões da finança.

Eu revejo o cartão preso com tachas ao lado dele, perto da janela do ateliê, do *Chardonneret* (Pintassilgo) de Karel Mauritius, os esquilos de Dürer, o cavalo chinês entre suas tenazes e serrotes, sobre a bancada, seus compassos e plainas, suas chaves. O albatrós de gesso estendia sempre suas asas, e uma mulher de folhas, bem pequena e frágil, enfrentava o impossível com sua ternura.

Seria preciso evocar as maravilhas que Diego realizava, desde a Quinta Bernard dos Maeght, o solar de Pierre Matisse em Saint-Jean--Cap-Ferrat, a Fundação Maeght e a Kronenhalle de Zurique, o restaurante querido de Joyce, cujo proprietário, Zumsteg, o criador famoso dos tecidos de alta costura, confiara-lhe o bar, até Mill Reef, o cavalo vencedor do Prêmio do Arco do Triunfo, imortalizado pela senhora Mellon, sua favorita. Enfeites em conchas, em cabeças de Medusa, garras de pássaros, jardineiras com cabeças de cachorros, sempre assinadas com seu monograma – dois triângulos opostos cortados às cegas – ou com um simples Diego. Carneiros, ele não fez nunca, atormentado pelo seu terror de criança perdida sufocando--se no seu rebanho.

Tudo teria permanecido intacto, Alberto teria podido empurrar a porta, como ele já o fizera tantas vezes para reencontrar seu irmão: a eterna volta. Nesta estranha estufa do ateliê, permanecia até mesmo o regador de Alberto, com o qual ele aspergia os trapos protetores de suas esculturas, pequenos sudários dos quais Diego tirou o último, sobre o busto de Lotar. Mas não restava a Diego senão a cercadura com manchas vermelhas no chão do ateliê, gibão comovente da distância autoritária na qual o pintor colocava seu modelo, seu banquinho e seu cavalete. Um gibão de seu sangue, antes de achar a veia, para a transfusão secreta da tela. Cada mancha, Diego a conhece, reconhece-a, marca do menor ponto. O sangue da vida deles depositou suas marcas.

Um novo luto chocará: Silvio, o sobrinho médico e sósia de Alberto, morrerá brutalmente de um infarto do miocárdio. É de novo Alberto que vai embora... E Ottilia. Não haveria herdeiro na consanguinidade principal.

Adeus ao Ateliê

Modesto e invulgar, sereno, Diego guardara um sabor rigoroso pela liberdade, tão próxima desses animais que ele amava. As florestas de pinheiros-da--Noruega, os lagos silvestres, as marmotas e as camurças, admiração de sua infância, reviviam na sua paixão por animais.

Amigo de Chagall desde sua chegada a Paris, suas preferências iam para a gata transformada em mulher, e ao camundongo transformado em moça...

O Jardin des Plantes encantava-o. Hóspede regular de sua vivenda provençal, ele compôs uma verdadeira gaiola de pássaros para Marguerite e Aimé Maeght, a escada de sua piscina com um grande lagarto na beirada. Seus gatos votivos, o galgo de Hubert de Givenchy e Mademoiselle Rose, sua raposa bem-amada e odorífera, condenada ao exílio por Alberto, a rã e seu filhote rivalizavam sobre suas estruturas de mesa. Uma precisão infalível guiava-o para "vestir" seu mobiliário de bronze, de rigor etrusco e greco-romano. A energia de Diego reencarnava esta civilização devotada ao culto dos mortos em obras eternas. Seus suportes de lareira sublimes, com dois pássaros, os do casal, o homem e a mulher, restituem a vida à vida.

Um dia, entrei inesperadamente na rua Jacob, em um célebre antiquário, Comoglio. Eu tinha achado realmente objetos insólitos neste lugar, mas não retornara mais aí há muitos anos, tendo mudado de casa e de vida. Eu entrava, então, e fui recebida por um empregado português desconhecido. Eu lhe apontei com o dedo uma pequena corça em gesso, infelizmente danificada, e da qual não sabia o preço. Foi então que Comoglio surgiu, detrás de sua minúscula cortina, e lhe comuniquei meu novo endereço.

À noite, um toque de campainha ressoou: era o jovem português que me trazia nos seus braços a corça de gesso, como presente de seu patrão. O que não teria eu dado para tirar-lhe seu buraco escancarado no pescoço, na orelha e na cauda quebrada? Eu a levei para Diego. Encantado, ele "vestiu-a", fez brotar folhas do seu ferimento, e aí mesmo abrigou um caracol de gesso, refez-lhe a orelha e a cauda. Ela tornou-se um troféu encantador. Diego jamais esquecera os hipopótamos do Egito, brincando sob os papiros nas águas recobertas de vegetação do Nilo e tornando a sair coroados de folhagens...

Para a capela de Sainte-Roseline, na Provença, Marguerite Maeght pediu o mosaico a Chagall, os pássaros a Ubac e Bazaine. Para Diego, a estante do coro, em gomos e folhas, as portas do relicário, o alto relevo evocando na sua candura franciscana o milagre da santa: quando seu pai, desconfiado, tendo-lhe proibido de levar alimento a seu prisioneiro, ordenou-lhe que abrisse seu avental, no lugar das provisões destinadas ao faminto o avental deixou escapar uma chuva de rosas... A colheita do vinho rosado de Santa Roseline ainda celebra o milagre.

Eu me queixei um dia de não conseguir achar puxadores de porta para meu quarto de dormir: Diego me fez sereias.

Ele era octogenário quando a encomenda monumental do museu Picasso lhe foi passada, para o hotel Salé do Marais. Picasso, este velho tratante, o antigo colega, grande rival, não importa onde, de Alberto; o desafio era-lhe importante. Ele se dedicou à tarefa com a paixão de um adolescente. A etimologia de adolescente remete a adolesco, "eu cresço", do verbo crescer. Eu vi crescer, no sentido literal, o mobiliário no chão e as luminárias, a grande lanterna de bronze da escada, pontuada de espaldeiras, pássaros e máscaras. As tocheiras, no átrio do andar, os lustres de resina branca, tão semelhantes ao fragmento do gesso, encantam o olhar com a graça vegetal das folhas em corola.

O olhar de Diego enfraquecia-se cada vez mais, o que o assustava. A operação foi decidida, e bem sucedida. Eu me encontrei à sua cabeceira e achei-o feliz. "Eu te vejo, eu te vejo!" Como teria podido imaginar que ele ia morrer? Por uma crueldade do destino, ele não veria a inauguração bem próxima desse museu Picasso para o qual trabalhara de corpo e alma. Sua abnegação só era comparável à sua espera: ele se interessava por isso mais que tudo. Uma vez mais, a última, ele se apagara.

É a Jean Genet que cabe ter dado ao ateliê as palavras, impedindo-o de morrer, e se elas foram escritas por Alberto em vida, eu queria dedicá-las a Diego.

"Este ateliê, aliás, no térreo, vai desmoronar, de um momento a outro. Ele é de madeira carunchosa, de poeira cinza... Tudo está manchado e sem préstimo, tudo é precário e vai desabar, tudo tende a se dissolver, tudo oscila: ora, tudo isso está como se fosse preso a uma realidade absoluta. Quando deixo o ateliê, quando estou na rua, é então que nada mais daquilo que me cerca é verdadeiro".

É exatamente o que eu senti, toda vez, deixando Diego e encontrando-me na rua, repentinamente tão sozinha.

Diego foi cremado. Em seguida, ele foi ter com os seus em Borgonovo e reencontrou seu nome: Giacometti. Eterno segundo, ele tinha sido tão frequentemente privado, como se lhe tivessem retirado um dedo. Talvez lhe faltasse sua gata, tão acariciada por suas mãos, suas mãos que falavam. Restam o silêncio de Diego e todas as vozes de sua obra. No pequeno cemitério, que se diria todo ocupado pelos túmulos da família, os dois irmãos descansam lado a lado, Diego sob o loureiro de pedra. Frequentemente, cai neve.

Os dois irmãos entraram na noite. A noite definitiva, sem lâmpada elétrica e sem mulher. Um para o outro e um sem o outro. Para sempre. Ligados ainda na poeira de seus restos a seu segredo de infância que ocupou sua existência. Vindos da montanha, eles subiram muito alto, na glória. A glória universal de Alberto, modesta de Diego, sempre enamorado dos animais que cativaram sua infância. Sem eles, teria ele mantido este ritmo natural, animal, com o qual dominou e vigiou o espírito frágil de seu irmão?

O salvador revelou-se. O patrimônio humano que nos deixa, mágico, permanece habitado por suas folhas e seus pássaros. Seus candelabros lançam suas chamas, e a máscara fina de Mademoiselle Rose, a raposa desaparecida, vigia. Eu sonho frequentemente que ele volte, beba o vinho tinto da noite após sua jornada de trabalhador, ainda belo, sempre elegante, a elegância do Diego de Stampa imortalizado por Alberto. Sob a proteção da mãe, tão reproduzida na sua vida de homem, eles permanecem.

Palavra de Homem

Eu desejava um depoimento de homem para concluir este livro sobre Alberto e Diego Giacometti. Eu o solicitei ao meu marido, o professor Raoul Tubiana, que conheceu bem os dois irmãos.

Lembranças de Alberto

Eu tive de encontrar Alberto em 1948. Jacques Audiberti morava, então, na minha casa. Em uma noite em que passeávamos do lado de Saint-Germain-des-Près, Jacques me mostrou um tipo que caminhava na nossa frente, com um paletó demasiado longo e uma grenha despenteada: "Lá está Giacometti, é um grande conversador". Na boca de Audiberti, a palavra sobressaía. Ele o abordou, apresentou-me, Giacometti olhou-me atentamente com bondade e disse cortesmente "encantado".

Nós nos sentamos à mesa do terraço do Flore e logo meus dois companheiros iniciaram uma discussão exaltada, que eu seguia com dificuldade porque me era difícil compreender os berros ásperos de Alberto. Eu me retirei por discrição para ir ter com amigos em uma mesa vizinha. Uma meia hora mais tarde, Alberto levantou-se, um cigarro na boca e saudou-me ao passar. Eu encontrei Audiberti: "De que falavam vocês?", perguntei. "Ele parecia furioso – Absolutamente nada – respondeu-me ele –, ele fala alto, é sua entonação dos Grisões que dá essa impressão. Nós discutimos sempre o mesmo assunto toda vez que nós nos vemos: a percepção do real. Para ele, é impossível".

Eu me lembrei dessa observação de Audiberti mais tarde quando conheci melhor Alberto. A cada um de nossos encontros, vestido com as mesmas roupas amarrotadas, porém sempre engravatado. Alberto voltava sempre ao mesmo assunto de conversa. Ele me fichara com uma etiqueta específica. É possível que, com seus amigos, ele se deixasse levar a falar disto e daquilo porque ele era muito culto, muito curioso e tinha uma grande riqueza imaginativa. Mas com aqueles que ele tinha "fichado", seu lado obsessivo e interessado conduzia-o a tirar proveito ao máximo de seus conhecimentos sobre um assunto determinado. A maior parte dos criadores que eu conheci eram, sem reconhecê-lo, profundamente egoístas, plagiários, verdadeiros predadores para tudo o que se podia acrescentar à sua obra. Isso também era verdadeiro, qualquer que fosse sua aparente solicitude para com outrem, com relação a Vieira da Silva ou a Alberto. Os seres que viviam em simbiose com eles sofriam sua influência e tinham as qualidades inversas de dedicação e de desinteresse, ainda que fosse o encantador Arpad Szenes ou o maravilhoso Diego. Isso não impedia Alberto de poder ser, por outro lado, muito generoso, como ele o foi em relação a mim, e de elogiar a cada passo os dons artísticos de Diego.

Nós nos cruzamos seguidamente várias vezes em Montparnasse. Após minhas longas sessões operatórias em Cochin, acontecia-me parar de passagem, no terraço do Dôme, para uma breve refeição tardia, antes de recomeçar no Hospital Americano. Não havia, então, problema de estacionamento. "Você sempre correndo", gritava para mim, Alberto, com uma grande saudação de braço.

Eu adentrei um pouco mais na sua intimidade, em uma noite em que eu tinha sido chamado com urgência em Cochin devido a uma mão esmagada e mutilada. Eu a operara durante várias horas com a ajuda de Pierre Valentin, meu colaborador mais próximo nessa época. Nós trabalhávamos os dois em um assunto que nos apaixonava: a extensão individual de cada uma das falanges.

Era mais de meia-noite quando saímos do hospital e decidimos tomar um drinque na Coupole antes de nos separar. Era uma bela noite já quente de primavera e, esgueirando-nos por entre as mesas, percebi Alberto, sozinho, que me fez sinal de juntar-me a ele. "O que faz aqui a esta hora?", perguntou-me. "Nós acabamos de operar uma mão mutilada em uma triste situação".

Bruscamente alertado, ele nos fez uma grande quantidade de perguntas sobre as circunstâncias do acidente, sobre o paciente, sobre a operação. Eu só compreendi bem mais tarde quanto o assunto sensibilizava-o vendo uma reprodução de sua escultura. *La Main prise dans un engrenage* (A Mão Presa em uma Engrenagem), e inteirando-me da mutilação dos dedos de Diego.

Alberto queria cada vez mais informações sobre as probabilidades de recuperação do ferido, sobre o papel dos nervos, dos músculos, dos tendões, temas sobre os quais éramos inesgotáveis e que pareciam fasciná-lo.

Eu tive a impressão de rever Alberto por várias vezes, encontros de puro acaso, após reuniões demoradas em Cochin, via-o vagar diante da Closerie, ia a seu encontro, e, toda vez, ele voltava ao mesmo assunto, às mesmas interrogações. Penso, agora, que essas explicações eram do mesmo gênero daquelas que ele manifestava na escolha repetitiva de seus mesmos modelos, o que correspondia para ele a um aprofundamento.

Ele se maravilhava com a inteligência da natureza que eu lhe revelava: os músculos possantes e volumosos acionando os dedos estão agrupados no antebraço e são prolongados por longos tendões até os dedos, porque sua presença na mão teria comprometido a agilidade das falanges. Ele era seduzido pela originalidade do polegar, pela distinção entre tato passivo e toque ativo, voluntário e pelo equilíbrio entre os músculos agonistas e antagonistas... Acontecia-lhe de me repetir com maior ou menor exatidão, às vezes enriquecendo-o aquilo que eu lhe explicara algum tempo antes. Na primeira vez, eu fiquei surpreso, depois, como isso se repetia, pensei que fosse talvez uma maneira inconsciente de se aproximar das noções anatômicas das quais ele não era mestre.

Em uma noite, ele marcou, pela primeira vez, um encontro comigo. "Venha aqui amanhã, na mesma hora, eu tenho algo para você".

Eu o encontrei no dia seguinte. Ele tirou do largo bolso de seu casaco um objeto embrulhado em um papel jornal e me disse: "Você ao menos compreenderá".

Era a mão esquerda do *Objet invisible*.

Até aqui, eu tinha pouco conhecimento da obra de Alberto. Meus amigos pintores, Busse, Dmitrienko ou Cortot, falavam dele com respeito, mas eu não vira senão reproduções fotográficas de suas esculturas do período chamado surrealista. Eu achava-as agressivas e cruéis e elas me eram, então, pouco simpáticas.

Conhecendo melhor Alberto, interessei-me naturalmente pela sua evolução laboriosa, escrupulosa, de uma originalidade exigente, sem complacência, exemplar, que ia alterar minha visão de arte.

Em 1956, tinha sido criado, em Londres, um "Hand Club", que reunia os cirurgiões que se interessavam por este órgão. Assim, eu tive a oportunidade de ir frequentemente a esta cidade. Meu outro centro de interesse em Londres era a Hanover Gallery, galeria de arte de vanguarda, criada por uma refugiada alemã, Erika Brausen, junto de quem eu fora introduzido por Jeannine Queneau.

Na Hanover Gallery, eu encontrava três seres fascinantes: Erika, a proprietária, uma mulher enérgica; sua esplêndida amiga, Toto, uma réplica de Ava Gardner, deportada em Ravensbruck por espionagem; e um jovem francês, poeta e conhecedor esclarecido, Jean-Yves Mock, que foi mais tarde o adjunto de Pontus Hulten no Centro Georges Pompidou. Todos os três tornaram-se amigos e eu os via longamente em cada estadia londrina.

Foi na Hanover Gallery que tive uma visão mais internacional da arte contemporânea. Eu só conhecia, até então, e imperfeitamente, a Escola de Paris.

Na Hanover eu admirava obras de Bacon, Moore, Armitage, os americanos Tobey e Warhol, construções de Tinguely e esculturas de suas sucessivas esposas Eva Aeppli e Niki de Saint Phalle. Eu os encontrava frequentemente na galeria. Eu vi também recentes obras de Alberto Giacometti, na época pouco expostas em Paris. Sua dignidade e sua majestade impunham-se.

Foi no apartamento de Erika que descobri as primeiras cadeiras em bronze de Diego.

Em uma manhã, em Londres, era março de 1959, empoleirado em um banquinho, eu folheava desenhos espalhados sobre uma mesa, intrigado pela multiplicidade dos traços dos contornos de Alberto, opondo-se à linha única, magistral, de Picasso, ou às sinuosidades habilidosas de Matisse. Eu me deixei seduzir por um desenho de dupla face de Alberto contendo, de um lado, a cabeça de Diego e, do outro, uma representação do *Homme qui marche*.

Eu trouxe preciosamente este desenho a Paris e telefonei na mesma tarde de meu retorno a Alberto para participar-lhe minha aquisição. Ele me respondeu: "Chego imediatamente".

Nós discutimos longamente sobre a maneira de apresentar essa dupla face. "É preciso pedir a opinião de Diego", disse-me ele. Eu conto este caso para mostrar a que ponto o julgamento de Diego tinha importância nas decisões de Alberto.

Nós concordamos com Alberto em apresentar o desenho em uma moldura montada sobre um pedestal de bronze cuja base reproduzia o pé do desenho do *Homme qui marche*. Alberto fez um rápido esboço sobre uma de minhas folhas de receituário para levá-lo a Diego e nós nos encontramos na rua Hippolyte-Maindron no pequeno ateliê, vizinho do de Alberto, onde nos esperava Diego.

Este último olhou longamente o desenho dupla face e o esboço do pedestal que fizera Alberto.

Ele nada disse.

"Qual é o problema?, perguntou Alberto.

– Se eu compreendo realmente – replicou Diego –, vocês não querem privilegiar um lado da dupla face.

– Não – respondemos em coro.

– Então não é necessário representar um pé sobre um lado do pedestal, o que o privilegia forçosamente.

– Você tem razão", concluiu Alberto.

É assim que meu desenho teve um pedestal com uma base retangular.

Depois nossos encontros se espaçaram, porque Alberto levantava-se cada vez mais tarde. Ele acabou por não mais sair senão à noite e... Diego ocupou um lugar cada vez mais importante na minha vida.

Lembranças de Diego

Eu admirei Alberto e amei Diego.

Não me lembro mais se conheci Diego por intermédio de Alberto ou, antes, por Arpad e Vieira, com os quais ele estava próximo no século XIV.

Eles tinham em comum a paixão pelos gatos.

Mas do que estou certo é que me senti de imediato em perfeita harmonia com ele, e isso antes mesmo de ter consciência de suas excepcionais qualidades ou de ter podido apreciar a extensão de seus talentos.

Diego parecia fisicamente com seu irmão mais velho. Sua cabeça, de agora em diante universalmente difundida pelas esculturas e pelos desenhos que dela fez Alberto, tinha traços firmes, mas menos acentuados que os do seu irmão, com menos aspereza, de certo modo menos arcaicos, mais civilizados.

Diego tinha o mesmo sotaque que Alberto, menos acentuado. Contrariamente ao seu irmão, ele falava pouco e não tinha esses dons de expressão, mas tudo o que dizia era perfeitamente sincero e moderado. Montanhês experiente, tinha a calma e a segurança de um chefe-guia de alpinistas. Ele demonstrava uma opinião lúcida, porém indulgente, jamais arrogante, se bem que amasse provavelmente mais os animais que os humanos.

Eu sempre fui sensível à sua presença benéfica e admirei sua elegância natural, física e moral. O que ele tinha de verdadeiramente excepcional era sua total modéstia, sua humildade. Ele se considerava como um artesão, devotado a acompanhar e a proteger seu irmão, genial, mas imprevisível, com a impaciência e a fragilidade que Diego bem conhecia.

Diego era o primeiro a seguir a elaboração tumultuada das obras de seu irmão primogênito na sua busca da Verdade, e Alberto, sempre pronto a se imolar, mantinha a maior consideração pela sua opinião.

A obra de Diego não tem certamente a ambição prometeica daquela de Alberto. Ela não pretendeu durante muito tempo senão secundá-lo. Enquanto viveu Alberto, quase toda a atividade de Diego era absorvida por seu irmão, a quem ele serviu inúmeras vezes de modelo; sessões intermináveis de pose, durante as quais Alberto exigia uma imobilidade absoluta. Além disso, ele realizava a armação de suas esculturas, sua modelagem no gesso, a pátina dos bronzes, trabalho incessante e anônimo que Diego sempre fez passar à frente de suas próprias criações.

Com Diego, Alberto não era avarento; quando finalmente ele conheceu o sucesso, ele lhe dava punhados de notas sem contá-las.

Os dois irmãos amavam-se e respeitavam-se.

Diego aceitava sua situação subalterna sem sentir amargura. Sua obra pessoal, também de um grande rigor, permanecia voluntariamente ofuscada, limitada à criação de peças de mobiliário. Não é uma razão para que nós persistamos em esconder a participação incomensurável e insubstituível que foi a participação de Diego na obra de Alberto. Diego não se projetou senão após a morte de Alberto. Ele permaneceu durante muito tempo totalmente desconhecido do público.

Algum tempo após a morte de Alberto, a revista *Paris-Match* tinha encarregado uma jovem jornalista, Patricia de Beauvais, de escrever um artigo sobre ele.

Patricia era uma amiga de minha filha, Marie-Claude. Nós a convidamos para almoçar na minha casa com Diego. Eles se entenderam muito bem e Diego, que eu raramente vira tão eloquente, forneceu todas as informções solicitadas. Era o momento de sair da sombra de Alberto. O artigo tomou por título: "Os irmãos Giacometti".

Diego e Patricia voltaram a ver-se com frequência. O velho coração de Diego foi sensível à juventude de Patricia.

Infelizmente, Patricia caiu gravemente doente, com terríveis crises de dor que nenhuma droga conseguia acalmar. Diego, transtornado, velou-a por longos meses com compaixão até o fim.

Pouco tempo depois, fui despertado cedo de manhã pelo telefone. Uma voz feminina me disse: "Diego está gravemente ferido e me pediu para avisá-los". Encontraram-no estendido no meio-fio, ao despontar do dia, na rua do Moulin-Vert, a pouca distância da casa dele. Ele ficara sozinho durante várias horas, sem que ninguém lhe prestasse socorro. Eu jamais soube se ele caíra em estado de embriaguês ou se ele fora vítima de uma agressão. Ele estava muito chocado.

Ajudaram-me a colocá-lo no meu carro e levei-o para Cochin. As radiografias revelaram uma fratura da tíbia, felizmente sem deslocamento. Eu o engessei e o conduzi à sua casa.

Em 1972, casei-me com Claude Delay, e o fato de ela ser, por sua parte, uma amiga de Diego, aproximou-nos mais. Ele nos ofereceu, pelo nosso casamento, um casal em bronze segurando-se pela mão, que nós amamos como uma relíquia.

Nós visitávamos frequentemente Diego, digno e solitário após a morte de Alberto. Um dia, ele me disse: "Alberto te deu uma mão, eu vou modelar a sua, você tem mãos de obstetra.

– Você faria melhor se reproduzisse a mão de Claude, ela tem os dedos bem mais finos que os meus."

Ele o fez.

É assim que nós temos mãos de bronze dos dois irmãos. Muito belas e muito diferentes uma da outra.

Diego envelhecia em um clima empolgante de criatividade, indiferente a todo conforto material como sempre o fora seu irmão.

Ele conhecia, enfim, o sucesso e um início de consideração oficial. As encomendas afluíam até mesmo do Estado, que lhe confiara toda a ferraria do Museu Picasso, móveis e lustres.

Foi um sucesso total; em particular, a grande lanterna suspensa na entrada, da qual nós tínhamos seguido a lenta elaboração, tem a nobreza do Grande Século. A paternidade da obra de Diego continua escandalosamente pouco informada aos visitantes do museu.

A sobriedade clássica e a elegância de seu mobiliário, enfeitado com um fabulário poético, reminiscência de sua infância montanhesa, encantavam um número crescente de apreciadores, vindos de toda parte.

Infelizmente, Diego enxergava cada vez pior. Ele tinha uma catarata e recusava submeter-se a uma operação.

Eu insistia para que ele se submetesse a essa operação considerada corriqueira. Ele cedeu à minha solicitação.

Organizei sua estadia no Hospital Americano, onde eu operava minha clientela particular. Assisti à sua operação, praticada por um amigo oftalmologista, com anestesia local. Eu lhe segurava a mão.

Tudo se passou normalmente.

No dia seguinte, quando lhe retiraram o curativo que recobria seu olho, ele exclamou, louco de alegria: "Eu enxergo, eu enxergo".

Eu insisti para que o mantivessem ainda uma noite no hospital, porque ele tinha citenta e três anos e era sozinho na sua casa.

Eu lhe disse: "Passarei amanhã para te pegar, no fim da manhã, para levá-lo à tua casa".

Por volta das 13 horas, eu o vi sair do caixa, na entrada do hospital, vestido, pronto para partir e dirigir-se, frágil silhueta, em direção ao elevador. Ele me disse: "Espere-me aqui, subo para pegar minha mala".

Após quinze minutos de espera, não o vendo voltar, subi ao seu quarto. A porta estava fechada. Eu bati: como não obtivesse nenhuma resposta, mandei uma enfermeira abrir a porta.

Nós encontramos Diego estendido, morto, no banheiro.

Eu nunca chorei tanto quanto no enterro de Diego. Jean Leymarie me puxava pela manga, diante do crematório, dizendo-me: "Recomponha-se, recomponha-se". Mas eu não conseguia reprimir meus soluços.

A tristeza, o remorso, a perda de um ser incomparável. Um Justo.

R. TUBIANA

Bibliografia

ARTAUD, Antonin. *Van Gogh: Le Suicidé de la société*. Paris: Gallimard, 2001. Publicado no Brasil como *Van Gogh: O Suicida da Sociedade*, Rio de Janeiro: José Olímpio, 2003.

BATAILLE, Georges; LEIRIS, Michel. *Échanges et correspondances*. Paris: Gallimard, 2004.

BAUDOT, François. *Mémoires du style Diego Giacometti*. Paris: Assouline, 2002.

BONNEFOY, Yves. *Alberto Giacometti: Biographie d'une oeuvre*. Paris: Flammarion, 2001.

BUTOR, Michel. *Diego Giacometti*. Montrouge: Maeght, 1985.

CECCATTY, René de. *Pier Paolo Pasolini*. Monaco: Rocher, 2005.

CHAR, René. *Oeuvres complètes*. Paris: Pléiade, 1995.

CLAIR, Jean. *Le Nez de Giacometti*. Paris: Gallimard, 1992.

_____. *Picasso et l'abîme*. Paris: l'Échoppe, 2001.

DIDI-UBERMAN, Georges. *Le Cube et le visage*. Paris: Macula, 1993.

DUFRENE, Thierry. *Alberto Giacometti: Les Dimensions de la réalité*. Genève: Skira, 1994.

_____. *Giacometti Genet: Masques et portrait moderne*. Paris: l'Insolite, 2006.

DUPIN, Jacques. *Alberto Giacometti: Textes pour une approche*. Montrouge: Maeght, 1991.

◁ Os túmulos. No cemitério de Stampa, todo mundo, ou quase, se chama Giacometti. Túmulo de Alberto, onde Diego colocou seu último busto, o de Lotar, salvo por ele, e que foi roubado. Túmulo de Diego, com seu ramo de loureiro, encostado ao de seu irmão. Col. Part.

_____. *Alberto Giacometti*. Paris: éditions Léo Scheer, 1993.

GENET, Jean. *L'Atelier d'Alberto Giacometti*. Paris: Gallimard, 1998.

GIACOMETTI, Alberto. *Écrits*. Paris: Hermann, 2001.

_____. *Je ne sais pas ce que je vois qu'en travaillant*, propos recueillis par Yvon Taillandier. Paris: L'Échoppe, 1993.

GREEN, André. *Pourquoi les pulsions de destruction ou de mort?* Paris: Éditions du Panama, 2007.

JACCOTTET, Philippe. *Alberto Giacometti: Oeuvre gravé*. Montrouge: Maeght, 2001.

JELLOUN, Tahar Ben. *Giacometti: La Rue d'un seul*. Paris: Gallimard, 2006.

JULIET, Charles. *Giacometti*. Paris: Hazan, 1985.

LEIRIS, Michel. *Pierres pour un Alberto Giacometti*. Paris: L'Échoppe, 1991.

LORD, James. *Giacometti*. Paris: Nil, 1997.

_____. *Un Portrait par Giacometti*. Paris: Gallimard, 1991.

MARCHESSEAU, Daniel. *Diego Giacometti*. Paris: Hermann, 2005.

MASON, Raymond. *Art et Artistes*. Turim: Fratelli Pozzo, 2000.

NATSUME-DUBE, Sashiko. *Giacometti et Yanaihara: La Catastrophe de novembre, 1956*. Paris: L'Échoppe, 2003.

PEPPIATT, Michael. *Dans l'ateliê de Giacometti*. Paris: L'Échoppe, 2003.

PONTALIS, J.-B. *Frère du précedent*. Paris: Gallimard, 2006.

SANCHEZ, Léopold Diego. *Jean-Michel Frank*. Paris: Regard, 1997.

WHITE, Edmund. *Jean Genet*. Paris: Gallimard, 1993.

COLEÇÃO PERSPECTIVAS

Eleonora Duse: Vida e Arte, Giovanni Pontiero ⋄ *Linguagem e Vida*, Antonin Artaud ⋄ *Aventuras de uma Língua Errante*, J. Guinsburg ⋄ *Afrografias da Memória*, Leda Maria Martins ⋄ *Mikhail Bakhtin*, Katerina Clark e Michael Holquist ⋄ *Ninguém se Livra de Seus Fantasmas*, Nydia Lícia ⋄ *O Cotidiano de uma Lenda*, Cristiane Layher Takeda ⋄ *A Filosofia do Judaísmo*, Julius Guttman ⋄ *O Islã Clássico: Itinerários de uma Cultura*, Rosalie Helena de Souza Pereira ⋄ *Todos os Corpos de Pasolini*, Luiz Nazario ⋄ *Fios Soltos: A Arte de Hélio Oiticica*, Paula Braga (org.) ⋄ *História dos Judeus em Portugal*, Meyer Kayserling ⋄ *Os Alquimistas Judeus*, Raphael Patai ⋄ *Memórias e Cinzas: Vozes do Silêncio*, Edelyn Schweidson (org.) ⋄ *Giacometti, Alberto e Diego: A História Oculta*, Claude Delay

Este livro foi impresso em São Paulo,
nas oficinas da Orgrafic Gráfica e Editora Ltda., em junho de 2010,
para a Editora Perspectiva s.a.